罪犯重新融入社会的比较研究

A Comparative Study on the Reintegration of Criminals into Society

葛向伟 著

司法部预防犯罪研究所所级课题成果

法律出版社
LAW PRESS·CHINA
北京

图书在版编目(CIP)数据

罪犯重新融入社会的比较研究 / 葛向伟著. -- 北京:法律出版社, 2021
ISBN 978-7-5197-5902-5

Ⅰ. ①罪… Ⅱ. ①葛… Ⅲ. ①犯罪分子-监督改造-对比研究-中国②预防犯罪-对比研究-中国 Ⅳ. ①D926.74②D917.6

中国版本图书馆 CIP 数据核字(2021)第 180440 号

罪犯重新融入社会的比较研究
ZUIFAN CHONGXIN RONGRU SHEHUI DE BIJIAO YANJIU

葛向伟 著

责任编辑 冯雨春 谢瑞忠
装帧设计 李 瞻

出版发行 法律出版社
编辑统筹 法律应用出版分社
责任校对 朱海波
责任印制 吕亚莉
经　　销 新华书店

开本 A5
印张 9.875　**字数** 239 千
版本 2021 年 11 月第 1 版
印次 2021 年 11 月第 1 次印刷
印刷 北京建宏印刷有限公司

地址:北京市丰台区莲花池西里 7 号(100073)
网址:www.lawpress.com.cn
投稿邮箱:info@lawpress.com.cn
举报盗版邮箱:jbwq@lawpress.com.cn
销售电话:010-83938349
客服电话:010-83938350
咨询电话:010-63939796

书号:ISBN 978-7-5197-5902-5　**定价**:46.00 元
凡购买本社图书,如有印装错误,我社负责退换。电话:010-83938349

前　言

本书是作者承担的司法部预防犯罪研究所所级课题“罪犯重新融入社会若干问题研究”的结项成果。该成果通过论述和分析国内外刑事司法各阶段罪犯重新融入社会和降低再犯的实践和挑战，提出了完善我国罪犯重新融入社会的一些思考和建议，并讨论了如何制定再犯预防战略，应对罪犯重新融入社会的挑战，以达到预防、减少再犯和保护公共安全的目的，希望能够为我国在预防犯罪、实施刑事司法改革方面提供参考。

一、研究目的和研究方法

预防再犯、增强公共安全是所有国家社会政策的两个十分重要的目标。综合的犯罪预防战略必须考虑到一个事实，那就是，公共安全受到大量的个体犯罪的影响，虽然这些个体正在接受刑事制裁，但是制裁结束之后并不能保证他们从此停止犯罪。如果没有有效的干预措施,很多罪犯即使经过一段时期的监禁之后,仍然不能成功融入社会并成为守法公民,而且他们很可能会再次犯罪。因此,如果犯罪预防战略中没有有效解决再犯问题的措施,那么这种犯罪预防战略就是不全面的。这恰恰与本书确定的研究方向有关,即开发有效的重新融入社会项目,促进罪犯成功地重新融入社会,最终达到预防和减少再犯、保护社区安全的目标。

本课题采取了文献研究和社会调查相结合的研究方法。在罪犯重新融入社会问题研究之中,文献研究方法比较具备优势。课题的选择、确定和探索性研究以及方案的设计,都必须先从文献研究入手,以便使研究目的更为明确和有意义,使研究的内容更为系统、全面和新颖。另外,由于研究所涉及的长度(纵向的刑事司法各阶段)、宽度(横向的不同种类的罪犯群体)和广度(国内外研究)以及人、财、物等客观条件的局限,把文献研究方法作为本课题的基本研究方法也是非常必要的。除此以外,本课题研究还采取了社会调查方法。社会调查方法所包含的形式多种多样,如问卷调查、召开座谈会、查阅文件资料和案卷材料、找有关调查对象谈话等。本课题研究中主要采取了召开座谈会和查阅文件资料的方法,根据调查前制定的调查提纲,较有针对性地赴黑龙江、上海、北京、河北、山东等省市开展调研活动并收集了相关资料。

二、研究思路和本书体例

本书确定的研究思路是分别从纵向的刑事司法各阶段和横向的不同种类罪犯群体的角度广泛考察国内外罪犯重新融入社会的具体实践,针对每一阶段以及每一类再融入实践提出对于我国情况的思考与建议，全书最终的落脚点是促进罪犯成功地重新融入社会以及预防和减少再犯。

具体来说，第一章"罪犯重新融入社会概述"讨论了重新融入社会的含义、重新融入社会项目的定义、目标、理念支撑和主要元素、重新融入社会项目的重要意义，以及相关的国际标准和我国法律规定，指出把罪犯改造和成功重新融入社会作为刑事司法基本目标与国际标准是一致的，投资罪犯重新融入社会项目对于预防再犯和促进公共安全具有重要意义，这是综合的预防犯罪策略不可或缺的内容。

第二章至第四章从纵向角度分别论述了刑事司法各阶段的罪犯重新融入社会措施。第二章"监狱内的重新融入社会项目"讨论了监狱内实施的不同种类的重新融入社会项目，包括罪犯评估、狱内常规改造项目和狱内专门针对释放前开展的相关项目。第三章"监禁释放后的重新融入社会与后续关怀项目"总结了能够协助罪犯重新融入社会的各种释放后项目，具体考察了提前释放、有条件释放等项目，考察了在社区内对罪犯实施更有效监管的因素、后续关怀服务以及社区在这些罪犯释放后重新融入社会措施中扮演的角色等内容。这些良好实践均以罪犯再次成功融入社会为其主要目标之一。第四章"非拘禁的重新融入社会项目"的主要研究内容是罪犯释放后或在监督释放期间的重新融入社会项目和释放后项目，介绍了社区措施和非监禁措施，作为监禁替代措施或者监禁之后继续进行的干预措施。

第五章至第七章从横向角度论述了少年犯、女犯和其他特殊群体罪犯的重新融入社会实践。第五章"少年犯的重新融入社会项目"介绍了专门针对少年犯适用的干预措施和重新融入社会项目。第六章"女犯的重新融入社会项目”重点关注性别敏感项目，目的是解决女犯及其未成年子女的特殊需求和特殊情况。第七章“特殊罪犯群体的重新融入社会项目”明确了重新融入社会项目规划必须适合不同罪犯群体的不同情况和特殊挑战。比如，老年犯、精神病犯或者HIV携带者罪犯或慢性病犯都有特殊需求，需要专门予以关注。性犯罪人或者暴力犯罪团伙成员都面临着他们的犯罪类型带来的特殊问题。还有一些犯罪群体实施现有项目面临一些特别的困难，这些群体包括外国罪犯、高风险罪犯和缺乏学习能力的罪犯等。该章总结了一些满足这些不同群体挑战的最成功的重新融入社会方法。

第八章“再犯预防的相关思考”是全书结论。本书之前所有的论述，最终都是为了探索罪犯成功融入社会的方法，以达到预防再犯和保护社会的目的。因此，该章作为全书的落脚点，围绕再犯预防的重点问题，讨论了再犯预防战略的制定及其成功实施。

因此，需要注意的是，本书各章讨论的不同类型的重新融入社会措施之间明显有些相同的特征，因为很多项目通常由相同的机构实施，而且这些项目的设计都是解决罪犯共同的一般性需求和问题，并且追求相同的重要目标，即罪犯成功重新融入社会和再犯预防。因此，各章之间在保持相对独立的情况下存在一些重复可能是难免的。

三、致谢与展望

本书的形成得益于我近十五年来参与联合国预防犯罪和刑事司法领域的大量相关工作。2007年我就参与了联合国儿童基金会的少年司法项目，2009年参加了联合国亚洲远东预防犯罪与罪犯待遇研修所举办的中国刑事司法干部研修班，同年起开始介入联合国全球犯罪趋势统计工作至今。2010~2012年，我先后参与了修改《联合国囚犯待遇最低限度标准规则》的政府间专家组会议和关于“罪犯重新融入社会”议题的讨论，这项讨论活动直接为本书的写作提供了大量素材。2015年起，联合国开始推动犯罪统计改革在会员国的实施，我又担任了联合国犯罪统计中方联络员、联合国犯罪统计技术咨询专家组成员。2018年，在随中国代表团参加第27届联合国预防犯罪和刑事司法委员会会议期间，我们还专门就重新犯罪调查问题与联合国毒罪办开展了交流与合作。2019年，应联合国毒罪办的请求，我国司法部在四川成都主办了联合国第三届亚太地区犯罪与刑事司法统计区域会议。2021年，我又参加了第30届联合国预防犯罪和刑事司法委员会会议，并参与了有关促进罪犯重新融入社会议题的磋商。多年来与联合国及相关国家的广泛交流为本书的写作提供了有力支撑。在此，衷心感谢司法部国际合作局（前身是外事司）多位领导和同事们的大力支持和友好协助，他们是郭建安司长、康煜巡视员、白萍巡视员、孙勇副局长、赵琳娜处长、赵洋处长、调研员张嫣女士和刘帅克女士。

最后，诚挚地感谢司法部预防犯罪研究所高贞所长、周勇副所长、高文副所长以及我所在的国外犯罪与刑事司法研究室的张桂荣主任对本书的出版给予的大力支持，感谢鲁兰研究员为本书的构思贡献的宝贵智慧，感谢陈志海研究员、戴艳玲研究员以及所有对本书的修改给予帮助的同事们。感恩我的导师陈兴良教授在我求学期间和工作之后对我的指导和关爱，这始终是我砥砺前行的信心和力量。法律出版社杨大康先生、谢瑞忠先生做了大量工作，在此一并致谢。

今年是中国共产党成立100周年，我要把本书连同最后的《怀念爷爷》一文，献给80余年前（1935年）便已入党的爷爷，以及千千万万和爷爷一样平凡而伟大的革命者、建设者和奋斗者，并且勉励自己不忘初心、牢记使命。对我来说，初心，就是作为一名老党员、老红军的后代，要传承红色基因，保持谦虚谨慎、艰苦奋斗的作风；使命，就是作为一名新时代的共产党员和法学研究者，要立足本职、担当作为，努力将关于预防犯罪、维护社会安定的研究坚持下去并引向深入。为此，我将孜孜以求。

葛向伟

2021年5月6日

目 录

上 编

上　编

CHAPTER 01 >>

第一章

罪犯重新融入社会概述

本章讨论了重新融入社会的定义、重新融入社会项目的定义、目标、理念支撑和主要元素、重新融入社会项目的重要意义，以及相关的国际标准和我国法律规定，最后指出把罪犯改造和成功重新融入社会作为刑事司法基本目标与国际标准是一致的，投资罪犯重新融入社会项目对于预防再犯和促进公共安全具有重要意义，这是综合的预防犯罪策略不可或缺的内容。

第一节　重新融入社会的概念

一、融入社会和重新融入社会

融入社会指的是某人在社交上和心理上融入某人的社会环境的过程。最初是在犯罪预防和青少年司法领域更经常使用该术语，具体指针对有违法犯罪风险的儿童和青少年实施各种形式的干预措施，预防他们从事犯罪行为或者对那些已经有违法行为的人，降低他们再次犯罪的可能性，之后该术语广泛使用于违法犯罪受到刑事司法系统干预的人群。

本书中的重新融入社会（reintegration），是指某人在从事犯罪行为甚至受到刑事制裁之后，在社交和心理上再次融入其社会环境的过程。从广义上来说，罪犯重新融入社会涉及违法犯罪受到刑事司法系统干预的所有人群；从狭义上来说，重新融入社会仅仅涉及监禁罪犯。在国际上，与重新融入社会意思相似的还有罪犯重返社会，本书认为重新融入社会的说法更为生动，因为它体现了罪犯重返社会（reentry into the society）的一个进程。我们必须承认，大部分罪犯都面临重大的社会适应问题和社会排斥问题，包括来自家庭和社区的排斥，以及由此对他们找工作、找住处，回归正式教育或者重建个人资本和社会资本等问题带来的负面影响。当罪犯面临这些问题时，通常被认为有再次犯罪的风险。这时候，采取措施为他们提供外部支持，帮助他们克服社会适应和社会排斥问题使其成功重返社会的过程就是重新融入社会。

二、重新融入社会项目：罪犯重新融入社会的实现途径

（一）定义

本书中的“重新融入社会项目”[①]指的是针对使罪犯实施犯罪行为的因素、以解决每个罪犯的具体问题和困难为目的而设计并实施的，并

① 有的国家把本书所称的“重新融入社会项目”称作“重新安置项目”。比如，英国缓刑首席官协会对重新安置项目采取以下定义：“系统的、循证过程，采取行动与罪犯（监禁或释放）合作，以便更好地保护社区免受伤害，再犯大大降低了。这个过程包括与罪犯、罪犯家庭、和其他与法定组织和志愿组织合作的重要人物的全部合作。”

能够在罪犯受到刑事司法系统干预之后、在监禁期间、释放后和社区制裁期间持续全面地解决罪犯生理和社会需求的所有矫正干预措施。重新融入社会项目是罪犯重新融入社会的重要实现途径。

（二）目标

重新融入社会项目的主要目标是为罪犯提供所需帮助和监督，使他们学会在社会中做守法公民，成功重新融入社区，停止犯罪，避免再犯。

（三）理念支撑：全程关爱（throughout care）

全程关爱理念强调为罪犯提供狱内狱外的持续帮助，是一种系统范围模式的干预方法。[①] 全程关爱理念认为，罪犯释放前就应当开始重新融入社会的准备工作，释放以后，应当采取措施继续干预并帮助罪犯顺利地从监狱过渡到社区，并且巩固强化在狱内通过治疗和教育项目所取得的成果，直到罪犯成功实现重新融入社会。[②] 只有这种综合性的干预才可能达到积极的、重新融入社会的成果。[③] 在全程关爱理念的支撑下，重新融入社会项目涉及刑事司法程序的不同阶段，甚至发生在刑事司法程序之外。

---

① See M. Borzycki, *Interventions for Prisoners Returning to the Community*, Canberra, Australian Government Attorney – General's Department, 2005.

② See A. Fox, *Aftercare for Drug – Using Prisoners: Lessons from an International Study*, Probation Journal, Vol. 49, No. 2 (2002), p. 120 – 129.

③ See J. Travis, A. L. Solomon &M. Waul, *From Prison to Home: The Dimensions and Consequences of Prisoner Reentry*, Urban Institute, Justice Policy Center, 2001.

(四)重新融入社会项目的主要元素

1. 干预机构和干预主体

刑事司法系统的各个部门与社会机构、非政府组织、教育机构、社区和罪犯家庭对罪犯重新融入社会都是必不可少的机构和主体,只是他们在罪犯重新融入社会进程中的地位(主导、辅助或参与)和作用各不相同。重返社会进程不仅给罪犯带来挑战,而且也会给他们的家庭和社区带来挑战。因此,要帮助罪犯成功重返社区,必须同时考虑到罪犯需求和他们给社区安全带来的风险。社区只有理解并认可罪犯成功地重新融入社会的重要性,才会愿意并且能够在促进罪犯重新融入社会进程中发挥积极的作用。成功的项目通常能够提高公众对罪犯重新融入社会重要性的认识,并且跟地方社区有良好的合作。

2. 干预对象

干预对象涉及不同的风险人群,包括仍在社会化进程中的儿童和青少年,还有些可能面对特别的社会融入问题的群体中的人,比如少数民族、移民、难民、患有精神疾病或者有物质滥用问题的人群。这些群体中有的人可能确实面临完全的社会排斥的状态并且可能需要帮助以解决难以克服的融入社会障碍。还有很多重新融入社会项目解决的是特殊类别的罪犯,比如长期罪犯(chronic offenders),药物依赖罪犯,青少年犯,精神病犯,或危险的性犯罪人。① 还有一些罪犯有特殊的情况和需求,或者有特殊的文化背景,需要为他们设计有针对性的专门的重新融入社会项目。②

① See Y. Dandurand &others, *Conditional Release Violations*, Suspensions and Revocations: A Comparative Analysis Vancouver, International Centre for Criminal Law Reform and Criminal Justice Policy, 2008.

② See W. Willis &J. – P Moore, *Reintegration of Indigenous Prisoners*, Research and Public Policy Series, Australian Institute of Criminology, 2008.

3. 干预时间

如前文所述,重新融入社会项目可能发生在刑事司法程序的各个阶段,甚至会发生在刑事司法程序之外。但是通常来说,大量的项目发生在监禁期间和释放之后,并且,即使是释放后的干预措施,有的其实在罪犯监禁时就已经开始实施了,主要是为了促进他们释放后的调整。

4. 项目种类

重新融入社会项目具体包括以下几类:(1)监狱内实施的项目,即罪犯释放前由监狱或设施提供的干预措施,目的是帮助罪犯解决跟犯罪行为相关的风险因素,使他们获得必要的技能以便在社会中发挥作用,同时为他们的释放和重返社会做准备。(2)社区项目,比如缓刑或者社区服务,或适当的治疗项目,有时是有条件释放计划的组成部分,通过对罪犯实行某种监督,以帮助罪犯在监禁释放后融入社会。(3)通过恢复性司法程序修复被犯罪行为破坏的社会关系。(4)当罪犯被分流到刑事司法程序之外实施某些项目时,重新融入社会项目就在刑事司法程序之外实施。(5)在某些国家,重新融入社会项目还包括“删除”或撤销罪犯的刑事定罪记录,从而表明罪犯成功完成其重返社会进程。比如,加拿大开展了尘封犯罪记录项目,如果罪犯获释后停止犯罪并在社区中保持一定期限的无犯罪记录,就将该罪犯的犯罪记录尘封起来,这个项目对于罪犯重新融入社会有重要意义,并且表明官方认可该罪犯获得的成功。[①] 在这几类项目中,最常见的是监狱内项目和社区项目,并且后者的形式越来越丰富。

① See R. Ruddell &L. T. Winfree, *Setting Aside Criminal Convictions in Canada: a Successful Approach to Offender Reintegration*, The Prison Journal, Vol. 86, No. 4, 2006, p. 452 - 469.

5. 罪犯矫正风险因素

重新融入社会项目通常针对与再犯相关的动态风险因素进行矫正。与静态风险因素不同,动态风险因素可以通过某种方式予以改变,因此可以通过刑事司法系统之内或之外的项目进行矫正。① 由于罪犯的动态风险因素不同,重新融入社会所要解决的困难不同,故需要实施的项目也就不同。研究已经表明,大量的早期预防性干预措施能够降低风险因素,这些措施包括学前教育、家庭阅读环境、养育信息和支持、推理和社会技能教育,学校内的组织变化,阅读计划,②从这些角度入手开展项目可能会取得预期效果。因此,有效的干预措施要基于理解使罪犯处于风险中的因素,如早期受害、学习障碍、物质滥用、缺乏家庭支持、失业、精神和身体疾病等,③因为这些因素使罪犯在社会中很难正常发展。

第二节 重新融入社会的重要意义

从国际视角来看,重新融入社会在缓解监狱的过度拥挤、降低犯罪的社会成本以及预防重新犯罪等方面具有重要意义。

---

① See G. Harper &C. Chitty, eds., *The Impact of Corrections on Re – offending: A Review of "What Works"*, 3rd ed., Home Office Research Study 291, London, Home Office, Research, Development and Statistics Directorate, 2005.

② See C. T. Griffiths, Y. Dandurand &D. Murdoch, *The Social Reintegration of Offenders and Crime Prevention*, Ottawa, Public Safety Canada, National Crime Prevention Centre, 2007, p. 4,

③ See S. Maruna &T. LeBel, *Revisiting ex – prisoner re – entry: a buzzword in search of a narrative*, in Reform and Punishment: The Future of Sentencing, S. Rex &M. Tonry, eds., Cullompton, Devon, Willan Publishing, 2002, p. 158 – 180.

一、缓解监狱的过度拥挤

监狱过度拥挤是很多国家面临的一个重大问题并给社会带来巨大复杂的挑战。2017 年泰国刑事政策研究所的数据表明,全球有 1035 万人被拘禁在刑罚机构中,而实际数字可能比这还要高,因为若干国家并未提供相应数据。这意味着,近 15 年来全球监禁人数几乎增长了 20%。尽管女性囚犯在全球所有地区仍然属于少数群体(不到 10%),但女子监禁人数的增速在世界各大洲都高于男子监禁人数的增速,近 15 年来全球监狱中的女性人数增长了 50%。[①] 根据 2016 年英国刑事政策研究中心(Institute for Criminal Policy Research)关于监狱关押率的统计,以监狱额定关押容量为标准,尽管欧洲很多国家的监狱押犯能够保持在额定关押容量以内,但是,也有一些国家超额关押,比如,法国监狱的囚犯关押率为 116.6%。亚洲、非洲的状况更为严重。此外,美洲也存在超额关押的问题。美国的联邦高度戒备监狱大概 51% 的超额关押,中度戒备监狱 35% 的超额关押,低度戒备监狱的超额关押程度尽管相对稍好一些,也达到 25%。[②] 很多罪犯没能够成功地重新融入社会,有的违反缓刑、假释监督条件,还有很多罪犯再犯新罪,这些因素都会导致监狱人口的不断增加。然而,监狱工作人员的精力是有限的,监狱过度拥挤这个事实本身影响了监狱提供有效的改造项目的能力,并且往往限制了囚犯参加现有改造项目的机会。

虽然监狱过度拥挤是一个复杂的问题,但是,毫无疑问,大量罪犯的再次入狱至少说明监禁对他们停止犯罪来说效果不明显。罪犯在监

① www. tijthailand. org.

② https://www. washingtonpost. com/news/federal - eye/wp/2015/09/01/too - many - inmates - too - few - correctional - officers - a - lethal - recipe - in - federal - prisons/? utm_term =. a7e772210898.

禁期间如果仅仅是受到严格管理,监狱利用这段时间稳定罪犯并对其进行改造,如果没有支持罪犯重新融入社会(或重新安置)项目,这些成果的作用是往往非常短暂的,甚至几乎起不到什么作用。

实践证明,减少监狱人口、缓解监狱过度拥挤的主要策略之一应当是提供有效的改造项目,并且帮助他们在释放后重新融入社会。① 比如,阿根廷联邦监狱局成功降低了监狱的过度拥挤程度,成为其所在地区内唯一的不存在监狱过度拥挤问题的监狱系统。这就使监狱局能够对罪犯进行正确的分类并对罪犯按类别进行管理,为矫正有特殊需求的罪犯群体提供更多机会。比如,该国监狱局成功引入性别项目,对有孩子(最大4岁)的女犯进行特殊关注,此外,还对青少年和精神病犯特别关注,这些项目都取得了良好的效果。

二、降低犯罪的社会成本

所有的犯罪都有社会成本,这些成本加起来很高。除了执法、调查、起诉成本之外,还有监禁成本,以及对被害人和社区的成本。罪犯重新融入社会的失败带来的社会和经济成本是全球决策者面临的一个重大问题:"如果释放罪犯不能成功重新融入社会,会给社区带来直接和间接成本。如果罪犯释放后重新犯罪,新的犯罪会使社区安全受到危害。这些新的犯罪增加了警察、判决成本和新的制裁管理成本。对社会还有更不容易量化的或者间接的成本(如犯罪被害人成本)、跟经济和社区能力损失相关的成本,或者是由于释放罪犯依赖社会服务而

---

① See F. Loesel, *Counterblast*: *the prison overcrowding crisis and some constructive perspectives for crime policy*, Howard Journal of Criminal Justice, Vol. 46, No. 5(2007), p. 512 - 519.

不能贡献社会所产生的成本。”[①]再加上罪犯有多次入狱的情况，我们可想而知罪犯不能成功重新融入社会所带来的巨大成本以及对社会带来的沉重的财政负担。

因此，如果社会不对罪犯融入社会和重新融入社会项目进行投资的话，其后果是社会无法承受的。这些项目是所有综合的犯罪预防策略的必要组成部分。这些投资的费用仅为监禁费用的一小部分，却可能产生一些成本效益很高的结果。很显然，减少再犯者的数量，意味着被害人减少、社会更安全、刑事司法系统的压力和成本的降低。

三、预防重新犯罪

在某些特定的群体中一直保持很高的重新犯罪率。尽管没有全球的数据，但是从某些国家得到的数据表明，再犯率非常高。根据2014年挪威国家统计局对欧洲开展重新犯罪的国家的文献进行的研究，尽管不同的衡量标准会产生显著不同的研究结果，但是两年内的再犯数据典型范围如下：重新被捕率为40%～70%，重新定罪率为40%～60%，重新监禁率为30%～50%。[②] 比如，英国司法部的统计表明某些监狱的再犯率也达到了70%。2012年的一项调查显示，苏格兰和新西兰的两年内的重新定罪率分别是42%和62%。[③] 此外，2012年巴西国家司法理事会对巴西50万名囚犯做了一项再犯率的调查也表明再犯率达到70%以上。[④] 大量罪犯进入监狱通常是因为相对较轻的犯罪，他

---

① M. Borzycki &T. Makkai, *Prisoner Reintegration Post – release*, Canberra, Australian Institute of Criminology, 2007, p. 25.

② http://www. ssb. no.

③ www. guardian. co. uk/uk/2010/nov/04/jail – less – effective – community – service.

④ www. cnj. jus. br/noticias/cnj18527 – ipea – pesquisara – reincidencia – criminal – no – brail.

们的犯罪行为一般与物质滥用和依赖、精神错乱、缺乏工作技能等问题有关,他们犯罪之后常常连续多次服短期刑。还有很多罪犯,甚至经过严厉的监禁刑之后,还是没有停止犯罪、没有成功地重返社会成为守法公民。

由此进一步证明,监禁本身并不能解决罪犯的融入社会问题。一方面,由于大量的罪犯往往服短期刑,他们在拘禁期间参加治疗或者其他项目的机会非常有限,因此他们有较高的再犯风险;另一方面,即使在监禁期间为罪犯提供了实质的监狱项目并且帮助他们获得了一些进步,这些进步通常在释放之后由于缺乏对罪犯及时跟进监督和帮助而丧失效力。况且事实上,这些罪犯中很少有人在监狱中参加有意义的项目,被释放后接受支持和监督的人甚至更少。

促进罪犯重新融入社会的目标就是鼓励罪犯停止犯罪,停止再犯。因此,无论在地方层面还是国家层面,有效的犯罪预防策略都必须对释放罪犯的重新融入社会予以特别的关注。[①] 为再犯者开发并实施重新融入社会项目,并在将他们释放后进行有效的社区监督和罪犯管理是非常重要的。[②] 基于停止犯罪理论支撑的重新融入社会项目强调长期的变化,而不是短期的控制,这是由于人们认识到,短期内罪犯的进步不可能是持续的,重新融入社会项目着重支持罪犯以崭新的和更积极的眼光,带着对未来的希望审视自己。这种观点认为罪犯成功地重新融入社会依靠的是积极性、人力资本和社会资本这三个方面的综合。人力资本在某种程度上指个人作出改变并实现目标的能力。社会资本

① 经社理事会决议 1995/9 附件《关于城市犯罪预防中的协作和技术援助准则》提到,综合的一体化犯罪预防策略应当包括,通过在服刑期间、监禁期间和释放准备期间为罪犯提供社会教育支持、让社区发挥积极作用等措施来预防再犯。

② P. Dawson &L. Cuppleditch, *An impact assessment of the Prolific and other Priority Offender Programme*, Home Office Online Report 08/07, London, Home Office, 2007.

包括工作、支持性的家庭或其他关系等因素。[1]

第三节 国际标准与我国法律规定

国际人权和刑事司法标准和规范已经明确认可,罪犯矫正和重新融入社会是刑事司法系统的基本目标之一。综观国际标准和我国法律规定,主要涉及以下几个方面:一是跟狱内常规干预有关的标准,包括教育、职业培训和其他项目以及需要确保罪犯保持与外界社会的联系;二是适用于罪犯从监狱早期释放的标准;三是要求在罪犯释放后为他们提供帮助和支持的标准;四是促进社区参与重新融入社会进程的标准;五是鼓励分流和适用社区项目替代监禁的标准。本节主要是概括列举相关规定,更详细的国际标准和我国法律规定将在之后的各章中具体介绍。

一、国际标准

关于囚犯待遇,《公民权利和政治权利国际公约》[2]规定,监狱制度应包括以囚犯改造和社会复员为基本目的的待遇。2015 年新修订的

---

① 资料来源于联合国亚洲和远东预防犯罪和罪犯待遇研究所第 145 届国际培训成果资料集。

② 联合国大会决议 2200 A(XXI),附件。第 10 条第 3 款。

《联合国囚犯待遇最低限度标准规则》(也称《曼德拉规则》)[①]之规则 4 规定:判处监禁或剥夺人的自由的类似措施的目的主要是保护社会避免受犯罪之害并减少再犯。唯有利用监禁期间在可能范围内确保罪犯释放后重新融入社会,从而能够遵守法律、自食其力,才能达到这一目的。规则 91 详尽阐述了罪犯待遇的目的,即对被判处监禁或类似措施的人所施的待遇应以在刑期许可范围内培养他们出狱后守法自立的意愿和能力为目的。此种待遇应该足以鼓励罪犯自尊并树立责任感。

关于女犯,2012 年,联合国大会批准了《联合国关于女性囚犯待遇和女性罪犯非拘禁措施的规则》[②](也称《曼谷规则》),认为会员国应当特别考虑女囚的待遇。联合国大会在批准《曼谷规则》的决议中认为,大量的女犯并没有对社会造成风险,但是,跟所有的罪犯一样,监禁或

---

① 联合国大会决议 70/175 号,附件。原《联合国囚犯待遇最低限度标准规则》于 1955 年在第 1 届联合国防止犯罪和罪犯待遇大会通过,并由经济及社会理事会以 1957 年 7 月 31 日等 663C(XXIV)号决议和 1977 年 5 月 13 日第 2076(LXII)号决议予以核准。新修订的《联合国囚犯待遇最低限度标准规则》于 2015 年在第 13 届联合国预防犯罪大会和联合国预防犯罪与刑事司法委员会第 24 届会议通过,并在 2015 年 12 月 17 日第 70 届联合国大会第 80 次全体会议通过。1955 年通过的《联合国囚犯待遇最低限度标准规则》是国际上关于监狱和囚犯权利保障的最重要的规范性文件,近 50 年来一直是各国刑事立法和司法改革的重要参考依据和标准指南。为反映这些年来矫正科学的研究成果和矫正最佳实践的成就与进展,联合国自 2010 年开始启动对规则的修订。在 5 年多的时间内,联合国先后组织了四次专家组会议进行修订。归纳起来,规则的修订具有四个特点。一是在篇幅上有了显著增加,新修订的《规则》共 122 条,比原《规则》增加了 27 条,字数由约 11000 字增加到约 16000 字。二是对基本原则、医疗和保健服务、纪律行动和惩处、获得法律代理的权利、申诉和独立检查、监狱工作人员培训等内容作了较大修改和充实丰富,如在"基本原则"部分增加了人格尊严、不歧视、个性化矫正、消除监禁弊端、照顾病残犯等原则。三是对文中过时用语进行了替换和修改。四是将新修订的《规则》称为"《纳尔逊·曼德拉规则》",以纪念南非前总统纳尔逊·罗利赫拉赫拉·曼德拉的精神遗产,铭记其一生为努力创建一个无种族歧视、无性别歧视的民主南非而身陷囹圄 27 年,为全球人权、平等、民主和倡导和平文化做出的独特贡献。参见周勇:《联合国囚犯待遇最低限度标准规则(修订对照版)》,载司法部预防犯罪研究所主办:《国际预防犯罪与刑事司法热点问题专题研究动态》2016 年第 4 期。

② 联合国大会决议 65/229,附件。

许会导致她们重新融入社会更加困难。因此,《曼谷规则》第 46 条要求监狱管理机构在与缓刑机构、社会福利部门、地方社区组织和非政府组织合作设计并实施综合的释放前和释放后的重新融入社会项目的过程中,应当考虑女犯的性别特殊需求。

关于少年犯(18 岁以下),《联合国儿童权利公约》[①]第 40 条第 1 款规定,缔约国应考虑到其年龄和促进其重返社会并在社会中发挥积极作用的愿望。《联合国少年司法最低限度标准规则》(也称《北京规则》[②])强调在改造过程中为少年犯提供必需的设施、服务和其他所需帮助的重要性,这样才能将少年犯的利益最大化。《北京规则》还规定(第 24 条第 1 款),应当在刑事司法的所有阶段都能够为少年犯提供必要的帮助,比如住宿、教育、职业培训、就业或其他实用的帮助,促进他们的改造进程。《北京规则》第 26 条第 1 款强调,对少年犯罪重要的是促进他们的福祉。根据《北京规则》的规定,在设施内为少年犯提供培训和待遇的目的是为他们提供关爱、保护、教育和职业培训,以促进他们在社会中发挥建设性和创造性的作用。

在预防犯罪领域,《预防犯罪准则》[③](The Guidelines for the Prevention of Crime)[④]第 6 条 d 款认为,预防犯罪应当采取广泛的途径,包括帮助罪犯重新融入社会和采取其他预防性机制(如重新融入社会项目)。《联合国预防少年犯罪准则》[⑤](也称《利雅得准则》,The United Nations Guidelines for the Prevention of Juvenile Delinquency)第 10 条提到了采取措施促进儿童和所有的青年人社会化和融入的重要性,这些

① 联合国条约系列,Vol. 1577, No. 27531。
② 联合国大会决议 40/33,附件。
③ 联合国经社理事会 2002/13,附件。
④ 2002 年 7 月 24 日第 37 次全体会议通过。
⑤ 联合国大会决议 45/112,附件。

针对预防初次犯罪的建议措施同样适用于经历过监禁或者社区矫正的少年犯的重新融入社会。显然,相关国际标准和规范强调"守法行为"和"在社会中发挥建设性作用"作为改造目标,指的是把预防再犯作为刑事司法干预的首要目标,这正是罪犯重新融入社会项目和管理的主要目标。

二、我国法律规定

我国《监狱法》[①]第3条规定,监狱对罪犯实行惩罚和改造相结合、教育和劳动相结合的原则,将罪犯改造成为守法公民。

我国《监狱教育改造工作规定》[②]第3条规定,监狱教育改造工作的任务,是通过各种有效的途径和方法,教育罪犯认罪悔罪,自觉接受改造,增强法律意识和道德素养,掌握一定的文化知识和劳动技能,将其改造成为守法公民。第5条规定,监狱教育改造工作主要包括:入监教育;个别教育;思想、文化、技术教育;监区文化建设;社会帮教;心理矫治;评选罪犯改造积极分子;出监教育等。第6条规定了监狱教育改造工作应当坚持狱内教育与社会教育相结合的原则。第8条规定了少数民族罪犯、未成年犯的教育改造经费应予提高。

我国《教育改造罪犯纲要》[③]根据我国《监狱法》和《监狱教育改造工作规定》等法律、规章,结合教育改造罪犯工作实际,进一步强调了教育改造罪犯的重要意义,详细明确了教育改造罪犯的指导思想、主要目标、基本原则,以及教育改造罪犯的实施和保障措施。

---

① 1994年12月29日第八届全国人民代表大会常务委员会第十一次会议通过并公布施行。2012年10月26日第十一届全国人民代表大会常务委员会第二十九次会议修正。

② 2003年6月3日司法部部长办公会议审议通过,自2003年8月1日起施行。

③ 2007年司法部第12次部长办公会通过,同年7月4日印发实施。

关于未成年犯，我国《未成年犯管教所管理规定》[①]第3条规定：未成年犯管教所贯彻“惩罚和改造相结合，以改造人为宗旨”和“教育、感化、挽救”的方针，将未成年犯改造成为具有一定文化知识和劳动技能的守法公民。第5条规定，未成年犯管教所应当依法保障未成年犯的合法权益，尊重未成年犯的人格，创造有益于未成年犯身心健康、积极向上的改造环境。该条第2款规定，在日常管理中，可以对未成年犯使用“学员”称谓。第6条规定，未成年犯管教所应当加强同未成年人保护组织、教育、共青团、妇联、工会等有关部门的联系，共同做好对未成年犯的教育改造工作。第7条规定，未成年犯管教所所需经费由国家保障。未成年犯的教育改造费、生活费应高于成年犯。

我国《未成年人保护法》[②]设专章规定了对未成年人的司法保护。该法第113条规定，对违法犯罪的未成年人实行教育、感化、挽救的方针，坚持教育为主、惩罚为辅的原则。对违法犯罪的未成年人依法处罚后，在升学、就业方面等方面不得歧视。

此外，我国《预防未成年人犯罪法》[③]设专章规定对未成年人重新犯罪的预防。该法第44条规定，司法机关办理未成年人犯罪案件，应当保障未成年人行使其诉讼权利，保障未成年人得到法律帮助，并根据未成年人的生理、心理特点和犯罪的情况，有针对性地进行法制教育。第45条规定，对未成年人犯罪案件，新闻报道、影视节目、公开出版物不得

---

① 1999年5月6日司法部部长办公会议通过并发布施行。

② 1991年9月4日第七届全国人民代表大会常务委员会第二十一次会议通过。2006年12月29日第十届全国人民代表大会常务委员会第二十五次会议第一次修订。2012年10月26日第十一届全国人民代表大会常务委员会第二十九次会议修正。2020年10月17日第十三届全国人民代表大会常务委员会第二十二次会议第二次修订。

③ 1999年6月28日第九届全国人民代表大会常务委员会第十次会议通过，自1999年11月1日起施行。2012年10月26日第十一届全国人民代表大会常务委员会第二十九次会议修订，自2013年1月1日起施行。

披露该未成年人的姓名、住所、照片及可能推断出该未成年人的资料。第48条规定,依法免予刑事处罚、判处非监禁刑罚、判处刑罚宣告缓刑、假释或者刑罚执行完毕的未成年人,在复学、升学、就业等方面与其他未成年人享有同等权利,任何单位或个人不得歧视。

相比较而言,我国法律规定与国际标准虽然侧重点不同,但是基本目标是一致的,都是将罪犯改造成为守法的人。我国强调惩罚与改造相结合,并且特别注重教育改造,规定了丰富的教育改造措施。国际标准明确罪犯矫正以及促进罪犯成功重返社会的必要性,倡导以个性化方式对待罪犯。同时,国际标准更为强调从提供服务、监督、帮助罪犯的角度支持罪犯重新融入社会和预防再犯。此外,国际规则更加重视社区参与及其作用的充分发挥。

CHAPTER 02 >>

第二章

监狱内的重新融入社会项目

作为本书的核心内容,本章首先介绍了适用于监狱内的重新融入社会项目的国际标准和规范,强调监狱内的矫正、教育和改造项目对于协助罪犯为重返社会做好准备及预防再犯非常重要。狱内项目包括整个服刑期间普遍适用的认知行为学及其他矫治项目,以及一些旨在应对罪犯风险因素和需求并协助罪犯做好应对释后挑战准备的专门项目。这类项目包括释前规划项目和过渡安排——它们对于罪犯成功重返社会及停止犯罪通常至关重要。

第一节　国际标准与我国法律规定

关于监狱内项目方面的国际标准和规则主要涉及《联合国囚犯待遇最低限度标准规则》、《联合国保护被剥夺自由少年规则》和《曼谷规则》等。强调将罪犯收监后尽快对罪犯进行评估并定期开展后续评估的必要性。此外,几个国际标准还涉及罪犯与家庭和社会的接触、罪犯教育和职业培训等,这些都值得我们给予一定关注。

一、国际标准

(一)罪犯评估和个性化待遇方面

《联合国囚犯待遇最低限度标准规则》承认根据罪犯个人需求提供个性化待遇的必要性(规则89)。为此,有必要对罪犯进行适当评估,并为其准备适合其需求、能力和性情的矫治项目(规则94)。

关于少年犯,《联合国保护被剥夺自由少年规则》①不仅强调了对被监禁少年犯进行评估且理解其需求的重要性,而且还强调了为其提供充分项目、以应对其面临的需求和挑战的义务。实际上,现有规范的建议是,在青少年被判任何形式的拘禁之前就对他们和他们的需求进行评估,同时为其制作量刑前或社会调查报告。②

关于女犯的规定更为详细。《曼谷规则》呼吁开发旨在处理女犯性别特定需求和状况的评估和分类方法,“从而确保为这些囚犯的尽早改造、待遇和重新融入社会做出适当和个性化的规划并予以实施”(第40条)。该规则第41条规定了通过性别敏感方法必须实现的目标,对性别问题敏感的风险评估和囚犯分类应当考虑到以下几个方面:(1)女性囚犯对其他人构成的风险通常较低,极度的保安措施和加强隔离会对女性囚犯产生特别有害的影响;(2)在监房分配和服刑规划中考虑到女

---

① 联合国大会决议45/113,附件。

② 《北京规则》第16条。

性囚犯背景的基本信息，如她们可能经历过的暴力侵害、精神残疾和药物滥用历史，以及养育子女和其他照看责任；(3)确保女性囚犯服刑计划包括与她们的特殊需要相匹配的改造方案和服务；(4)确保那些有精神健康护理需求的人被安排在非限制性和保安级别尽可能低的环境中，并且得到适当的待遇，而不是仅仅由于她们的精神健康问题便把她们关押在保安级别较高的设施内。

(二)罪犯与外界接触方面

罪犯与外界的接触主要涉及与家庭和社区的接触。《联合国囚犯待遇最低限度标准规则》之规则 107 特别提到了从囚犯判刑开始便应考虑其出狱后的前途，并应鼓励和协助他们维系或建立同监狱外个人或机构间的关系，以推动囚犯恢复正常生活并促进其家庭的最大利益。此外，明确强调了罪犯维护家庭联系并受家庭成员探视的权利。规则 106 规定，凡合乎囚犯及其家庭最大利益的双方关系，应特别注意维持和改善。这些在一定程度上都是协助罪犯做好重返社会准备的有效措施。[①]

就少年犯而言，家庭联系尤其重要。维护或重建家庭联系和关系通常是少年犯成功再融入社会的前提条件。《联合国保护被剥夺自由少年规则》第 59 条强调，为协助少年犯重返社会，必须允许被拘禁少年犯维系其与外部世界之间的沟通："应提供一切手段确保所内少年与外界充分接触，这是他们有权享有的公正人道待遇的一个组成部分，对使青少年做好准备重返社会来说也极其重要。应允许所内少年与其家

① Principle 19, Body of Principles for the Protection of All Persons under Any Form of Detention or Imprisonment, General Assembly resolution 43/173, annex; the Kampala Declaration on Prison Conditions in Africa, Economic and Social Council resolution 1997/36, annex, para. 6.

人、朋友以及外界有信誉的组织的人员或代表接触,允许他们离开拘留所回家探亲,并应特准少年犯由于教育、职业或其他重要原因的外出。”《联合国保护被剥夺自由少年规则》第60条提道,“所内少年均应有权经常定期地接受探访,原则上每周一次,至少每月一次,探访的环境应尊重少年的隐私及其与家人和律师接触并进行无拘束交谈的需要”。该文件第61条还提到,被剥夺自由少年有权与其选择的人进行书面或电话联系,每周至少两次,并有权收取信件。欧洲就受制裁和措施约束少年犯作出的规定更进了一步,规定监狱机构有义务协助其与外部世界保持充分联系,并为此向其提供适当手段。①

就女犯而言,《曼谷规则》第26条鼓励女犯与其子女(或子女监护人)之间的接触,并呼吁采取措施解决羁押在离家较远监所中的女性面临的不便条件。该文件第28条还补充道,涉及子女的探视应在有利于创造良好探视经历的环境中进行,包括工作人员的态度,并应允许母亲和子女之间的公开接触,在可能情况下,还应鼓励与子女接触时间较长的探视。最后,该文件(第43~44条)呼吁采取措施协助对女性罪犯的探视,以此作为确保她们精神健康和重新融入社会的重要前提,但鉴于女性罪犯可能有遭受家庭暴力的经历,因此应就谁可获许对其进行探视征求她们自己的意见。

(三)罪犯教育与职业培训方面

《联合国囚犯待遇最低限度标准规则》之104提出,有必要为罪犯提供教育项目并强制为少年犯或文盲罪犯提供教育服务,同时将这些

---

① 参见欧洲理事会部长委员会于2008年11月5日通过的《欧洲青少年犯接受制裁或措施的规则》第84条和第85条规则。[recommendation CM/Rec(2008)11]

项目与国家的教育体系结合起来，以保证罪犯在释放后继续接受教育，而不至于有太大困难。《关于非洲监狱条件的坎帕拉宣言》①(Kampala Declaration on Prison Conditions in Africa)第7款则明确将罪犯教育和技能培训的提供与支持罪犯释放后再融入社会的需求结合起来。《囚犯待遇基本原则》②中的第8条原则提到，有必要协助罪犯"从事有意义的有酬工作，促进其重新加入本国的劳力市场，并使他们得以贴补其本人或其家庭的经济收入"。对于少年犯，《联合国保护被剥夺自由少年规则》将教育和职业培训视为协助少年犯成功再融入社会的两大主要手段。

尽管国际标准要求监狱向罪犯提供工作机会，但是，根据《联合国囚犯待遇最低限度标准规则》之96.1的规定，只有服刑囚犯才需要工作，而类似要求并不适用于审前羁押犯。规则之97~99还规定了应交给囚犯"足够有用的工作"，并且尽量采取接近监狱外类似工作的组织和方法，以便足以保持或增进囚犯出狱后的谋生能力，使囚犯对正常职业生活情况有所准备。此外，规则103明确规定，"对囚犯的工作，应订立公平报酬的制度。"③此外，《囚犯待遇基本原则》第8条也规定了监狱工作应支付报酬，且应有助于保持或提高罪犯出狱后谋取正当生活的能力。

除此之外，《联合国囚犯待遇最低限度标准规则》以大量篇幅阐述了羁押条件和监狱管理。监狱内的一般条件、监狱机构可用的资源和监狱工作人员的素质和能力等都与监禁经历是协助还是阻碍罪犯释放后成功再融入社会这一问题有很大的关系。

---

① Economic and Social Council resolution 1997/36, annex.

② General Assembly resolution 45/111, annex.

③ 《囚犯待遇基本原则》之原则8，即应当创造条件使囚犯能够承担得到报酬的工作，以便促进他们重新融入本国的劳动力市场，并使他们得以贴补其本人或其家庭的经济收入。General Assembly resolution 45/111, annex.

二、我国法律规定

(一)罪犯评估与分类教育

《监狱教育改造工作规定》第12条规定,监狱(监区)应当了解和掌握新收罪犯的基本情况、认罪态度和思想动态,进行个体分析和心理测验,对其危险程度、恶性程度、改造难度进行评估,提出关押和改造的建议。针对顽固犯和危险犯,监狱还应当提出其认定和教育转化制度。第20条规定,监狱应当根据罪犯的犯罪类型,结合罪犯的危险程度、恶性程度、接受能力,对罪犯进行分类,开展分类教育。

(二)罪犯教育改造

《监狱法》第62条规定,监狱应当对罪犯进行法制、道德、形势、政策、前途等内容的思想教育。第63条规定,监狱应当根据不同情况,对罪犯进行扫盲教育、初等教育和初级中等教育,经考试合格的,由教育部门发给相应的学业证书。第64条规定,监狱应当根据监狱生产和罪犯释放后就业的需要,对罪犯进行职业技术教育,经考核合格的,由劳动部门发给相应的技术等级证书。第65条规定,监狱鼓励罪犯自学,经考试合格的,由有关部门发给相应的证书。

关于个性化教育改造,《监狱教育改造工作规定》第4条规定,监狱教育改造工作,应当根据罪犯的犯罪类型、犯罪原因、恶性程度及其思想行为、心理特征,坚持因人施教、以理服人、循序渐进、注重实效的原则。

关于教育改造的具体内容和类别,《监狱教育改造工作规定》第二、三、四、九章明确规定了对罪犯进行入监教育、个别教育、思想文化技术教育、出监教育。一是入监教育,对新入监的罪犯,集中进行为期两个月的入监教育，主要是进行法制教育和监规纪律教育，引导罪犯认罪悔罪，明确改造目标，适应服刑生活。二是个别教育，是指监狱根据每一名罪犯的具体情况，安排监狱人民警察对其进行有针对性的教育，以理服人和以情感服人相结合，戒之以规与导之以行相结合，内容的针对性与形势的灵活性相结合，解决思想问题与解决实际问题相结合。监狱还应当建立罪犯思想动态分析制度，并根据分析情况，组织开展有针对性的专题教育。三是思想文化技术教育。其中，思想教育主要包括认罪悔罪教育、法律常识教育、公民道德教育、劳动常识教育、时事政治教育。文化教育是指根据罪犯不同的文化程度，分别开展扫盲、小学、初中文化教育，有条件的话可以开展高中（中专）教育；并且鼓励罪犯自学，参加电大、函大、高等教育自学考试，并为他们参加学习和考试提供必要的条件。四是出监教育。指的是对即将刑满释放的罪犯，集中进行时限为 3 个月的教育，对罪犯进行形势、政策、前途教育，遵纪守法教育和必要的就业指导，开展多种类型、比较实用的职业技能培训，增强罪犯回归社会后适应社会、就业谋生的能力。

关于教育改造的保障，《监狱教育改造工作规定》第 7 条规定，监狱应当设立教育改造场所，包括教室、谈话室、文体活动室、图书室、阅览室、电化教育室、心理咨询室等，并配备相应的设施。

（三）劳动改造

《监狱法》第 69 条规定，由劳动能力的罪犯，必须参加劳动。第 70 条规定，监狱根据罪犯的个人情况，合理组织劳动，使其矫正恶习，养成劳动习惯，学会生产技能，并为释放后就业创造条件。第 72 条规定，对参加劳动的罪犯，应当按照有关规定给予报酬并执行国家有关劳动保护的规定。

（四）未成年犯的教育改造

《监狱法》第75条规定，对未成年犯执行刑罚应当以教育改造为主。未成年犯的劳动，应当符合未成年人的特点，以学习文化和生产技能为主。监狱应当配合国家、社会、学校等教育机构，为未成年犯接受义务教育提供必要的条件。

（五）心理矫治

《监狱教育改造工作规定》第43～44条规定，监狱应当开展对罪犯的心理矫治工作。心理矫治工作包括：心理健康教育，心理测验，心理咨询和心理疾病治疗。监狱应当建立心理矫治室，配置必要的设备，由专业人员对罪犯进行心理矫治。使罪犯对心理问题学会自我调节。

（六）罪犯与外界接触以及社会帮教

《监狱法》第47～48条规定，罪犯在服刑期间可以与他人通信。按照规定，可以会见亲属、监护人。《监狱教育改造工作规定》第39～42条规定，监狱应当积极争取社会各个方面和社会各界人士的支持，配合监狱开展有益于罪犯改造的各种社会帮教活动。监狱应当与罪犯原所在地的政府、原单位（学校）、亲属联系，签订帮教协议，适时邀请有关单位和人士来监狱开展帮教工作；监狱也可以组织罪犯到社会上参观学习，接受教育。监狱应当鼓励和支持社会志愿者参与对罪犯进行思想、文化、技术教育等方面的帮教活动，并为其帮教活动提供便利。监狱应当为罪犯获得法律援助提供帮助，联系、协调当地法律援助机构为罪犯提供法律援助服务。

(七)奖惩规定

2016年8月1日,司法部实施了《关于计分考核罪犯的规定》,同时废止1990年《司法部关于计分考核奖罚罪犯的规定》。"百分制"的基本做法是将计分考核内容分为教育改造和劳动改造两个部分,每月基础分为100分,其中教育改造基础分65分,劳动改造基础分35分。然后实行指标分解,逐项定分,计分考核采取"基础分分值+加分分值-扣分分值"的计分模式,依据考核的内容和标准,对符合标准的给予基础分,表现突出的给予加分,违反规定的给予扣分。积分总和为罪犯当月的考核得分。加分是监狱实施行政奖励的直接依据,是实施刑事奖励的重要依据,扣分是监狱对罪犯实施警告和记过处罚的依据。

第二节 国际实践之一:罪犯评估

罪犯通常会呈现出一系列广泛的风险因素和犯因性需求,在制定干预措施计划,防止再犯时,所有这些风险和需求都要得到解决。但是,风险和需求的识别、选择和应对需要通过评估来完成,以识别罪犯需求及其强弱程度和变化情况。

一、评估依据:风险—需求—响应框架

过去20多年来,国际上很多学者经过大量实证研究寻找有效的矫正干预原则,其中影响力最大的是由加拿大学者Andrews和Bonta发展和完善起来的风险—需求—响应原则。该原则直接说明了对罪犯进行有效矫正过程中涉及的干预对象、应对问题和干预类型。其中,风险原则就是我们对罪犯进行评估的原则。风险原则决定了一名罪犯应该接

受的治疗程度。再犯风险高的罪犯需要更密集的干预措施;相反,再犯风险低的罪犯则基本不需要或者完全不需要干预措施。因此要实现罪犯和治疗的适当匹配,就要对罪犯表现出来的再犯风险进行评估。罪犯管理工作的各个方面都要以风险评估为基础进行调整。

二、评估内容

风险因素分为两类,即静态风险因素和动态风险因素。静态风险因素指罪犯的过往行为中存在的,与再犯相关的各个方面,这些方面难以通过干预获得改变。静态风险因素包括过去的犯罪历史、受害人类型、年龄。动态风险因素是指罪犯能够实现转变的各个方面,而且这些方面的变化与再犯的变化相关。动态风险因素主要包括反社会人格、反社会态度、反社会的同伴、自我控制力低下等。这些因素既是评估的对象,也是治疗和矫正的对象。具体的再犯风险因素和相应的需求如表 2－1 所示。

表 2－1　再犯相关因素和犯因性需求

反社会行为史	反社会人格	反社会认知	反社会态度	药物滥用	家庭问题	教育/工作	亲社会娱乐
指标:早期及持续参与各种背景下的反社会行动	指标:冲动、冒险、追求快乐、攻击性强、易怒、撒谎	指标:价值观、信念和合理化	指标:与犯罪人为伍、疏远亲社会人士	指标:药物滥用和成瘾	指标:与家庭成员、配偶等存在冲突关系	指标:学校归属感低且表现差、失业、无法正常工作	指标:社区和亲社会活动归属感低
需求:开发高危情形下的非犯罪替代行为	需求:开发问题解决技能、情绪管理和应对技能	需求:减少反社会认知、减少高危思维、发展高危思维替代物	需求:减少与犯罪人的联系,改善与其他人的关系	需求:减少药物滥用并解决成瘾问题	需求:发展积极关系并学习如何应对冲突	需求:改善表现、工作/学校满意度	需求:有益的亲社会活动、亲社会关系、社会接纳

目前已有一些方法和工具可用来评估那些会对罪犯再犯可能性产生影响的关键因素。具体而言，这些关键因素指那些可提高罪犯再犯概率（风险）并加大罪犯对受害人和社会造成的潜在危险的在先因素。为尽可能系统地识别每一罪犯的风险因素，人们已针对不同类型的罪犯开发并验证了许多评估工具。

再犯风险因素相关知识可用来开发高风险罪犯档案（刑侦档案 forensic profile），以协助实务人员和决策者识别各种干预项目的潜在参与者。比如，荷兰研究人员对少年犯再犯和严重再犯相关风险因素都进行了研究，从而开发出了一套少年犯刑侦档案。这份档案明确了许多再犯因素，共分为七大类，具体为：（1）家庭环境；（2）犯罪相关风险因素和药物滥用；（3）犯罪行为史；（4）心理认知因素；（5）心理变态；（6）社交行为和人际关系；（7）监禁期间的行为（如相关）。[①]

三、评估工具

要实现最佳的再犯评估，就要利用对某一类犯罪行为具有预测效度的工具。目前存在多个用来评估一般再犯风险、暴力再犯风险或性犯罪再犯风险的评估工具。不同的工具用来评估不同的罪犯。比如，"静态 99 评估表（Static－99）"[②]专门用来评估性犯罪人未来再次犯性犯罪的风险。"案件管理库工具"是一个评估一般犯罪的静态和动态风险的工具，这种工具也为能够选择适当类型的干预方式提供指导。每一项精确的评估工具都包含与再犯高度相关的风险因素，各个风险因

① E. Mulder &others, *Risk Actors for Overall Recidivism in Serious Juvenile Offenders*, International Journal of Offender Therapy and Comparative Criminology, Vol. 55, No. 1 (2011), p. 118－135.

② Hanson 和 Thornton2000 年开发的工具。

素会共同生成总体的风险分数,随后风险分数被转换为相应的风险类别,如低、中、高、极高等。

四、评估步骤

评估过程通常包含以下步骤:(1)准备评估并明确信息来源;(2)收集和记录需求、风险、响应度和状况等相关信息,有时可利用已有测试和评估工具;(3)展开和理解(解读);(4)作出判断;(5)与罪犯进行磋商并作出决定/建议;(6)规划干预措施(制作干预计划);(7)信息管理和传播。

五、评估时间

评估应当贯穿刑事司法和改造过程的各个阶段。也就是说,评估应该是一个持续的过程,并且,监狱应将这一过程告知罪犯,并促使其积极参与。具体来说,除罪犯在监狱服刑期间开展的所有评估外,还应当在下列节点对罪犯进行评估:(1)确定给予罪犯适当制裁或措施时或考虑将罪犯转出正式刑事程序时;(2)监管期开始时;(3)罪犯生活发生重大变化的任何时候;(4)考虑变更罪犯监管性质或级别时;(5)监管措施期末时。①

第三节　国际实践之二:狱内常规项目

监狱内开展的重新融入社会项目大致可以归纳为六大类型,分别

① 参见欧洲理事会部长委员会于 2010 年 2 月 20 日通过的《欧洲理事会缓刑规则》第 69 条和第 70 条规则。[recommendation CM/Rec(2010)1]

是身体保健、精神保健和心理支持、药物滥用治疗、改变行为和态度的治疗、信仰支持、教育和职业培训。

一、身体保健项目

（一）传染病预防

1. 狱内传染病预防的必要性

我们知道，入狱者主要来自受教育水平较低且社会经济状况较差的社会阶层。在入狱之前，他们中的许多人可能已多年未接触过卫生服务，而且他们的生活方式通常存在健康风险。由于这些原因，罪犯的身心健康通常比普通人群的更差，精神疾病、毒品依赖、牙齿问题、皮肤疾病和传染病等是罪犯中十分常见的健康问题。罪犯中的艾滋病、肺结核、乙肝和丙肝感染率往往要显著高于普通群体。艾滋病和肺结核都是罪犯在狱中死亡的主要原因之一。此外，当感染了艾滋病毒的罪犯从监狱释放并返回社会后，他们可能将疾病传播给他们的性伙伴或共用针头的同伴，而这些人可能并不知道自己面临着感染这种疾病的风险。① 实际上，和乙肝、丙肝一样，这些疾病都是可以预防的，而且狱内的预防非常重要。

2. 狱内传染病预防的实践

狱内疾病预防的干预措施包括以下几个方面。一是保证罪犯和监狱工作人员都能够获得与艾滋病、肺结核和肝炎等相关的科学的、有用的信息，包括哪些行为可能传播这些疾病、如何预防传播、在狱中和释

---

① See United Nations Office on Drugs and Crime, *HIV and AIDS in Places of Detention: A Toolkit for Policymakers, Programme Managers, Prison Officers and Health - care Providers in Prison Settings*(2008); *HIV in Prisons: Situation and Needs Assessment Toolkit*(2010).

放后该如何规划治疗和护理等信息。在收监时、服刑期间和释放后，所有罪犯都应接受艾滋病的相关教育。比如，早在1993年，世界卫生组织就在其监狱艾滋病毒感染和艾滋病指南中建议“在整个拘禁期间”且“在任何形式的假期或释放之前”都向罪犯提供安全套。[①] 二是艾滋病测试应严格保密、自愿参与、伴以测试前后的咨询辅导，并与治疗服务的获取相结合。三是提供安全工作设备，比如，安全注射和安全文身设备的提供可进一步降低艾滋病和肝炎在罪犯之间及意外刺破情形下面向监狱工作人员的传播风险。四是精心规划艾滋病、肝炎和肺结核等传染病罪犯的释放，这样可保证他们返回社会后能够接受不中断的服务和支持。治疗的连续性可通过矫正人员和社区服务机构之间的紧密联系和协作来实现。缺乏这种规划和协作可能会对公共卫生产生影响，因为传染病罪犯治疗的中断或提前终止不仅将增加罪犯释放后的疾病传播风险，而且将增加罪犯抵制治疗的风险。对罪犯身心症状控制至关重要的治疗的中断可能会对罪犯产生进一步的严重后果（如药物滥用、心理压力和症状的再现等）。最后，应考虑给予艾滋病或其他晚期病人以姑息治疗和同情释放。

（二）口腔健康

许多罪犯入狱时都存在口腔健康问题。这可能是由于他们享受的牙医服务有限、口腔卫生知识不足或对酒精、烟草和毒品等对牙龈和牙齿的影响不够了解。比如，如果鸦片使用量减少，鸦片使用者入狱后可能很快就会报告严重的牙痛症状，从而需要接受紧急牙科治疗。牙齿

① See Principle 1 of the World Health Organization guidelines on HIV infection and AIDS in prisons, Joint United Nations Programme on HIV/AIDS, document UNAIDS/99.47/E.

的缺失和卫生不良不仅会影响美观，而且会影响语言能力、进食能力和口臭程度，因此总体上也与罪犯的社会再融入存在相关性。为此，所有监狱都应提供合格的牙医团队和牙科服务，以解决罪犯的突发和慢性口腔疾病问题，并向他们提供口腔卫生的相关知识。

（三）狱内保健的评价

在大多数国家，监狱中的预防、治疗和护理服务很少是充分的。特别是在中低收入国家，监狱的健康、营养和卫生状况通常远远低于标准，不仅存在资金不足的问题，而且受医药、医疗人员和医疗设备缺乏等因素的影响，而这种状况对过度拥挤监狱的负面影响尤甚。

（四）狱内保健的发展方向

保证罪犯健康需求得到满足不仅有助于罪犯再次成功融入社会，而且考虑到罪犯、监狱员工和来访者在监狱与社区之间的流动性，也是防止狱中传染病扩散到社会上。在理想状态下，监狱卫生服务的标准应与社区公共卫生的标准保持一致，对罪犯采取平等治疗原则，[①]并且将监狱卫生服务纳入国家公共卫生服务体系，或者至少应当保持互相之间非常紧密的联系。监狱卫生保健服务的内容不应仅限于治疗式服务，而且应进一步涵盖疾病预防、健康促进、生殖健康、妇幼保健和姑息治疗等。与此同时，针对一些罪犯在社会上可能正在接受疾病治疗的情况，应当

① Article 12, International Covenant on Economic, Social and Cultural Rights, General Assembly Resolution 2200 A XXI, annex; principle 9 of the Basic Principles for the Treatment of Prisoners; principle 1 of prisoners and detainees against torture and other cruel, inhuman or degrading treatment or punishment, General Assembly resolution 37/194, annex; and principle 1 of the World Health Organization guidelines on HIV infection and AIDS in prisons, Joint United Nations Programme on HIV/AIDS, document UNAIDS/99.47/E.

确保入狱后治疗的延续性，这对罪犯健康和公共卫生都非常重要。

二、精神保健和心理支持

（一）必要性

罪犯患心理障碍疾病的情况通常比普通人群要严重得多，总体而言，女犯似乎又比男犯更可能被诊断出心理疾病，而监禁通常会对存在精神和心理障碍的人产生特别有害的影响。研究表明，存在心理障碍的罪犯通常有着更长时间的犯罪史，且存在药物滥用问题的可能性也更大。尽管这些罪犯属于暴力犯罪人的可能性不一定会更大，但非常明显的是，心理疾病得不到治疗、同时经常伴有药物滥用或药物依赖问题是罪犯再次犯罪的最强预测因素之一。实践证明，为心理疾病罪犯提供有效治疗并采取特殊措施帮助他们为释放做好准备是他们成功再融入社会的前提条件。因此，寻找方法协助社会上的精神保健服务机构进入监狱并为罪犯提供与社会标准一致的服务就显得非常重要了。

（二）实践做法

关于精神保健和心理支持方面的干预措施有以下几种。第一，精神保健服务的提供应根据最低限制原则进行。第二，开展精神保健和心理治疗必须以相关罪犯的自愿、知情同意为前提。第三，精神保健和心理支持服务应当体现个性化，包括心理、医疗及其他支持性干预措施之间的平衡；应避免仅仅依赖药物来控制精神苦闷的症状。第四，监狱应当定期监测所有精神干预措施，以检查其执行情况、预期成果及副作用。第五，必须保证治疗和护理的连续性。已经开始接受治疗的罪犯被转移至另一监狱时，或其被释放并返回社区时，必须采取措施保证其治疗的连续性，确保其不中断地获取适当药物。这不仅是防止治疗中断可能对罪犯产生极端不利影响（包括精神健康的急剧恶化）的需要，而且是防止罪犯作出问题行为和再次犯罪的需要。

（三）几个需要注意的问题

由于存在精神疾病和心理障碍的罪犯的特殊性，在对他们重新融入社会的干预措施过程中有几个需要特别注意的问题。（1）存在精神疾病的罪犯都应尽可能在其与刑事司法体系接触的最早阶段即转出该体系。联合国《保护精神病患者和改善精神保健的原则》中第7项原则明确规定，精神残疾者有权尽可能在社区环境中接受治疗和护理。[①] 因此公共精神保健服务的缺乏本身绝不能成为将存在精神残疾的人监禁起来的理由。（2）关于罪犯心理健康方面的支持，为防止精神健康风险因素的产生，对于有需求或有风险的罪犯，监狱应尽早向其提供诸如咨询辅导和心理治疗之类的心理干预措施。监狱工作人员应当首先了解哪些罪犯可能出现特定苦恼或焦虑风险的情形，然后对那些对罪犯而言特别有压力或痛苦的情形必须按需要实施监测和干预。比如，当罪犯被收监或被告知某项不利法院判决、关于家庭成员的坏消息、家庭成员的探视被取消或提前释放申请被作出不利决定时，这样的情形就可能出现。当罪犯被转移至另一监狱设施、罪犯之一或与其交好的另一罪犯被采取纪律措施或另一罪犯受伤、死亡或自杀时，其他不稳定情形也可能出现。（3）为促进公共安全，提高罪犯重新成功融入社会的可能性，这些罪犯在释放后继续接受精神和心理治疗要由监狱和卫生部门进行协调，并以个案方式处理，而且向释放后的社区治疗进行过渡需要

---

① General Assembly resolution 46/119, annex.

精心规划。很明显,保证这些罪犯释后护理的连续性对于他们重新成功融入社会至关重要。

三、药物滥用治疗

有很大比例的罪犯都存在药物滥用问题。接受适当的药物依赖循证治疗对于保证药物滥用罪犯重新成功融入社会至关重要。目前罪犯战胜毒瘾的动机问题仍然是药物依赖治疗方面有待解决的一个大问题。

1. 成瘾问题的再犯预防理论

针对成瘾问题的再犯预防理论传授给罪犯维持其改变后行为的应对策略,这些策略涉及态度、社会环境、物理环境的改变和某些成瘾行为"触发因素"的规避。[①] 成瘾问题的再犯预防方法通常包括帮助罪犯掌握某些技能的自我控制项目,以协助罪犯识别那些能够指示其症状可能恶化或其不健康、非预期行为或习惯可能故态复萌的预警信号。

2. 药物依赖治疗的要点

对于药物依赖罪犯的治疗,主要把握以下几点:(1)监狱应鼓励他们参与并完成治疗。当被考虑提前释放时,这一前景可为罪犯参与一段时间的治疗提供激励。(2)药物依赖的完全康复需要时间,而且需要有效的治疗,之后还要有长期的有效管理。释放后护理的连续性对于接受药物治疗的药物依赖罪犯尤其重要。对罪犯释放后护理和支持的连续性必须要有规划,而且要以矫正部门与社区服务机构之间的紧密协作作为保证。(3)同时存在药物滥用和精神健康障碍问题的罪犯需

---

① 加拿大成瘾和心理治疗中心提供心理治疗和成瘾治疗的信息和有效的康复程序以及再犯预防措施。参见 www. camh. ca。

要一体化治疗方法。

3. 评价

评价再犯预防无法治愈或根除罪犯以某种方式行事的冲动。但是,关于行为模式的全面教育和认识对于协助罪犯了解其行为模式通常是必要的。它涉及协助这些人识别其犯罪前思想、感情和行为,以便其理解下列事实,即他们的行为是一系列可预测思想、感情和行为的产物。此外,它还能使这些人了解应对其冲动——无论是性、毒品、愤怒还是暴力方面的冲动——的更健康方式。一旦了解和分析了这些因素,监狱即可为每一个罪犯制定各自的再犯预防计划。

四、改变行为和态度的治疗:认知行为学疗法

认知行为疗法通过让罪犯了解思维过程及其与犯罪行为的相关性,改变罪犯的认知缺陷和扭曲问题。这些年来,矫正领域开发了各种形式的认知行为治疗措施,这些干预通常涉及愤怒管理、认知技能培训、社交技能开发和人际关系培养、道德培养等措施。这些措施旨在通过改变罪犯的认知过程、解决他们的情绪问题或为他们提供良好的角色模范、激励罪犯更加积极上进等方式改变他们的行为和态度,可对再犯率的降低产生显著影响。①

(一)愤怒管理和情绪控制项目

愤怒管理通常用于协助罪犯尤其是那些暴力罪犯控制其愤怒反应。因此,那些无法控制愤怒而犯罪的人通常被归入这类项目。这类

① See M. W. Lipsey, N. A. Landenberger &S. J. Wilson, *Effects of Cognitive – Behavioral Programs for Criminal Offenders*, Campbell Systematic Reviews, Vol. 3, No. 6, 2007.

项目的内容通常是设立课程,教授罪犯如何认识自己的愤怒症状、如何理解自己愤怒的原因、如何更好地控制愤怒情绪、如何发展积极的人际关系、如何更果断而非愤怒地表达自己及如何应对难缠的人和情况等方面的知识。罪犯在参加任何愤怒管理课程之前,都要做好准备并表现出积极的态度。积极性较低意味着他们从课堂学到东西的可能性也较低。干预措施必须与个人需求相适应,或至少与某类罪犯的需求相适应。此外,参与者还须有将其所学付诸实施的机会。需要说明的是,这些项目既可在监狱内实施,也可在社区内实施。

英国国家缓刑服务署开发了一项“控制愤怒并学习其管理”的工具,用于教授当事人管理愤怒及其他情绪的新技能。英国法院可以将命令罪犯参加该项目作为判决的一部分或前提条件。具体而言,该项目教授参与者如何与他人交谈、如何表达自己的感受、如何在不具有攻击性的情况下解决问题等能力。参与者须参加所有活动,准时到课并坚持不早退,积极参与并应要求从事课间工作,保持清醒的头脑,而不是在药物、酒精或溶剂的影响下晕头转向,并且在参与过程中应当尊重教师和其他项目成员。

(二)内观疗法

“内观”指“观内”“了解自己”“凝视内心中的自我”之意。借用佛学“观察自我内心”的方法,设置特定的程序进行“集中内省”,以达到自我精神修养或者治疗精神障碍的目的。内观疗法可以称作“观察自己法”“洞察自我法”。内观疗法的特征是通过内观冥想,快速到达症状根源,化解自我的执着心、比较心与妄想心,从而整合内心分裂与矛盾,解脱心理痛苦。这种治疗时程短,见效快。学习内观整合治疗方法最大的不同就是:不仅学会了一项心理治疗技术,更重要的是自己人格的成长，并成为拥有爱与成功和幸福的人，学习过程就是学员的心灵修行过程。

通过内观人际互动的三个主题：别人为我做了些什么，我为别人回报了些什么，我做了些什么不该做的（给别人添了一些什么麻烦），来引导人们观察自我内心、观照自己、凝视内心、自我观照、自我启发、自我洞察。

经过长期的发展，在日本有专设的内观疗法研修所 10 多所。在心理咨询、治疗机构，医院心理治疗中心，内观疗法得到了广泛应用。在美国和欧洲的一些国家也已经设立了对内观疗法的专门研究机构。以下是日本刑事设施中监狱和少年院（类似于我国过去的未成年人劳教所，是专门收容触犯少年和虞犯少年的场所）适用内观疗法的情况变化。

1960 年，日本全国实施内观法的监狱 14 所，少年院 6 所。1962 年，实施内观的监狱 29 所，少年院 10 所。1973 年实施内观的监狱减少为 7 所，少年院仍然保持 10 所。至平成八年（1996 年）实施“内观”教诲的少年院增至 35 所，1998 年增至 43 所（这里不包括少年、成年监狱的实施情况）。然而，这些矫正设施虽然实施了“内观”方法，却很少有取得像当初那样的显著效果的事例报道。

据考察，内观法难以取得显著效果的原因有以下几个方面：第一，为取得效果所必需的时间难以保障；第二，设施建筑物的结构本身，也难以达到完全宁静的修炼要求；第三，专职指导人员的配备也很困难，尤其是在休息日；第四，“内观”本来应当完全基于本人的自愿，但在实践中似乎存在半强制的情况。此外，适用的服刑者与职员（矫正官）之间建立信赖关系也存在一定的难度。[①]

---

① 鲁兰：《中日矫正理念与实务比较研究》，北京大学出版社 2005 年版，第 129、130 页。

(三)基本生活和人际关系技能项目

基本生活和人际关系技能项目旨在帮助罪犯习得问题解决、交流沟通和冲突化解技能,并就如何培养自我宣传、耐心、冲动控制、愤怒管理和建设性果断等方面的能力提供某些指导,以便帮助罪犯为更好地适应社会生活做准备。我们知道,罪犯在监禁环境中必须遵守监狱的限制性规定,因此通常无法控制其日常生活的方方面面。特别是长期监禁的罪犯,一般都面临独立性、自立性、自尊和主动性降低的情形。在这种情况下,罪犯一旦被释放,突然之间就要在封闭体制之外独立构建与其狱内生活截然不同的日常生活。他们中的一些人,包括年纪较轻的罪犯,可能从未有过习得基本日常生活管理技能的充分机会,还有一些人在人际关系技能和成熟度方面存在明显缺陷。基本生活和人际关系技能项目就是应此种需求而产生的,以协助罪犯养成各种社会可接受行为并提高成功参与社会互动的能力。另外,他们在监禁期间学习的某些社会互动模式则可能要进行去学习化处理。

(四)动机激励项目

1.必要性和依据

任何监狱项目在成员的招募、考勤和遵规守纪方面几乎都是问题重重,特别是那些参与者改变其行为或生活方式动机较弱的项目。处罚本身并不总是足以激励罪犯作出变革或停止犯罪。实际上,下列事实是相当明显的,即"如果被羞辱、胁迫、指责或剥夺了选择的自由,任何人都不会对其报以热烈的响应"。[①] 在这些情形下,我们不能指望罪

① See V. Lopez Viets, D. Walker &W. R. Miller, *What is motivation to change? A scientific analysis*, in Motivating Offenders to Change: A Guide to Enhancing Engagement in Therapy, M. McMurran, ed. ,Chichester, West Sussex, and New York, Wiley, 2002, p. 15 –30.

犯的反应会跟普通人有所不同,不能指望罪犯不去憎恨、抵制和对抗。因此,我们应该想办法激励罪犯作出变革并有目的地参与监狱提供给他们的项目。

那么,罪犯的改造动机是否可被激励呢?这里应该指出的是,和其他所有人一样,大多数罪犯基本上都会受相同内在因素(人类固有的因素,如实现有价值目标、避免痛苦、规避有害情绪、获得社会认可等)和人际关系因素(鼓励、社会接纳、参照群体的积极支持等)的激励,其中的作用机制本质上是一样的,这一点正是动机激励项目实施的依据。

2. 要点

动机激励项目的宗旨在于使罪犯作出改变,并支持其改变过程。实践中需要重点关注两个方面的措施。一是削弱罪犯对待改变的矛盾心态或改善罪犯自尊和自信的干预措施。自信较差可能会扼杀罪犯的希望,或使其生成消极的自我实现预言和矛盾心态,而这是可击败罪犯改变企图的。如果不相信自己能够做到,即便有改变动机的人也会抵制改变。因此,对罪犯实施干预、以提高其对实施具体任务能力的信心(自我效能感)是必要的。二是帮助罪犯面对其改变相关负面情绪(苦恼、个人关系敏感、害怕未知事物、害怕失败等)的干预措施是非常有益的。[①]

3. 评价

动机激励项目面临的一个问题是,对罪犯动机进行评估是否可能,

---

① See L. Jones, *An individual case formulation approach to the assessment of motivation*, in *Motivating Offenders to Change: A Guide to Enhancing Engagement in Therapy*, M. McMurran, ed., p. 31 – 54.

或者说,强化罪犯作出改变的动机是不是可能的。① 罪犯动机的合理衡量指标——有时被称为“改变准备程度”或“参与有益项目准备程度”衡量指标——目前仍极度缺乏。因此,监狱辅导人员有时不得不使用自己的专业技能对罪犯参与矫治项目的意愿、处理人际关系的技能和与那些帮助其改造的人建立信任关系的能力等进行评估。很明显,罪犯作出改变的动机是不是成功干预的前提条件及在这种动机缺乏的情况下、是否可将矫治项目强加于罪犯而仍然保持其效果也是一个问题。

(五)成为积极公民的项目

关于重新将罪犯培养成积极公民的研究已越来越多。成为积极公民的含义包含自信、自尊和责任感(对自己和他人负责)。当罪犯履行责任并积极为监狱生活或广大社区贡献力量时,他们就已成为积极公民。

1. 项目种类

实践中,成为积极公民的项目主要有以下几类:②(1)帮助和支持其他人(包括其他罪犯)的项目,比如向罪犯提供工作机会、种植蔬菜并将农产品送给妇女收容所、制作婴儿服装并将其送给那些需要的人;(2)涉及与狱外人士共事或代表狱外人士工作的社区支持项目;(3)同伴支持项目;(4)咨询辅导项目;(5)志愿者协助项目;(6)鼓励罪犯承认自己对他人造成的伤害并作出修复的恢复性司法项目;(7)监狱生活

---

① See M. McMurran, *Motivation to change: selection criterion or treatment need?*, in Motivating Offenders to Change: A Guide to Enhancing Engagement in Therapy, M. McMurran, ed., p. 3 – 14.

② 这些不同类型的积极公民项目中有大部分是来自伦敦非政府组织监狱改革信托基金会(Prison Reform Trust)在报告中的列举。该报告还总结了一些可用于培养罪犯积极公民意识并推动积极公民项目机遇的实用措施。

民主参与项目,如参加罪犯委员会或其他平台;(8)艺术和传媒项目,如监狱电台、报纸、表演艺术等项目。上述项目都把重点放在了态度、精神及其他旨在支持罪犯采取更加具体的步骤、从而为其再次成功融入社会做好准备工作。实践表明,自愿参加各种项目的罪犯有机会习得新技能并赢得他人信任、提高履行责任的能力、发现服刑时光的意义,而且会觉得自己有机会回馈社会并实现从(制度)被动接受者到社会贡献者的角色转变。①

2. 相关实践

(1)同伴支持及音乐、艺术项目

巴勒斯坦的粉刷墙壁项目。巴勒斯坦主管部门管理的民事监狱于2012年引入了一种改革,允许罪犯参与监狱内实施的艺术疗法,并粉刷监狱的灰色水泥墙壁。这种美化环境的行为赋予了罪犯一种健康和成就感,提高了他们增加自身活力的积极性。

英国的驻地艺术家项目。英国北爱尔兰监狱服务署、缓刑委员会、艺术委员会、社区关系委员会和社区艺术论坛共同成立了一个监狱艺术基金会。该基金会旨在为北爱尔兰的所有罪犯(包括少年犯和出狱人)创造一个艺术发展通道。该基金会通过设立“驻地艺术家”项目,推动并拓展了面向所有监禁服刑犯的艺术欣赏和实践活动。该基金会组织了众多工作坊,涉及各种类型的艺术,包括写作、戏剧、美术、手工艺、音乐、马戏/肢体剧和舞蹈等。这些工作坊的建立使所有罪犯都得以探索自己更富创造性的一面,并强化自己的自信。有时,作为帮助罪犯重新融入社会的方法之一,那些加入了监狱艺术基金会的罪犯可在获释

---

① See K. Edgar, J. Jacobson &K. Biggar, Time Well Spent: *A Practical Guide to Active Citizenship and Volunteering in Prisons*, London, Prison Reform Trust, 2011.

后就其艺术努力获得支持。[①]

印度的音乐、舞蹈和戏剧疗法。印度监狱局将音乐疗法广泛应用于罪犯改造。印度监狱局认为,音乐对身体和心灵有着积极、深远的影响。因此,该机构在所有监狱中都成立了音乐室,并为其配备了各种类型的乐器,如手鼓、邦戈鼓、小风琴、吉他、西塔尔琴、木质弦乐器、笛子等,供罪犯演奏。该机构还会组织监狱之间的音乐比赛,以培养罪犯在音乐表演方面的竞争精神。此外,印度监狱还采用戏剧和舞蹈疗法来提高罪犯的自尊和自信,并向公众展示罪犯人性、富有创造性的一面。比如,米德纳布尔(Midnapore)中央监狱就遴选了一批罪犯,组建了一个劲爆舞蹈工作坊。他们录制了自己的音乐,制作了自己的服装,然后在舞蹈节上表演,并录制了音频 CD。上述所有这些活动都对参与者产生了非常积极的影响。

(2)动物接触项目

在狱中接触过动物甚至负责过动物护理的罪犯往往能够在重返社会的准备方面做得更好。这类项目能够引导他们对动物承担责任,能够教会他们理解和尊重其他形式的生命。与此同时,这类项目还能为罪犯提供教育机会及学习新技能并培养自信和自我效能感的场所。

动物辅助治疗项目。动物辅助活动已被越来越多地纳入各种监狱项目中,以便有各种生理和情感需求的罪犯可与动物如狗、马、美洲驼等进行互动(训练、清洁或抚摸)。加拿大矫正服务署于 1998 年就开始在女子监狱实施宠物协助治疗项目。[②] 越南同奈的一个少年犯改造学校有一个非常小的动物园,里面养着各种珍奇动物。这些动物就是由

---

① www. prisonartistsfoundation. com/about/.

② www. lapsbc. ca/.

住在这个学校的少年犯们集体负责饲养的。研究表明,与宠物相关的责任和护理活动是被关押罪犯与其本来无法经历的某种现实建立联系的渠道。作为陪伴的动物还可为罪犯提供一种发泄途径,以证明其不仅有完成动物护理所须任务的能力,而且具备为有赖于他们的生灵担当的能力。①

驯狗项目。美国科罗拉多州立监狱的驯狗项目是一个为社会提供驯狗产品的项目。作为科罗拉多州矫正产业的一部分,该项目能够让罪犯学习新技能、改善自尊并基于其工作表现获得一份薪水。参与项目的罪犯有资格获得犬类行为改良方面的职业证书。②

(六)认知行为疗法的评价

矫正领域有一些专家认为,最有效的罪犯矫治方法应以认知行为学和社会学习等方法为依据,特别是当这些方法将罪犯个人特征如人际关系敏感度、人情焦虑和语言智商等因素纳入考量时效果更好。③ 我们知道,罪犯的一个高频特征是认知扭曲,具体表现为自我合理化的思维、对社会提示的误解、责任归因的错误、道德推理的缺陷、支配型和权利型认知图式等。认知行为疗法让罪犯学会自我纠正思维,并学会识别和纠正那些有偏见的、高风险的或存在缺陷的思维模式。很明显,认知行为学方法是非常具有前景的罪犯改造方法之一。相对于其他矫治方法,它在降低再犯率方面的效果通常名列前茅。这种方法拥有一个明确将“犯罪思维”列为出轨行为贡献因子的成熟理论依据,而且可改

① See G. A. Furst, *Animal Programs in Prison: A Comprehensive Assessment*, Boulder, Colorado, First Forum Press, 2011.

② www. coloradoci. com/serviceproviders/puppy/index. html? intro.

③ See D. A. Andrews, J. Bonta &R. D. Hoge, *Classification for effective rehabilitation: rediscovering psychology*, Criminal Fustice and Behavior, Vol. 17, No. 1 (1990), p. 19 – 52.

编适用于各种罪犯。和其他监狱项目一样,这种方法既可作为全面干预措施的一部分,也可作为独立干预措施在社区内成功实施。[1]

五、信仰支持项目

(一)开展信仰支持项目的意义

信仰团体可为监狱罪犯提供重大支持。这些团体往往非常善于筹集社会资源为罪犯服务。在许多贫困国家,信仰团体提供的监狱项目基本上是罪犯可以参与的唯一项目。除精神和心理支持外,信仰活动还可吸引并激励罪犯改变自己的生活并对自己的生活负责。信仰团体则可帮助罪犯与社会建立非正式联系,并在其重返社会时提供关键支持。许多这类团体都会提供来自社会的释前和释后导师。在许多情况下,他们都创建并管理着自己的设施和资源,如中途之家或药物滥用康复中心等。在有些国家,如果没有这些团体,出狱人将无法享受这些服务。

(二)信仰支持项目的实践做法

斐济的罪犯的灵魂项目。尊重和忠于土地(人民)、信仰和政府的观念对斐济当地居民非常重要。斐济监狱和矫正服务署将罪犯的灵魂置于其工作的中心位置。甚至在利用认知方式为罪犯提供行为辅导及其他服务之前,他们就已经将罪犯与伴随他们成长的信仰联系起来了。根据罪犯自己的选择,他们会为罪犯提供灵魂辅导师,为其提供咨询和辅导服务。斐济人之所以如此处理灵魂问题,是因为他们认为这有助

① See M. W. Lipsey, Landenberger and Wilson, *Effects of Cognitive – Behavioral Programs for Criminal Offenders*, *Campbell Systematic Reviews*, Vol. 3, No. 6 (2007).

于“软化”大多数罪犯，以便在其他阶段对他们进行安置。在利用灵魂辅导师的同时，斐济监狱和矫正服务署还使用了行为辅导师为罪犯提供辅导，以便对罪犯的改变进行更加客观的监测和评估。①

新加坡开发了突破使命项目。该项目是一个非营利、基于信仰的戒毒中心，旨在为当事人提供木工、反射疗法、汽车维修、景观美化和园林、铜具制作、订书、画框制作（艺术用）、计算机技能、餐饮和食物制作等方面的培训。该中心在法院附近开设了一个非常受欢迎的餐馆，雇用出狱人作为服务生和厨师，并为那些与法律产生冲突的人提供信息和帮助。公众非常支持这个餐馆，因为在这里，人们可以看到以前的罪犯正在努力过上更加美好的生活。

六、教育与职业培训项目

（一）具体实践

为了使罪犯获释后顺利进入就业市场，很多监狱都会基于就业市场需求为罪犯提供一些功能性的、教育性的和职业性质的技能培训项目。这些项目的具体内容一般包括功能性读写和算数能力，以及其他基本的工作技能。下面介绍的是欧盟、奥地利等国家在这方面的具体实践。

1. 乌克兰在线研讨会项目。乌克兰监狱在女犯中开展了在线研讨会（webinar）项目，供女犯参与远程学习。该项目实施过程中除报告人与参与者不能进行现场交流外，具有正常研讨会的所有优点。

---

① I. Naivalurua，《基于社区的社会再融入：斐济方式》，载 K. Aromaa、T. Viljanen 编：《联合国调查及刑事司法体系罪犯矫治领域的其他最佳实践》，欧洲犯罪预防和控制研究所出版系列（No. 65）（赫尔辛基，欧洲犯罪预防和控制研究所），第 40 页。

2. 欧盟委员会平等项目。欧盟委员会就业与社会事务司实施的平等项目已经采取措施改善罪犯的教育和培训机遇,以协助他们再次融入劳动力市场。奥地利、德国、法国、荷兰、葡萄牙、瑞典和英国也已成功开展合作,以便将远程学习引进监狱。

3. 奥地利的网络学习项目。奥地利监狱服务局开发的网络学习项目使用计算机、互联网和现代培训方法,根据当前劳动力市场需求进行了量身定制,项目的重点是根据个人能力提供个性化支持和项目,罪犯可以自愿参与。为了开展此项目,监狱局建立了一个监狱教育中央服务器,还开发了各种学习软件,并对其进行改编,使其适应监狱用途。学习软件的内容包括读写、算数及库存管理、金属制品、木制品和其他职业技能。此外,欧盟其他成员国也有类似项目,而且各国之间也有合作,从而可惠及那些不在母国服刑的罪犯。

4. 阿拉伯联合酋长国综合职业项目。该国警察总署(General Police Command)和高等教育部共同设计了一个面向罪犯的综合职业项目。该项目的目标是为当地有市场需求的行业提供职业培训、为罪犯提供有目的且有建设性的活动、帮助罪犯出狱后成功就业、降低罪犯的再犯和失业率等。这个项目既考虑了罪犯的个人特点,也考虑了当地的劳动力市场需求。参加项目之前,罪犯要接受年龄、受教育程度、遵守纪律情况、投入程度、个人技能和犯罪记录等方面的评估。项目期限为两年,而且允许罪犯获释后继续完成培训。截至 2011 年,已有 61 名罪犯成功完成了第一阶段的项目。

5. 巴勒斯坦占领区职业技能工作坊项目。联合国毒品和犯罪问题办公室在巴勒斯坦占领区开展了职业技能工作坊项目,以强化由巴勒斯坦主管部门管理的监狱运作和监督。该项目的主要目的是保证该地区的矫正和改造中心符合《联合国囚犯待遇最低限度标准规则》的要求。通过该项目,巴勒斯坦占领区的两个监狱创建了烘焙和缝纫工作坊。目前,该地区还有将职业培训项目拓展至其他矫正和改造中心的计划。

6. 印度职业技能工作坊项目。印度蒂哈尔(Tihar)监狱开设了烘焙坊、手工纺织工作坊及服装生产、家具制作、芥末油榨取、油漆和纸产品等工作坊。女犯可在狱中制作蕾丝产品,从而挣取相当高的薪水。

(二)评价

监狱机构应赋予职业和就业技能的开发以相当大的重视程度,以便罪犯获释后能够找到并保住工作。没有上述技能,罪犯的社会再融入将仍是一大问题。作为罪犯改造过程的组成部分,许多监狱产业都成功地为罪犯提供了工作机会。功能型读写能力和基本的学历证书(最好是中学相当学历)有助于入门级就业。入门级就业岗位的报酬、福利和晋升机会可能是有限的,因此从社会和心理角度而言,这些岗位也许并不是特别有意义。

但遗憾的是,许多监狱在开展所谓的"工作项目"时都会实施有悖国际标准和规范的虐待行为。在这些监狱中,工作只是一种惩罚方式,或仅仅是因为罪犯能够提供一种廉价的劳动力。它们迫使罪犯工作只是为了使他们心无旁骛。罪犯从事的是清洁、制作监狱制服、在监狱农场种植作物、煮饭、砍柴、挑水、为罪犯和狱警洗衣等工作。在世界上许多监狱中,罪犯工作都是强制性的。但是,强制所有罪犯包括审前羁押犯工作是不符合《联合国囚犯待遇最低限度标准规则》的。在这些监狱中,罪犯并没有选择工作还是不工作的自由,而拒绝工作将招致惩罚。其他监狱则类似劳改营,要求罪犯特别是那些顽固的高安全级别罪犯从事惩罚性的体力劳动。另外,一些国家的私人监狱产业也引起了一些争议，因为一些人将其视为某种奴隶制劳动。而且，私人监狱可能存在尽量延长罪犯服刑时间、以保持其劳动力供应的动机。

第四节　国际实践之三：狱内开展的释放前项目

在罪犯即将出狱之前的一段时间内就开展有针对性的重新融入社会支持和干预措施对于囚犯来说是必要且有益的。因为对囚犯而言，从任何形式的拘禁生活成功过渡到社会生活都存在很多困难和挑战，即使获释后在社区接续接受监管对他们来说也会产生压力。实践表明，罪犯可从多方面的释前服务中受益，为其释放和重返社会做好准备。监狱通过与社区机构的密切合作，向罪犯提供现有服务清单、为罪犯提供讨论和表达其出狱及重返社会相关感受的机会、将罪犯推介给精神健康服务机构等服务，并确保罪犯在重返社会的整个关键期内都能得到支持。大部分这类措施都能取得良好的效果，包括减轻罪犯社会再融入可能产生的痛苦，并解决罪犯的长期情感需求。

一、家庭联系项目

（一）家庭联系项目的重要意义

近年来，越来越多的决策者和矫正实务人员开始重新重视被监狱割断的家庭联系对罪犯重新融入社会的作用。监狱帮助罪犯保持或重建家庭联系对于少年犯和作为子女主要抚养人的成年罪犯尤其重要。我们知道，罪犯通常都是根据其安全风险进行监狱分配的，因而可能会被转移到离其家庭和住所较远的地方。特别是女犯，由于数量较少，女犯被安置在离家更远设施中的可能性更高。因此,在罪犯获释前不久安排家庭探视有助于罪犯及其家庭就罪犯获释后的过渡阶段作出一些现实规划。实践表明,家人和朋友探视对罪犯心理健康、停止犯罪的积极性、建立寻找住所的希望和获释后就业的正面影响往往超出人们的估量。下面介绍一些国家的具体做法。

(二)家庭联系项目的具体实践

1. 家庭电子探视项目

近年来,有些国家的监狱系统正在开发旨在协助有意义的家庭探视项目。新加坡监狱服务署引进了电视会议和视频会议设备,使家庭成员无须长途跋涉到监狱即可与罪犯进行会面和交谈。如果表现良好且风险较低,罪犯还可在家里服完其刑期的最后阶段。这有助于罪犯逐步重新融入其家庭环境和整个社会。在俄联邦克拉斯诺亚尔斯克地区,罪犯如今可运用电子方式进行家庭探视,如通过电子邮件进行通信、进行视频通话等,以增强罪犯与其家庭成员之间的联系和沟通。此外,家庭成员还可为其狱中亲友购买电子产品,以供其在狱中使用。

2. 家庭聚会项目

韩国矫正服务署就在监狱设施内设置了独立的家庭聚会屋,允许罪犯在屋内与其家人共度两天一晚,以维持家庭关系。如今,这些家庭聚会屋已遍及韩国40个地区的41所监狱。除采用家庭聚会屋外,韩国还有家庭聚会日项目,罪犯可在诸如花园之类的宜人环境中与家庭成员一起用餐。

3. 为罪犯家庭成员和子女提供服务和支持

为罪犯家庭成员和子女提供服务和支持有时也非常重要。出狱人通常要依赖其家人解决一些迫切需求,如住房、就业和经济支持等。但是，在罪犯监禁期间，其家庭成员可能已经经历了巨大痛苦，特别是入狱囚犯的孩子通常会遭受严重的身心伤害，如睡眠障碍、压力、沮丧、毒品使用、强烈的负罪感和羞耻感。罪犯入狱后，一些家庭成员可能搬到了新的地方或组建了新的家庭关系，还有许多家庭本来就因为各种问题已经入不敷出，因而可能无法提供罪犯期望的支持。同时，罪犯对家庭经济能力的依赖往往会对其家庭经济稳定性产生消极影响。针对这种问题，一方面，监狱应当及时通知家庭成员关于罪犯获释的信息；另一方面，监狱可发动社会服务机构为罪犯家庭成员提供协助，帮助他们应对罪犯重返家庭和社会所带来的情感、经济和人际关系等问题。比如，新加坡的出狱人改造社区行动项目（Community Action for the Rehabilitation of Ex – offenders）制作了一个名为《面向罪犯及其家庭的社区资源与支持》的便携小册子。在这本小册子中列出了那些从事罪犯就业、一般及释前支持、社区家庭项目、精神健康与教育、家庭暴力协助、宗教需求等工作的组织机构、收容所和中途之家、毒瘾矫治和支持团体及其他社会服务机构。① 这种小册子对于罪犯出狱前和其家庭成员共同寻找确定各方面的支持提供了大量有益信息，对于罪犯重新融入社会具有重要意义。

（三）评价

尽管家庭联系对罪犯成功重新融入社会具有不可估量的作用，但是，大多数监狱机构都会限制探视次数以及罪犯与其家人接触的时间，而没有给探视条件和探视对罪犯产生的积极情绪影响以足够重视。监

① www. carenetwork. org. sg/index. php? option = com_content&view = article&id = 5&Itemid = 12.

狱探视通常被当作一种可轻易被剥夺的权利，而不是一种让罪犯与社会重新接触并协助其为重返社会做好准备的机会。其实对监狱来说，仅仅将现有规定做些许变革并开展一些简单的职员培训即可将监狱探视转化为协助罪犯为重返社区做好准备的结构化机遇，这也应当成为今后在罪犯家庭联系方面的发展方向。

二、社区准备项目

社区作为罪犯重新融入社会的重要角色之一，在罪犯获释之前最大限度地了解和化解与罪犯有关的任何风险信息是非常重要的，这一方面能够为帮助罪犯建立社区联系以便社区接受罪犯的释放和回归做好准备，另一方面也能够为社区做好潜在安全风险的防范提供支持。监狱有多种方法做好社区接纳罪犯的准备工作，比如批准罪犯作为志愿者为社区活动提供服务或参加社区内的宗教服务活动。再如，日假释、临时准假、半拘禁（开放式监禁）项目也可帮助罪犯保持或重建与外部社会包括未来潜在的雇主和服务提供机构之间的联系。

各国的实践丰富多样。乌干达监狱局开展的"从监狱回家"项目依据恢复性司法工作方法，强调罪犯、受害者和地方社区之间的调解以及修复由犯罪造成的伤害。该项目一直有地方委员会领导、宗族领袖、宗教领导人、警方、社区个人和公民社会组织的参与，共同致力于罪犯的改造和社会再融入工作。（乌干达出狱人援助学会专门从事罪犯出狱后的后续关怀。）乌干达监狱局已告知地方社区该项目的存在，并使其充分了解该项目，地方社区也愿意参与其中。此外，乌干达监狱局还通过社区警务项目、社区联络办公室、儿童和家庭保护小组等项目与警方进行了合作。在法国，负责实施制裁的法院或法官可赋予罪犯以半拘禁的机会。这意味着，罪犯在日间可离开监狱去参加课程学习或工作，接受医学治疗或照料家庭。新加坡监狱局于2004年开始实施的黄丝带项目则更具雄心,该项目致力于推动社区接受出狱人及其家庭,并赋予他们重新成为社会有用成员的机会。该项目由公立机构、私立机构和非政府机构共同致力于协助出狱人进行就业和定居、重新建立其与家庭和朋友之间的联系、学习新技能并获得受社会欢迎的感受。在监狱时,罪犯就可以参加与外部社会有联系的工作,如参加网站开发培训、从事的商业项目等。他们还可以在监狱烘焙坊工作,制作面包和各类烘烤产品,并供应给新加坡的各零售商店。作为项目的一部分,罪犯获释后即可通过新加坡矫正企业社团(Singapore Corporation of Rehabilitative Enterprises)获得职业培训和工作项目,从而找到就业岗位。

三、受害人的准备工作

为了让受害人做好接受犯罪人重返社区的准备,主要从以下三个角度努力。

对罪犯来说,重新与那些受其犯罪行为影响的受害人及他人建立关系是一个艰难的过程。在许多情况下,这种关系已经被严重破坏,从而无法轻易或立即修复。实践表明,从罪犯在监狱服刑时即开始实施的恢复性司法程序及其他调解式干预措施可以帮助罪犯找到自己在社区中的位置。这种方法有时被称为"恢复性再融入程序"。实际上,使用恢复性司法实践协助重返社区的罪犯重新融入社会正成为一种日益发展的趋势。

对监狱来说,可考虑制定干预计划,将罪犯重返社区的消息告知犯罪受害人和相关社区成员,以便其做好准备,并为其提供保护、辅导和支持。这是因为罪犯获释后的决定和计划(包括住房计划)可能会对罪犯前受害人甚至罪犯家属的安全产生影响,比如在存在家庭暴力风险的情形下。

对受害人来说,他们可选择不参加任何与罪犯相关的决策,但应有被告知罪犯释放的权利,并且,获知罪犯释放并返回社区的时间和相关情况是非常重要的。在理想情况下,释放罪犯的矫正机构应将受害人愿意或不愿意获得通知的意愿记录在案。如果可能,必须按照犯罪受害人的要求向其提供辅导和支持,以便其就罪犯重返社区做好准备。

四、应对监禁产生的经济后果(财务管理技能)

在考虑罪犯的社会再融入计划时,监禁对罪犯及其家庭产生的经济后果是不容忽视的。一方面,一旦产生了犯罪记录,罪犯丧失收入和银行账户将是一种普遍现象。罪犯小家庭甚至是大家庭的所有成员几乎都能感受到这种不利影响。另一方面,监禁还可能可产生高额的个人债务。如果监禁本身就是因为这种债务造成的,则罪犯处境在获释时几乎已经恶化,特别是在利率较高的情况下。此外,如果罪犯与债权人和财务联络人之间丧失联系,则更加不利于其履行债务。监狱机构通常很少就如何管理财务为罪犯提供服务,也很少为罪犯提供挣钱或储蓄的机会。因此,因监禁产生的经济排斥是罪犯获释后重新融入社会的一大障碍。英国的监狱改革信托基金会(Prison Reform Trust)和改过自新罪犯全国协会(National Association of Reformed Offenders)撰写的关于《时间就是金钱》的研究报告认为,很大比例的入狱者当时已经遭遇了极端且持续的经济排斥问题。但是,刑事定罪进一步恶化了他们获取经济服务的机会。改变制度可促进他们的经济融入,而经济融入又将为他们的有效安置和再犯率的降低提供支持。

由此可见,罪犯有效应对监禁带来的经济后果及确保财务安全是其重新融入社会的重要方面。监狱为罪犯提供协助和支持服务,应当在收监时就对罪犯的经济状况进行评估，这是确定监禁对罪犯的财务影响的最佳时机。罪犯个人档案应包括其财务状况的相关信息，而这种信息应在制定罪犯释放计划时予以认真考虑。据此对如何管理财务、如何承担财务责任帮助罪犯学习相关技能项目，这在降低罪犯社会再融入的难度特别是获得住所和就业方面的难度是大有帮助的。

五、重返社会规划

为了协助罪犯逐步重返社会，使罪犯在狱中取得的进步继续得到巩固和强化，在罪犯释放前就制定重返社会计划以确保其释放后获得不中断的服务和支持是非常重要的。在理想情况下，应当由专业人员与罪犯见面并进行合作，协助其制作重返社会规划并为此做好准备。①

重返社会规划有几个方面的考虑因素。一是罪犯的特殊需求，如身体残疾者可能需要有轮椅通道的住所。二是罪犯的个人情况，如年龄、独立生活经验、工作地点和类型、是否负责子女或他人的照料、收容所使用史或无家可归史、家庭历史、文化和民族背景及健康状况等。三是确定罪犯需要参与的教育或就业项目类型。四是出狱人预计受社区欢迎的程度。五是罪犯与家庭成员团聚是否会对罪犯家庭带来不利影响，或者说，罪犯家庭是否会给罪犯自身带来不利影响或增加罪犯的再犯风险。六是必须了解每一类型住所的优势、风险和限制因素，在理想状态下，应将每名罪犯直接释放至其适当住所，在这方面，与社区组织合作通常是了解社区所能提供的所有住房选项的最佳方式。七是保

① 在很多国家，机构雇用的案件管理员，他们都是训练有素的辅导员和社会工作者，在罪犯被接收到矫正设施的时候能够对他们进行综合的风险和需求评估。根据评估结果，案件管理员为每一名罪犯制定、管理并修正其重返社会计划。重返社会计划中确认罪犯的优势、风险因素和主要需求（如教育、职业、住房、家庭关爱、行为或者生活技能问题、毒品或酒精滥用、职业技能等），并且制定可用于罪犯在该设施内解决其中某些问题的策略。

证即将获释的罪犯持有充分的身份及其他民事文件也非常重要。这类文件的缺乏将妨碍出狱人成功获取服务、住房和就业机会。八是监狱向罪犯提供如何获取各种服务和支持的信息。在某些情况下，罪犯的释放规划还可以包含释前申请这类服务。九是监狱工作人员与社区服务提供者之间通过密切联系和协作实现监狱内外对罪犯关怀的连续性。

挪威政府于2005年就开展了“安全且可预测的释放行动计划”，采取各种措施保证罪犯一旦获释就会享受一系列服务，包括住所、工作或教育机会、债务承担辅导等。尽管矫正服务机构和市政主管部门都面临着能力有限的问题，但在政府支持下，挪威的刑事司法体系仍希望将社会问题的相关责任回归其本应承担的机构，即社会福利体系。目前，矫正服务局的努力已促成社会、卫生和劳动主管部门均承认罪犯应享有同其他所有公民一样的权利，除因监禁这一事实明显须予以限制的外。①

在英国，北爱尔兰重新安置计划中引进了个人发展制度（Personal Progression System），旨在为罪犯提供就业路径和获释后的支持机制。个人发展制度相关工作人员会对罪犯的就业能力进行评估，并帮助其制定重新安置计划，以确保其获释后能够重新融入社会。他们除了与可能为刑满释放人员提供就业岗位的潜在雇主进行联系外，还会与公私机构、志愿组织和社区机构建立稳定的联系，为罪犯提供各种释放前后的支持。

六、有条件释放的申请

对于具有提前释放或有条件释放资格的罪犯，监狱应当安排对其

① 资料来源：Norwegian Ministry of Justice and Public Security, Correctional Services Department, February 2012。

进行风险评估并为其制定释放计划,以便为有条件释放主管部门(如假释委员会)提供指导。具体来说,监狱应当向罪犯提供申请资格信息以及申请和决策的程序信息,为罪犯提供申请材料提交、陈述案由和制定可行性释放计划方面的法律援助等协助。有条件释放的决定通常以罪犯是否参加了旨在应对某些风险因素及其他挑战的项目为依据,或者以罪犯释放计划是否现实为依据。但是,实践中存在的问题是,实际释放准备程度是难以评估的。

七、工作方面的协助

作为释放前项目的一部分,为身在监狱的罪犯寻找适当就业岗位的努力应当在罪犯获释之前即已开始。对罪犯工作方面的协助,需要对罪犯现有技能进行评估,并发现其潜在就业机遇。大多数年轻罪犯需要接受适当教育及读写和职业培训,以提高其获释后的就业能力。监狱可实施许多旨在协助罪犯为重返就业市场做好准备的干预措施,主要包括向罪犯提供旨在帮助其开发求职、陈述和面试相关技能的服务、与罪犯就其工作预期进行探讨、解决求职过程的相关焦虑问题、提供就业市场的相关信息、制作简历和申请、提供公私就业机构相关信息和联系人、联络可能为罪犯求职提供协助的个人或前雇主等。这里需要注意的是,就业相关服务的提供应保持连续性,贯穿罪犯从进入机构至获释进入社会这一过程的始终。

八、住所协助

有证据表明,适当住所的缺乏是出狱人重返社会时面临的主要挑战之一，这个问题与罪犯的再犯风险具有密切联系。[①] 许多罪犯出狱后无家可归，与家庭成员或朋友住在一起有时并不可行，即使可行，也会产生相应的问题。近年来，精神疾病患者的无家可归率甚至更高。住房挑战主要来自以下因素：绝大部分的出狱人没有适当住所；寻找住所相关释前信息和支持严重不足；出狱人和被再次监禁的累犯通常将适当住所的缺乏指证为其未成功融入狱外生活的关键因素；相关政府和非政府机构之间在这一领域完全缺乏协调与结合；出狱人中存在更加弱势的特定亚群体（如精神疾病患者、刑期较短的年轻未婚男子、育有子女的单身女性等），他们出狱后没有足够住房的可能性更高；社会孤立是许多无家可归或没有适当、稳定住所的出狱人的主要体验；将出狱人送到出狱人招待所可能是监狱给罪犯贴标签做法的延续；尽管作为一种过渡，提供有24小时支持的招待所对某些出狱人而言是必要的，但更多种类的住所，特别是独门独户的住所，仍应提供给出狱人。[②]

针对上述问题，罪犯释放计划可包含下列任何类型的住房安置方式：(1)租赁房（通常为私人市场住房，可能享受了公共资金的全部或部分补贴）；(2)与家庭成员或朋友同住房；(3)公共或补贴住房；(4)中途之家或过渡中心；(5)为出狱人服务的重返社会专门住房（通常由非营利组织经营并提供同伴支持及其他形式的协助）。

从目前的情况来看，尽管协助罪犯寻找适当住所有其必要性，但这方面的工作做得并不充分。在许多社区，经济型住房实际上并不充足，无法满足人们的需求，在经济型住房供应有限的情况下，出狱人很少被

---

① See S. Metraux and D. P. Culhane, *Homeless Shelter Use and Reincarceration Following Prison Release*, Criminology and Public Policy, Vol. 3, No. 2, 2004, p. 139 – 160.

② See E. Baldry and others, *Ex – prisoners and Accommodation: What Bearing Do Different Forms of Housing Have on Social Reintegration of Ex – prisoners?*, paper presented at the Housing, Crime and Stronger Communities Conference, Melbourne, NSW, Australia, 6 – 7 May 2002.

给予优先待遇。在一些情形下,有犯罪记录的人甚至可能被官方排斥在享受住房补贴的范围之外。因此,旨在应对这一挑战的全面社区战略可能需要我们建设更多的经济型住房,将现有住房资源的使用最大化并消除罪犯及其家庭获得经济、适当住房的障碍。此外,这样的战略还要求社区组织采取积极措施为出狱人提供支持力度更大的过渡性住房。社区发展组织、住房管理主管部门、非营利信仰组织及监狱机构可同心协力,为协助罪犯重返社会创造资源。

九、释前项目的评价

开展释前项目的实践证明,释前项目在减少监禁对罪犯的负面影响,罪犯自立、守法生活、管理个人基本生活所需财物与技能方面具有积极作用。通过释前干预,罪犯得以开始重新建设自己的社交和家庭网络等重要的人际关系,并且心理健康问题和自毁式的习惯和态度也得以改善。释前项目涉及的内容绝非简单地将出狱人移交给社区接受社区服务,如果仅仅移交社区而不提供实质性后续关怀并不能够有效地支持罪犯重新融入社会。监狱内开展的释放前项目必须与社区项目精心且有机结合起来才能保证罪犯支持服务的连续性。① 在这方面,南非还专门建立了研究机构来从事这项工作。② 南非国家预防犯罪与罪犯再融入社会研究所作为非政府组织,致力于实施旨在协助罪犯再次融入社会的项目,并致力于解决罪犯重返社会和罪犯安置等相关复杂

① See Griffiths, C. T. ,Y. Dandurand &D. Murdoch. ,*The Social Reintegration of Offenders and Crime Prevention.* Ottawa: Public Safety Canada, National Crime Prevention Centre, 2007. www. publicsafety. gc. ca/res/cp/res/_fl/soc – reint – eng. pdf.

② 南非国家预防犯罪与罪犯再融入社会研究所位于南非开普敦市。该研究所还在监狱内开展工作,为罪犯提供有奖学金支持的学习机会,而且这种奖学金还可提供给罪犯子女。参见 www. nicro. org. za/。

问题。罪犯可选择与该研究所签约，然后必须全力完成项目。由此可见，建立专门研究机构配合监狱和社区开展罪犯释放前的干预对于提高释前项目的效果来说也是一种可以借鉴的方向。

第五节　我国的实践[①]

我国狱内重新融入社会措施长期以来都是以罪犯教育改造为主，因此本节重点介绍我国狱内罪犯教育改造的具体实践。罪犯的教育改造是对罪犯再犯罪的一种预防，既是执行刑罚的目的所在，也是促进罪犯重新融入社会的根本措施和手段。我国监狱罪犯教育改造方式方法，是在一定的教育改造理论指导下建立起来的较稳定的教育活动结构框架和活动程序，它既是教育改造理论的具体化，又是教育改造经验的一种系统概括。罪犯教育改造的法律依据是我国监狱法及司法部的相关规定，实践依据是我国广大监狱干警在对罪犯的教育改造工作中积累的宝贵经验。

一、我国罪犯改造模式概述

总体来说，当前我国监狱罪犯教育改造模式是在罪犯教育改造的传统模式基础上探索演变而形成的。该模式注重激发罪犯改造的能动性，从而促进罪犯成功融入社会。

① 本节内容的主要部分来自笔者参加的司法部司法行政理论规划课题“中国监狱罪犯教育改造模式研究”的成果，参见《中国监狱罪犯教育改造模式研究》（上、下），载《中国监狱学刊》2014 年第 3 期、第 4 期。

（一）罪犯教育改造的传统模式及其演变

我国罪犯教育改造的传统模式，是我国监狱长期以来以狱政管理、教育改造和劳动改造三大手段为基础形成的经典改造模式。

后来随着时代的进步发展，心理干预手段在罪犯教育改造中的作用逐渐凸显后，与三大传统改造手段相结合，逐步发展为集管理、教育、劳动与心理矫治为一体的改造模式。

（二）创新实践

罪犯教育改造的创新实践，是在运用传统改造模式的前提下探索出来的。其主要包括五种创新实践：第一，“一人一策个案教育改造模式”；第二，“特色文化教育改造模式”；第三，“5+1+1 教育改造模式”；第四，“出监教育改造模式”；第五，“内观法教育改造模式”等。

二、我国罪犯改造的传统模式及其问题分析

（一）传统教育改造模式的主要手段

如上文所述，传统教育改造模式主要包括劳动手段、教育感化、严格管理、心理咨询等改造方式。针对传统模式对罪犯教育改造的作用和功能，2014 年开展的全国监狱范围内的一项调查显示，基层监狱领导和不同岗位的干警对传统三大改造手段的作用有着相当高的认可度。监狱干警认为，教育感化是最有效的教育手段占 38%，严格管理作用占 31%，劳动改造手段占 20%，心理咨询手段仅占 8%。结合实地调研座谈所了解的情况，可以看出监狱干警对传统的三大手段作用的认同感。严格管理作为狱政管理的主要方式在刑罚执行过程中发挥着不可替代的重要作用。而监狱干警对罪犯教育改造手段中的人文关怀、尊重罪

犯合法权利等做法,对于罪犯由被动改造转化为积极改造,发挥了潜移默化的作用。

(二)狱政管理手段

1. 狱政管理的内容

狱政管理注重发挥日常管理对良好行为习惯的养成作用,坚持依法、严格、科学、文明管理,认真落实《服刑人员行为规范》,使罪犯转变不良习性和生活方式,养成良好的行为习惯。充分发挥管理对罪犯的激励作用,在日常考核管理、行政处理和刑事奖惩中,注意区别情况,体现政策,激励罪犯积极改造。

2. 罪犯记分考核制度

2016 年之前,罪犯计分考核制度一直在实行司法部 1990 年 8 月 31 日印发的《司法部关于计分考核奖罚罪犯的规定》。该规定实施之后,定量考核法逐渐在全国推广,各省(市)、自治区监狱相继建立了计分考核制度,将定量考核方法引入对罪犯的考核奖惩制度。尽管经过二十多年的探索和实践,计分考核制度不断健全完善,但各地发展水平参差不齐,具体做法各有千秋,存在很多问题和不合理因素。一是由于缺乏全国统一适用的记分考核标准,各地记分统计标准的差异造成转监犯记分成绩得不到有效保障,阻碍了部分罪犯的改造积极性。二是各地考核计算、折算方式不统一,难以确保罪犯统一平等地享受记分奖励。三是分值设计具有一定的倾向性,劳动、教育奖励分值偏高,致使身体素质差、文化程度低的罪犯难以获得高分。虽然部分监狱对老、病、残监区计分标准做了适当调整,但是并未从根本上解决问题。

在此背景下,2016 年 8 月 1 日,司法部发布并实施了《关于计分考核罪犯的规定》,废除了 1990 年 8 月 31 日印发的《司法部关于计分考核奖罚罪犯的规定》。新的规定在统一计分考核方面做了修改和完善，试图统一、规范各地做法参差不齐的现状，但是新的规定的具体实施情况还有待一段时间的实践检验。

3. 罪犯分级处遇制度

在监狱干警中，认为落实难以到位及不够完善应当改进的占到了59%。结合实地调研座谈所了解的情况，监狱干警认为罪犯分级处遇制度存在不够完善需要改进的因素主要包括：一是处遇级别之间的差别不明显，对罪犯缺乏引导和促进作用；二是处遇级别的调整不够及时，不能很好地调动罪犯改造的积极性；三是处遇的内容相对单调，有必要扩展和充实其内容，以便更好地发挥分级处遇的作用。

（三）劳动改造手段

监狱通过合理组织劳动，矫正罪犯恶习，端正他们对劳动价值意义的认识，引导他们树立劳动光荣、勤劳致富观念。通过劳动教育引导罪犯养成劳动习惯，增强遵章守纪、安全生产、协作配合等意识，培育与现代生产方式相适应的素养。通过劳动，提高罪犯的劳动技能，促进其回归社会后就业谋生。

实践中，劳动作为改造手段，除了培养罪犯的劳动意识和劳动习惯以外，更重要的是还应该兼顾监狱改造的需求与罪犯个人认知水平的局限性。但是，超过一半的监狱干警认为目前中国还不具备这样的条件，如劳动报酬制度的全面落实、劳动改造自愿性、可选择性等都是有待解决的问题或者说是今后改革的方向。

（四）教育改造手段

教育改造的内容主要包括以下几个方面：一是法制教育。我国监狱针对罪犯很多是因为不懂法而犯罪的特点，把法制教育作为一项重要教育内容。规定罪犯入监教育时间不少于2个月，开展宪法、基本法律知识教育和学法守法用法教育，开展监规纪律和行为养成教育，让罪犯知法、懂法，深刻认罪悔罪，自觉遵纪守法。各省已经把对罪犯的法制教育纳入国家和地方普法规划。二是文化教育。从20世纪80年代起，我国就一直强调对罪犯开展正规化的文化教育，监狱文化教育以小学教育为主，努力开展初中教育，鼓励罪犯参加电大、函大、高等教育自学考试的学习。司法部与教育部联合制定了罪犯文化教育的教学大纲，进一步规范了罪犯的文化教育工作。各省将未成年犯义务教育纳入了当地政府的教育规划，建立了同当地教育部门联合组织罪犯自学教育考试的机制。三是职业技能教育。我国监狱一直十分重视对罪犯的职业技能教育工作，使罪犯掌握一技之长，为他们重新回归社会打下良好基础。监狱根据罪犯在监狱内劳动的岗位技能要求和刑满释放后的就业需要，组织开展岗位技术培训和职业技能培训，让罪犯掌握劳动技能，提高他们回归社会后的就业能力。各省已将罪犯职业技能培训纳入全国劳动职业技能培训的总体规划，罪犯考试通过后可以直接获得劳动保障部门颁发的证书。

针对顽危犯，我国监狱探索采取了一系列有针对性的措施。比如，安徽省监狱管理局尝试一种课题攻关形式，以转化顽危犯为课题内容，由心理矫治师牵头承包，配备必要人员，监狱提供所需经费和场地支持，经过一段时间的尝试，取得了显著的效果。还有些地区采用监狱干警和社会帮扶力量相结合的形式，组成攻坚小组，在亲情帮扶、心灵感化的作用下，也取得较好的成效。今后，对顽危犯的甄别、评估、动态调整还需要结合监狱戒备等级改革的进程进行相应的研究，针对顽危犯的教育矫治方案和手段还应不断地进行探索和尝试。

关于监狱干警对教育改造效果的影响，调查表明，监狱干警具备较强的业务能力和素质、健康的心理以及良好的工作条件是教育改造取得成效的决定因素。为此，监狱干警普遍提出从优待警的政策落实还不到位，一线干警配备不足，轮流值班压力大，这给干警的身心都带来一定程度的影响。有一点幸运的是，目前几乎所有监狱都建立了心理咨询师队伍和宽大明亮舒缓的情绪和心情工作室。心理干预对于监管改造工作也发挥了较大的作用，受到干警们的肯定。总之，在罪犯教育改造工作中，人是决定性因素，只有从优待警才能调动干警从事监狱工作的积极性和热情，罪犯教育改造工作才能真正落到实处。

（五）心理矫治手段

由于罪犯是心理问题的高发群体，监狱普遍开展心理健康教育，普及心理健康基本知识，增强罪犯心理承受和自我调控能力，提高他们的心理素质。各监狱普遍建立了服刑人员心理健康指导中心，健全心理矫治工作流程和标准，心理矫治能力进一步提高。罪犯个性分测验量表（COPA－PI）在各监狱得到普遍使用，对了解罪犯个性和心理特点发挥了重要作用。截至 2012 年年底，从事监狱心理矫治的工作人员超过了 3 万人。2012 年，监狱对 17 万余名罪犯进行了个体心理咨询。罪犯心理健康教育普及率达到 100％。

关于心理矫治的效果，调查表明，“舒缓压力”、“稳定情绪”和“放松心情”的作用被罪犯高度肯定。由此可知，心理咨询和适当干预在罪犯监管、教育改造中发挥着一定的积极作用。

值得注意的是，监狱干警们普遍认为，心理矫治手段的功能和作用具有一定的局限性。一是罪犯自愿是心理干预有效的先决条件。二是监狱干警身份的双重性，既是心理矫治师，又是监管干警，工作中存在一定的角色冲突及内心冲突。干警的双重身份所也极大地阻碍了部分罪犯主动寻求心理干预的意愿。三是监禁环境的限制性并非舒适的咨询室所能改变的，很难达到心理干预所需的放松心态和氛围。

（六）传统罪犯改造模式的简要评价

在计划经济条件下形成和发展起来的中国监狱罪犯教育改造传统模式，具有一定的封闭性、强制性、政策性和经验性等特点，[①]是以政策为主要导向的传统监狱罪犯教育改造手段的综合系统。同时，各项制度设置呈现出静态、单一的形态，尤其是管理中侧重集体教育、集体劳动、集体住宿的模式，在一定程度上忽略了对每一个服刑罪犯的了解，也就欠缺更加具体、动态的分类设置。心理矫正（治）手段的适用，可以说是最为有效、最为捷径地弥补传统三大手段的途径。然而，行刑实践中除了建立心理档案能够全员普及之外，受制于罪犯的认知能力和其他因素，只能够针对有需求的罪犯发挥作用，适用率是有限的。

三、罪犯改造的创新实践及分析

罪犯教育改造创新实践，是全国各省（区、市）监狱管理局在运用传统改造模式的前提下，不断探索创新发展起来的教育改造模式。下面是这些创新实践的要点和分析。

（一）“一人一策”教育改造创新模式

1. 创立及含义

广东省监狱管理局创立的“一人一策”改造手段，以罪犯分类为基

---

① 狄小华：《社会转型期的中国罪犯矫正模式研究》，载《中国监狱学刊》2006 年第 3 期。

础，实行罪犯分级分类管理，针对限制减刑罪犯、顽危犯、危险犯等特殊类型罪犯制定“一人一策”教育改造方案，采用“1+4”个别化矫正模式，即针对1名矫正对象，聘请1名矫治组长，成立1个矫治小组，制定1个矫治方案，建立1个支持系统，实现个别化教育作用的最大化。

“一人一策”教育改造，是指以罪犯个体为基础实施的评估、分类、管理和教育为一体的教育改造方式方法。“一人一策”是在对矫治对象开展全面测试的基础上设计个性化的教育矫治方案并对其实际效果进行评估、优化、再评估、再优化的一整套系统。一般要应用心理学、教育学、行为科学、医学等多学科的知识和各种量表，以计算机技术为支撑展开。

“一人一策”的创新点主要体现在：一是在观念层面，体现了对罪犯的评估、管理、教育、矫治都立足罪犯个体或者类别差异的理念。二是在程序层面，体现了对罪犯开展教育矫治的流程、步骤、程序，随着罪犯个体的不同改造阶段、不同改造状况及时调整，具有动态性和灵活性，能充分适应不同个体的具体情况。三是在技术层面，充分应用经验总结和疾病对症治疗，各环节采取的技术手段、测试工具以及改造对策具有针对性和有效性，能根据不同阶段的反馈结果实时调整，符合区别对待、因材施教的教育改造工作指导思想。四是在实践层面，对罪犯进行分类教育和个别化教育。根据不同罪错类型、种类和特点，设计相匹配的教育内容和矫正项目，分类施教，着力提高教育的针对性、有效性。对限制减刑和长刑犯，在相对集中关押管理的基础上，综合运用个别谈话、危机干预、心理矫治、文化教育、职业技能培训等手段，使其真正实现刑期变学期；对短刑犯，教育其真正认识到自己的罪责，明确身份，激发改造的内在动力；对顽固犯、危险犯，准确摸排，透彻分析，严密控制，采取有针对性的改造措施，提高改好率，消除危险性。

2.“一人一策”教育改造创新模式的现实意义

首先，提高了教育改造工作水平，罪犯作为教育改造的对象，“一人一策”模式注意引导其参与的主动性，由传统的被动接受改造向主动参与改造的方向转变。其次，提高改造质量，罪犯分类更加精细，特别是对重点罪犯落实“一人一策”改造，提高重点罪犯的管理效果，实现了类中分层、层分重点的目标；提高了顽危犯教育转化率。再次，形成大量改造罪犯的个案，“一人一策”的基本模式是“罪犯分类、类中分层、层分重点，群体与个体相结合，贯穿服刑改造始终”，是覆盖“总体—类别—个体”的一种个案管理手段，从而积累大量改造罪犯的个案，为监狱开展改造工作提供可靠的数据和可行的经验。最后，形成大量改造罪犯的证据，并通过信息化平台进行记录和统计，为循证矫正提供改造罪犯的证据。

3.“一人一策”教育改造创新模式的分析

发达国家监狱大多对罪犯采用“行刑个别化”矫正措施，即“一人一套详细的矫正方案”，具有针对性强等优势，其合理性得到我国监狱干警的普遍认可。但从调查的情况来看，由于我国监狱警力配置比较低、缺乏科学统一的罪犯分类标准，这成为推行个别化矫正的主要障碍，导致目前不具备全员进行个别化矫正的条件。其中，罪犯分类是罪犯个性化教育开展的瓶颈问题，因此，制定科学合理的罪犯分类标准已经成为罪犯有效改造的实际需要。

4.“一人一策”教育改造创新模式的评价

“一人一策”重塑人生作为一种新型的改造手段，是因材施教、一人一策的具体体现。“一人一策”涉及矫治对象个人的基本情况、家庭情况、成长经历等基本数据，针对每一名矫治对象的思想实际、心理特征、罪错类型、恶习程度、家庭背景、现实表现等进行评估和测量，采用定量与定性相结合的办法，制定指导性、个别化的矫治方案，能够有效推动理念方法的创新，提高罪犯改造效果。实践中，在具体目标上，由单向度指令性规定转变为协商基础上自主确定和实施；在行刑方式上，由强调严格控制的刚性要求转变为管理与服务刚柔并重；在改造动力上，由警察主导的外力推进转变为内需与外引双轮驱动；在矫正方法上，由灌输为主的群体取向转变为共性与个性的有机结合。可以说，“一人一策”的改造手段不仅是提高罪犯改造质量的迫切需要，同时还是监狱工作科学化建设的具体举措。

不过，这一模式功能和作用的发挥，有待于罪犯分类制度的完善。因此，“一人一策”教育改造创新子模式作为新生事物，尽管取得了良好效果，与其他模式不同，其毕竟是一个更大规模的系统工程，过去、现实与未来紧密交织，规划、行动与调整环环相扣，在实施过程中必然伴随着一些困惑、问题与矛盾，如符合中国特色的罪犯分类量表、工具的研发等，还有待于专业机构的组建和人员培训，只有进一步研究与整合，才能切实提高罪犯改造的科学性和有效性。

（二）“5+1+1”教育改造创新模式

1. 创立及含义

福建省监狱管理局深化“5+1+1”教育改造模式，推广学分制考核管理办法，将罪犯参与教育情况进行量化考核，与罪犯月考核、年终评审、减刑假释及民警绩效考评相挂钩，有效调动了罪犯学习的主动性。

“5+1+1”教育改造模式，是指在监狱刑罚执行过程中，坚持每周5天劳动教育、1天课堂教育、1天休息的改造制度与行刑方式。“5+1+1”教育改造模式是对传统“6+1”教育改造模式的变革，是新形势下强化和改进罪犯教育改造工作的重要举措，是我国监狱刑罚执行模式的创新与发展。

2.“5 +1 +1”教育改造创新模式的创新点

(1)传统的“6 +1”教育改造手段是以罪犯劳动生产为本位的教育改造模式,而目前实施的“5 +1 +1”教育改造模式是把“挽救人、改造人、造就人”放在一切监狱工作的首位,倡导“人是可以改造的”科学理念,在行刑实践中提升了教育改造的重要性,在程序上确保专项教育时间,促使刑罚执行、劳动、监管、生活卫生等各项执法工作都围绕着教育改造罪犯服务的总体目标。

(2)“5 +1 +1”教育改造模式构建了一种新型的矫正手段。“5 +1 +1”教育改造创新模式的提出,表面上看起来只是比“6 +1”教育改造手段增加了1天课堂教育时间,但其实不然,它实则找到了一条从时间上保障在行刑过程中对罪犯犯罪思想和行为进行有效矫正,达到维护狱内监管改造秩序的有效途径。这对于降低罪犯刑释后重新违法犯罪率,实现“攻心治本”根本目标有极大的促进作用。

3.“5 +1 +1”教育改造创新模式的现实意义

“5 +1 +1”作为教育管理手段,具有标准化、系统化特点,基本设定三级模式,具有创新的教育手段和教育内容。各监狱在传统三课教育基础上,整合监狱师资力量,形成各具特色的主题教育内容,特别是针对未成年犯、老弱病残犯等不同的受教育者,在选定教育内容上有针对性和侧重点。

创新教育手段,原则上采取课堂教育的形式,穿插个别教育、电教化教育、行为训练、技能培训,并适时开展图书馆、演讲会等多种形式的教育方法,增强罪犯的学习积极性。

4.“5 +1 +1”教育改造创新模式的评价

49%的监狱干警认为“5 +1 +1”教育改造形式落实效果比较显

著。但是同时，调查显示，当前实施“5 +1 +1”教育改造创新模式面临的最突出的问题是“教育内容形式缺乏吸引力”“罪犯难以集中精力学习”。在调研座谈中了解到，“瓶颈”在于一些监狱领导思想认识不到位，只是简单地理解为是关于罪犯教育时间和休息时间的简单规定，“重监管、重生产、轻教育”的思想仍然根深蒂固，所以难免走形式，搞应付；另外，监狱各职能部门之间的条块分割，管理机制不完善也影响到其效能的发挥。

因此，应彻底转变观念，理顺监狱各职能部门的关系，整合力量，将监狱工作的着力点放在教育矫正罪犯上面来；加快改革监狱人民警察的职务分类制度，提高综合素质与专业技能，增强教育的实效性、趣味性和针对性，完善监狱人民警察的考核机制和激励机制，才能够真正使“5 +1 +1” 教育改造创新子模式落到实处，真正发挥其应有效能。

综上所述，“5 +1 +1” 教育改造创新子模式并不只是劳动任务减少1天，课堂教育增加1天这样简单的问题，而是体现了罪犯教育在整个刑罚执行理念和行刑模式中的重要性。

（三）“特色文化”教育改造创新模式

1. 创立及含义

由山东省监狱管理局系统创设的独具特色的监狱文化，秉承“惩罚与改造相结合、以改造人为宗旨”的监狱工作方针，借助独特的地理优势，以儒家文化精髓为中心，萃取自家文化之长，结合构建社会主义核心价值体系和树立公民基本道德规范，运用道德的力量感化罪犯，努力做到事事有文化、处处有教化、时时有变化，达到教化罪犯守法立德这一至善境界。

“特色文化”教育改造创新模式是对传统教育改造方法和手段的创

新，取决于当代监狱文化建设的氛围、水平及规模。特色文化改造创新子模式，是指在坚持传统文化改造手段的同时，融入中国传统文化精髓，即在监狱传统文化建设的推动下所创造的主题文化改造、传统文化改造、特色文化改造、节日文化改造、环境文化改造等形式。

该模式由山东监狱系统首创，目前已有多个省（区、市）监狱系统在实践中运用。福建省泉州监狱还在搭建国学平台的基础上，引入恢复性司法活动实践，鼓励罪犯主动忏悔以往的罪行，提升改造正能量，进一步增强了罪犯的责任感，强化了罪犯的遵规守纪意识，有效降低了违规率，进一步取得了社会公众对服刑人员特殊群体的理解和包容，营造了良好的社会舆论氛围，为服刑人员重新融入社会打下了良好基础。

2.“特色文化”教育改造创新模式的创新点

（1）“特色文化”教育改造模式的特点创新

“特色文化”教育改造创新子模式具有常态性和多样性的特征，是监狱文化理论的具体化、监狱文化建设的形象化，是监狱文化形态的一种外在展示。以文化的品性、以文化的力量、以文化的内涵所构建起来的文化改造罪犯的模式，应当说是监狱文化改造常模形态在文化监狱理念的推动下，富有创意地通过各类形式的文化教育，丰富罪犯的文化生活为主的创意，以培育罪犯的人文精神、陶冶罪犯的人文情操而形成的文化改造模式。

（2）“特色文化”教育改造模式内容的创新

罪犯是教育矫正的主体，在文化改造模式中，从罪犯自身主观能动性出发，使教育的内容为罪犯所需要，教育的方法为罪犯所接受，改变单一的被动型教育模式，形成监狱与罪犯共同参与的互动性教育模式。

主题文化改造，具体往往分步分、阶段性的实施，或以一个政治性教育主题，或形势性教育主题，对罪犯进行集中式的教育，形式上类似于专题教育。

传统文化改造，利用优秀地域文化资源对罪犯进行美育教育，借助于优秀的传统文化元素，以重塑最美心灵为重点，推出《论语》《弟子规》等文化课教改，开展系统化全程教育，传授文化知识和道德理念。

品牌文化改造，是文化改造的精品模式，具有区域性、独特性等特点，是结合本监狱（本监区）的实际情况和文化特色，因时因地而有差别，显现不同特色的文化改造模式，形成"一区一品、一字一景"的监区文化格局，"艺术矫治、文化育人"，打造文化品牌，繁荣监区文化优秀作品创作，丰富罪犯业余文化生活，营造改造人的监区文化环境。

节日文化改造，具有以文感人、活跃情感的特点，针对节假日特点，采取融教育与防范为一体的方式，让罪犯在快乐中冲淡思亲情绪，切身感受到文化节日的浓浓情意。

环境文化改造，体现为监狱空间的文化建设，以"文明、关爱、希望、反思、改过"作为人文理念，具有空间性、区域性和装饰性特点。通过精心设计布置，在监舍、教学楼、生产区等监狱环境中，通过壁画、雕塑、名言警句、亲情寄语等营造健康的积极向上的改造环境和氛围，促进罪犯在监狱环境中实现陶冶情操的目的。

3."特色文化"教育改造创新模式评价

调查表明，监狱干警普遍认为（95%以上）监区文化建设对于营造健康活跃、积极向上的教育改造氛围具有重要意义，认为有必要对罪犯开展中国传统文化（孝敬父母、尊师重教等）教育。

"特色文化"教育的改造手段不仅在较大程度上满足了罪犯的文化需求，激发了罪犯改造的内驱力，而且，学传统道德、用传统文化的氛围也得到了普遍提升，监内文明改造氛围蔚然成风，罪犯改造面貌焕然一新。

传统文化对罪犯改造效果影响很大，帮助也很大，它的价值在于对罪犯的思想感情的潜移默化,实行罪犯价值观的重塑。这种作用是一项缓慢的、内在的灵魂改造工程,它虽然会影响罪犯的思想变化,但是由于罪犯个体的复杂性,其对不同类型的罪犯作用也不同,而且文化熏陶的作用又是有限的,它既不能履行其他社会意识形态如政治、法律、宗教的职能,更不能替代物质的如刑罚、劳动作用,文化矫治只有通过刑罚执行与劳动改造相结合,效果才能得以充分体现。

（四）出监教育创新模式

1. 出监教育的含义及出监监狱的创办

出监教育是罪犯为适应社会生活做准备的重要阶段。出监教育主要是对罪犯进行形势、前途教育和遵纪守法教育,宣传国家对刑满释放人员衔接、就业、就学、帮扶、社会保障等方面的政策措施,告知与地方安置帮教组织的联系方式,使罪犯做好重新回归社会的思想和心理准备。各地监狱都十分重视罪犯出监教育和衔接对降低刑满释放人员重新犯罪率的作用,各省建立了专门的出监监狱(监区),对即将刑满释放的罪犯开展不少于3个月的出监教育,进行适应社会模拟练习,对罪犯刑满释放后适应社会生活,减少重新犯罪,起到了良好的效果。

创办出监监狱,最早是湖南星城监狱的职业教育模式和浙江乔司监狱模拟社会情景的教育模式,在借鉴和发展这两种实践的基础上,四川锦江监狱清醒地认识到,仅仅这样还远远不够,还必须从创办理念、工作理念上重新进行定位,才能够真正实现出监监狱的初衷和目的。

对于我国的重刑犯监狱(收押15年以上、无期及死缓犯)和多数中度戒备等级监狱而言,看守型、封闭型和高压型是比较典型的常态特征。但是,对于出监监狱来说,如果仍然保持这样的特征和理念不变,那么势必违背创建出监监狱的初衷。

为了使出监监狱办出特色、办出新意,真正发挥出监教育的功能,四川锦江监狱组织各个职能部门探索如何转变执法理念,最终形成了“六个转变”,即由“看守型”转变为“教育型”;由“管理型”转变为“服务型”;由“封闭型”转变为“开放型”;由“高压型”转变为“宽松型”;由“高戒备型”转变为“低戒备型”;由生产经济型转变为社会公益型。在此理念的基础上,四川锦江监狱成功创新了出监教育模式。

2. 出监教育创新模式的特点

在出监教育实践中,四川省锦江监狱出监教育模式的特点在于四个方面:第一,监狱领导班子和中层干部队伍不断探索,积极创新工作理念;第二,在通常的出监教育模式(职业技能培训——湖南星城监狱模式、社会情景教育——浙江乔司监狱模式)的基础上,在监狱和监区建立模拟工厂和物业公司,让罪犯竞聘就业上岗;第三,运用国际矫正领域最为成熟有效的“类型矫正”方式,首先对进入出监监狱的罪犯进行测试、评估及分类,再针对不同的情形、类别、等级制定有针对性的教育矫正方案;第四,根据评估资料确定其所在的监区、接受所需的教育、享受与自身改造表现相适应的梯度管理。在整个出监教育期间,坚持对服刑罪犯的动态分类评估。

3. 创新一系列科学认识罪犯的方式方法

随着新《刑事诉讼法》的贯彻实施,从2013年开始,锦江监狱接收了来自全省47所看守所刑期在3个月以上6个月以下的短刑犯,目前监狱罪犯主要构成为短刑犯、职务犯、出监犯和外籍犯。

面对更加复杂的押犯构成,锦江监狱考虑从罪犯分类、评估方面入手,不仅仅是依照静态的标准进行分类,而且在静态分类的基础上,结合各类测试和评估手段对罪犯进行科学的分类。

(1)创制“三步”“三级”分类管理制度

所谓“三步”,即第一步,在罪犯入监时收集、分析罪犯的犯因性特点和矫正需求;第二步,入监教育结束后根据其矫正难易程度实施分类管理;第三步,针对不同类别的罪犯遵循不同的矫正方案进行矫正。

“三级”是:第一级,根据罪犯矫正难易程度,将其划分为积极型、稳定型、不稳定型、不确定型四大类,分别关押于不同监区,采用不同的矫正方案进行教育矫正;第二级,集中关押同类罪犯的监区将犯因性特点和矫正需求类似的罪犯再分为不同的小类,针对每一个小类制定不同的矫正方案进行矫正;第三级,对于犯群中较为典型的个体,制定针对个体的矫正方案,实施个体矫正。

(2)梯度管理提高了教育矫正的针对性,也增强了罪犯接受教育矫正的主动性。监狱设置A、B、C、D四个监区,分别对应关押和管理教育经综合评估为积极型(A类)、稳定型(B类)、不稳定型(C类)、不确定型(D类)四类罪犯(即A类为最宽级别,B类次之,C类为普通管理级别,D类为严格管理级别),形成了从宽到严的管理梯度。不同监区体现不同的管理要求和教育目的。C、D类监区侧重于发挥监狱对罪犯的强制矫正功能;A、B类监区,侧重于发挥监狱对罪犯的引导矫正功能。

(3)设置“罪犯评估中心”和各类评估小组

全监上至领导下至基层民警,都参加到不同的分类机构中从事具体分类工作。例如,教育科通过调查问卷了解罪犯的认知能力;心理科通过心理测评工具评估罪犯的心理和人格特征;狱政科测评罪犯的人身危险性程度;由监狱领导牵头负责,具备相关专业资质的人员和具有丰富教育改造经验的人员组成“罪犯评估中心”,进行再犯风险评估。

罪犯评估中心下设改造难易度评估小组、罪犯身危险性评估小组、罪犯现实表现状况评估小组、罪犯心理健康评估小组、罪犯教育成效评估小组五个专项评估小组，并聘请专家，建立专家评估会制度，主要负责收集、分析罪犯信息，掌握罪犯矫正需求和具体特点，并对罪犯矫正难易程度、接受教育矫正意愿给出评估意见，为罪犯分类分流、制定教育矫正方案提供参考。①

4. 搭建模拟训练平台，渐进恢复社会功能

让服刑罪犯通过参与体验模拟社会环境的训练，达到与真实社会的无缝对接、重新认识了解社会的目的，同时提高服刑人员的公民意识和社会适应能力。考虑到许多短刑犯脱离社会的时间很短，对于社会生活并不陌生（超市、银行业务、社保缴纳、派出所求助等），因而重点提高罪犯出狱后的就业生存能力。

因此，监狱建立模拟工厂，为罪犯提供各类模拟就业岗位；在各监区组建模拟物业公司，罪犯在模拟物业公司中竞聘上岗，担任物业公司领导或员工，及时解决监区的生活设施（换灯泡、修理水龙头、换玻璃等）问题。这一做法思路清晰，方式新颖，深受服刑罪犯的喜爱。

5. 出监教育创新模式的评价

四川锦江监狱的探索道路并不平坦，在罪犯动态分类功能工具使用上还存在有待进一步完善之处；在罪犯技能培训教育方面，干警师资队伍培养还存在诸多困难；在短刑犯的管理思路和做法方面还有待进一步拓展。尽管如此，四川锦江监狱作为新型的出监监狱，在工作理念、科学认识罪犯、分类管理、教育矫正（类型矫正或项目矫正）、渐进式梯度管理等方面都做出了诸多有益的探索。他们的探索是极具时代意义的，必将在中国监狱戒备等级构建、罪犯科学分类等领域发挥积极重大的作用。

---

① 参见《四川省锦江监狱罪犯分类分级管理办法》。

（五）内观疗法

1. 创立及推广

当前，我国监狱系统在部分监狱和未成年人管教所尝试的“内观法”，其前身属于日本创制的一种促进罪犯深刻反省的准宗教性质的矫正方法。“内观法”在被矫正机构用于罪犯的改造时被称为内观矫正。① 2012年8月，北京市监狱举办了罪犯第一期“内视观想”体验活动，开启了我国监狱系统利用“内观法”对罪犯教育矫正的先河。② 之后新疆维吾尔自治区第三监狱于2013年7月引入并尝试开展罪犯内观矫正。2015年年底，司法部预防犯罪研究所将内观矫正确定为罪犯管理矫正关键技术，启动了《中国罪犯内观（内视观想）方法的操作规范与技术标准》课题，将内观矫正变更表述为更加通俗易懂的内省矫正，并在2所孵化器监狱和5所复制点监狱建成了7个监狱内省矫正中心，制定了一系列监狱内省矫正工作制度，培养了近80名监狱民警内省矫正导引师，举办了101期监狱罪犯内省体验活动，先后共有近900名罪犯参加了内省矫正。③

2. 内观疗法在我国监狱领域的实践

北京市监狱管理局最先引进了内观疗法这种新型心理矫治方法，他们认为，内视观想虽然是由日本学者提出的，但是其本质与中国传统文化的“君子日三省吾身”相似。我国监狱实践中的内视疗法，是通过罪犯自问内心的冥想，让罪犯改变以往的价值观，由内而外地助推其完成自我改造，推动提升罪犯的心理健康水平，促进其在狱内安心改造。例如，采取“7天3类问题自问内心”形式，与罪犯面谈，询问诸如“现在

① 周勇：《内省矫正的理论基础与实践价值》，载《犯罪与改造研究》2018年第8期。

② 北京市监狱管理局编著：《改造项目操作手册》，法律出版社2014年版，第11、12页。

③ 周勇：《内省矫正的理论基础与实践价值》，载《犯罪与改造研究》2018年第8期。

对你自己6岁至9岁时的母亲进行回顾。想想她为你做了什么？你为她做了什么？你给她添了哪些麻烦？”等问题，接近内观体验尾声时，参与者要进行集体内观体验——“濒死体验”，即在密闭环境中，面谈师通过话语给他们营造一种躺在病床上濒临死亡的情境，参与者要思考在人生的最后30分钟内，自己最想见到谁，以及想对他说什么话。这些回顾和思考构成了内视观想活动的主要内容。参与者在细致回顾人生的过程中，获得对自己的心理、性格等多方面的洞察，唤起“省”与“悟”的念头，以自觉的意识来净化内心。①

3. 内观疗法的评价

内观疗法的引入为罪犯重构正确的“三观”认知体系、真诚认罪悔罪和改过自新提供了攻心治本的利器。尤其是未成年犯中暴力犯居多，且多为“激情型”或者“顿起故意”型暴力犯罪，他们重哥们儿义气，由于涉世不深，故易于塑造。在有经验的医师、教官的正确引导下，深刻地反省内心，充分认识犯罪对于社会、他人、亲人和自身的深刻危害性，有助于促进其积极悔罪。因此，研究内观疗法的含义以及在监狱领域的运用情况，对于最大限度地发挥其正面功能，克服其自身的局限性有一定的借鉴作用。

第六节　思考与建议

本章前几节大致梳理了国际国内关于狱内罪犯重新融入社会的若

① 参见《北京监狱引进新型心理矫治法回顾人生体验濒死促安心改造》，载《法制日报》2013年7月18日。

干法律规定和实践做法及其相关问题、挑战与分析，在此基础上，本节结合国际刑事矫正领域的发展趋势，对我国监禁矫正提出以下思考与建议。

一、关于建立科学的罪犯分类制度

我国传统罪犯改造中的任何一种制度，除非有特殊情况的视为例外，原则上都适合每一名罪犯，并没有建立集多种学科知识为一体的分类测试量表和方法，难以真正有效地根据每一名罪犯的特点制定有针对性的教育改造方案，这也是罪犯教育改造的创新实践难以突破的“瓶颈”所在。

突破“瓶颈”，建立科学的罪犯分类制度，是发挥我国狱内罪犯干预措施最大效能的前提。我们知道，对罪犯进行科学分类是罪犯改造刑罚执行的基本前提。我国监狱仅仅将服刑罪犯划分为“暴力型、财产型、淫欲型及其他”。在刑法学、犯罪学的意义上，该划分方法没有任何问题，但是在监狱行刑实践中，将“类罪名”作为分类教育的依据则显得太粗犷。毫无疑问，当一个分类标准难以胜任分类教育依据时，该标准的弊端就是不容忽视的。因此，改进罪犯分类制度，就要制定科学合理的罪犯分类标准。

罪犯分类评估是一项非常复杂的工作，从国际上看，在风险—需求—响应框架之下的评估，主要考虑以下原则：(1)安全监禁原则。监狱系统的最主要职责就是确保对罪犯的安全监禁，将其各类风险降到最低限度，包括逃跑风险、对工作人员的风险、对其他罪犯及对其自身的风险等。同时，安全监禁还意味着罪犯有权确保其自身的安全。(2)矫正原则。由于绝大多数罪犯最终都会获得释放，矫正部门有必要对罪犯提供教育、矫治项目和培训机会，以降低再犯风险。(3)量刑计划原则。仅仅确定罪犯的近期关押地点还不够,需要制定整个服刑期间的矫正项目计划。(4)其他原则。比如,离家就近关押,特殊治疗需求等。[①]

根据以上原则,多数国家采取保险统计评估工具与专业判断相结合的评估方式,评估再犯风险、设施风险和脱逃风险,对罪犯和监狱采取“最低、中等、最高安全等级”术语,或者使用“A、B、C 或 D 类”的术语等。罪犯服刑过程中,定期审查其安全级别的变化。比较理想的情况是,大部分罪犯在最低安全戒备监狱(更高的信任、更多的责任)度过最后的监禁期间然后获得释放。

上述评估原则为我国建立科学的罪犯分类评估提供了有益的借鉴和启发。尤其是我们注意到,对罪犯评估的首要原则就是安全监禁原则,这也正是我国司法部于 2018 年提出的牢牢把握新时代监狱工作的政治方向,要坚守安全底线,完善安全治理体系,创造世界最安全的监狱的要求。

二、关于罪犯评估工具的开发

罪犯评估工具的开发主要是为罪犯分类和评估服务的。我国监狱系统从 20 世纪 90 年代初就开始探索罪犯分类关押、管理和教育(“三分”)的方式方法。目前,监狱罪犯的静态分类,即根据犯罪类型、刑期、性别、年龄和健康状况(肢体、器官等)、重要罪犯、危险犯以及“几涉犯”等进行分类,取得了较为成功的经验,已经形成一套较为成熟的模式。在罪犯动态分类方面,我国监狱目前判定罪犯自杀风险、再犯风险等主要还是依靠长期行刑实践得出的经验,引进的心理学量表对于测量防

① 2016 年第三十六届亚太矫正管理者会议的相关内容。参见 http://www.apcca.org。

止心理或人格异常有一定的辅助作用。西方国家根据长期积累的监狱临床实践，已经研发出许多测评再犯风险的工具。因此，我国需要增加从心理、人格、行为和思维定式等方面对罪犯进行全方位的评估，对所具有的风险程度做出划分，这需要具有专门知识的人员，并借助特定的“评估工具”才能进行。可以说，对罪犯进行动态分类是实现科学矫正，提高教育改革质量的基础。

我国监狱领域面临的选择是，对于罪犯动态分类或风险测评工具，要么“引进、吸收、再开发”国外成熟的测评工具，要么进行艰苦的“本土工具开发”。目前，这两个选择正在监狱系统和基层监狱悄然进行。比较有代表性的江西赣州监狱、江苏省监狱管理局、浙江省十里丰监狱、上海市青浦监狱，开发研究的评估工具主要包括罪犯危险等级测评量表、罪犯再犯风险自测量表、罪犯需求评估量表和罪犯风险测评量表等。总体上看，各地开发的罪犯风险评估工具系统各具特色。各地监狱局(监狱)的立项思路、经费投入和人力资源状况各异，在一定程度上会影响开发水平，存在功能完善与否，能否准确发挥所期望的功能等检验问题。因此，一方面，需要加强各地的相互交流，取长补短，提高测评工具开发水平；另一方面，要加强研究，真正提供一个公正合理的检验的方法(或标准)，发挥纽带作用，为今后各地监狱开发工具的优劣比较提供一种方法和途径。[①]

---

① “中国监狱罪犯教育改造模式研究”课题组:《中国监狱罪犯教育改造模式研究》(上)，载《中国监狱学刊》2014 年第 3 期。

三、关于提高警力和警囚比

从国际上看，监狱工作人员和囚犯的比例，是指监狱雇佣的所有员工与监狱在押囚犯总数的比例，其中，监狱工作人员既包括直接负责监管囚犯的监管人员，也包括监狱雇佣的医生、心理学家、教师、行政人员、文职人员等工作人员。这个比例在我国实际上就是指警囚比例（即监狱人民警察总数与在押囚犯总数的比例），因为我国监狱在编的所有工作人员都是监狱人民警察。监狱管理者通常用“警囚比”对官方解释监狱的警员配置，倾向于用“警囚比”这个具体的数字来说明相关监狱的警员配置不足或者充足。很多发达国家认为30% ~40%的警囚比是一个合理的安全的底线，相比而言，我国目前18%的警囚比与发达国家的情况差距还很大，而且这种比较还没有考虑国外使用狱外资源的情况，以及某些国家对监狱工作人员的统计只包括直接监管人员而不包括辅助工作人员的情况。

从我国罪犯教育改造的实践来看，监狱干警普遍感到警力配备不足，影响了个别化教育的真正实施。对于不了解监狱与其他机构之间区别的人来说，警囚比看起来好像不必要那么高。但是，仅仅一个数字并不能证明一个重要的因素——监狱必须24小时看守和监管。事实上，尽管我们很难确定一个合理的警囚比的底线，但是监狱警员配置的依据应当是每个监狱的使命和目的，应当在监狱的安全等级、囚犯的需求等与监狱设计有关的诸多决策确定之后才能计算。基于此，将我国监狱警囚比由18%至少提高到30%以上应当较为恰当。更进一步地，笔者认为，除了配备的监狱警察人员数量外，还有与之相关的一些问题应当引起足够的重视和思考，这些问题主要包括：是否配备了足够的训练有素的警员？他们是否在正确的时间、正确的地点、做正确的事情？

警员的培训方式、岗位分配和管理方式如何？也就是说，我们关注的重点并非仅仅是警员的数量，还包括监狱安全等级、囚犯分类、囚犯需求、警员能力、管理方式等与之相关的种种问题。①

四、关于加强循证矫正实践

我国监狱罪犯教育改造的合理模式，应该结合世界刑事矫正发展的趋势，不断向以实证矫正为主要内容的模式靠拢。自 2012 年以来我国各地监狱试点的“循证矫正”就是一个范例。“循证矫正”是循证研究与循证实践理念与方法在罪犯矫正领域的具体应用。循证矫正的实践过程，既是一个研究的过程，又是一个操作的过程，这两方面是有机融合在一起的。对研究者而言，必须了解罪犯教育改造的各个环节，对实务部门而言，必须具有研究者的视野。循证矫正在国外特别是发达国家经历了若干年的探索和实践，已经形成了一套比较成熟和系统的理论、方法和技术，尤其是在监禁刑最佳实践的研究方面，在提高矫正效果、降低重新违法犯罪率方面发挥了重要作用。因此，罪犯教育改造合理模式仍然需要在实践中不断地探索、完善，其本身就是一个动态的调整更新过程。我们有必要将循证矫正理念和有益做法在我国罪犯教育改造实践中加以创造性的运用，最终形成一套符合我国实际的循证矫正体系。②

五、关于改善监狱干警待遇和促进职业发展

如前所述，监狱干警的素质对于罪犯矫正具有重要影响。从国际

---

① 葛向伟：《监狱工作人员与囚犯比例研究与借鉴》，载《犯罪与改造研究》2017 年第 12 期。

② 司法部预防犯罪研究所《循证矫正研究与实践》项目组编：《循证矫正研究与实践》资料汇编，2013 年 5 月编写，第 10 ~ 11 页。

上看，矫正机构已经由传统管理型机构向现代服务型机构转变，矫正员工也期待与罪犯建立积极互动关系，促进罪犯矫正并帮助其回归社会。由于员工角色和期望不断变化，很多国家都努力探索满足员工需求的新计划，因为高质量的员工福利和职业发展机会不仅有利于提高员工素质，而且有利于整个矫正系统的长远发展。

关于促进监狱员工的职业发展机会，亚太地区各国采取的措施主要为员工业务范围内的培训和交流项目。加拿大、马来西亚、新加坡建立了系统的培训方案。具体项目形式大致包括：(1)本国矫正系统的培训；(2)本国大学进修；(3)本国政府的培训；(4)国外培训，比如，韩国政府资助员工到西澳的大学或者工作车间进行研修，马来西亚监狱局在矫正学院开设多种课程以满足亚太地区矫正员工的需求，联合国亚远所对会议代表开展定期的培训项目，等等；(5)参加国际会议，比如亚太矫正管理者会议、国际矫正管理者会议等。

除了职业发展机会外，亚太地区各国(地区)采取的其他员工福利主要有：(1)职业支持。首先是保障安全的工作环境，此外，还通过提供咨询等形式帮助员工解决工作中的难题，如罪犯企图越狱、自杀、袭击员工等。(2)生活支持。为员工提供住房津贴、低息贷款、定期体检、心理服务、营养健康教育等支持。泰国还对南部边界受恐怖主义和暴力威胁的员工提供特殊生活津贴。(3)社会交往机会。比如，马来西亚建立的员工运动俱乐部、家庭俱乐部，方便员工聚会和社交，释放工作压力，建立健康的生活方式，并建立团队精神。

从我国的情况来看，干警权利保护应当受到更多的关注。因为过度关注罪犯福利而忽视干警需求，会给整个矫正系统带来风险。有研究表明，监狱干警执法过程中感觉人身安全风险较大、身心健康承受巨大压力、责任风险大、获得相关待遇的权利得不到保障。因此，建议我国进一步完善监狱配套法律规范，为干警履行职权提供充分的法律保障，加强培训，规范执法行为，建立维护监狱警察权益的专门机构，加大从优待警的力度包括考虑加班报酬、政治待遇等。[①]

① 葛向伟：《亚太地区罪犯矫正现状、改革及其思考》，载《云南大学学报》2013 年第 3 期。

CHAPTER 03 >>

第三章

监禁释放后的重新融入社会与后续关怀项目

本章总结了能够协助罪犯重新融入社会的各种释放后项目和服务，具体考察了提前释放（包括有条件释放）项目和社区内对罪犯实施更有效监管的因素、后续关怀服务以及社区在这些释放后重新融入社会措施中扮演的角色等内容。这些实践项目均以罪犯再次成功融入社会为主要目标之一。

第一节　国际标准与我国法律规定

国际标准与国内法律规定对于监禁释放后的协助罪犯重新融入社会的措施和服务主要涉及以下三个方面：一是提前释放和社区监管；二是为出狱人提供后续关怀服务；三是强调社区在罪犯社会再融入方面扮演的关键角色。

一、国际标准

国际标准和规范中与罪犯的释后社会再融入有直接关系的主要包括《曼德拉规则》、《曼谷规则》、《联合国少年司法最低限度标准规则》(以下简称《北京规则》)、《联合国非拘禁措施最低限度标准规则》(以下简称《东京规则》)、《囚犯待遇基本原则》等。

(一)提前释放的国际标准

《东京规则》呼吁各国开发并运用各种判决后监禁替代选项,以尽量避免将罪犯送入监狱,同时协助罪犯尽早重新融入社会。准假和中途之家、以工作或教育为目的的释放、各种提前或有条件释放项目(假释)、减刑和赦免等都属于这类措施。这些措施应在罪犯被判刑后尽早考虑并适用,与这些措施适用的相关决定应接受司法或其他独立主管主管部门的审查(第 9 条第 1 款至第 4 款)。对于女犯,《曼谷规则》规定,有条件提前释放的决定,应积极考虑女性囚犯的照看责任以及她们重新融入社会的特殊需要(第 63 条)。对于未成年犯,《北京规则》鼓励频繁并尽早适用有条件释放措施。该文件宣称,有关主管部门应尽最大可能并尽早采用从监禁机关假释的办法(第 28 条第 1 款)。该文件进一步规定,有关主管部门应当对从监禁机关假释的少年给予帮助和监督,而社区对此应予充分支持(第 28 条第 2 款)。

(二)后续关怀服务的国际标准

国际标准和规范认为监禁后续关怀的重要性不应被低估。《曼德拉规则》明确规定,社会责任不应止于罪犯获释时(规则 90):“所以应有公私机构能向出狱囚犯提供有效的善后照顾,其目的在于减少公众对他的偏见,便利他恢复正常社会生活。”规则 109 还具体列出了罪犯后续关怀的相关规范。这些规范规定,政府或民间协助出狱囚犯重新自立于社会的服务处和机构都应在可能和必要范围以内,确保出狱囚犯持有正当证件,获得适当住所和工作,能有对季节和气候适宜的服装,并持有足够金钱,以前往目的地,并在出狱后一段时间内维持生活。上述机构有接触罪犯的权利,而罪犯的释放准备工作也应征求它们的意见。这些机构应以集中、协调的方式开展活动。

对于女犯,《曼谷规则》明确要求监狱管理部门应在尽可能最大程度上对女性囚犯采用请假回家、开放式监狱、重返社会训练所和基于社区的方案和服务等可选办法,为她们从监狱到重获自由的过渡提供方便,减少耻辱并尽可能早地与家人重新建立联系(第 45 条)。该文件还进一步呼吁设计并实施考虑到妇女特殊需求的全面释前、释后社会再融入项目,而且还要求监狱管理部门与缓刑、社会福利机构、地方社区团体和非政府组织合作实施这些项目(第 46 条)。而且,这些项目还应为刑满释放后需要心理、医疗、法律和实际帮助的女性提供释放之后的进一步支持(第 47 条)。

对于少年犯,《北京规则》强调了设计一系列服务和设施,以满足重返社会少年犯的不同需求,并为其提供指导和支持,以此作为其重新成功融入社会的一个重要步骤。具体而言,该文件呼吁国际社会采取措施"努力提供帮助少年重获社会新生的半监禁式办法,如重返社会训练所,教养院,日间训练中心及其他这类适当的安排办法"(第 29 条第 1 款)。

基于认识到药品依赖罪犯的特殊脆弱性,联合国麻醉药品委员会于 2012 年通过了第 55/2 号决议,以明确推动旨在促进获释药品依赖罪犯矫治、改造和社会再融入的项目。

(三)社区参与罪犯社会再融入的国际标准

《囚犯待遇基本原则》第10条宣称,“应在社区和社会机构的参与和帮助下,并在适当顾及受害者利益的前提下,创造有利的条件,使刑满释放人员得以在尽可能在最好的条件下重返社会”。

《东京规则》则鼓励公众参与社区干预,并规定“应把公众参与视作社区成员自身为保护社会做出贡献的一个机会”(第17条第2款)。该文件还强调了志愿者这一角色的重要性,特别是在他们有适当培训和监督的情况下。最后,该文件还鼓励开发适当机制,“以促进负责非拘禁措施的部门在诸如保健、住房、教育、劳工和大众传播媒介等领域,与刑事司法系统的其他部门及政府的和非政府的社会发展和福利机构之间建立联系”(第22条第1款)。①

《东京规则》第19条还强调了志愿者角色的重要性——特别是在对他们进行了适当培训和监督的情况下②——及以各种现实方式为志愿者工作提供支持的重要性,具体包括以下几个方面:(1)应根据志愿人员从事有关工作的悟性和兴趣来对他们加以仔细甄选和征聘。应针对他们须履行的特定责任进行适当的培训,应使他们能够从主管部门得到支持和辅导,并有机会与其商量。(2)志愿人员应通过提供辅导及其他力所能及且符合罪犯需要的适当援助形式,鼓励罪犯及其家属与社区建立有益的联系和范围较广的接触。(3)应确保志愿人员在执行其任

---

① See R. E. Brown and Y. Dandurand, *Successful Strategies that Contribute to Safer Communities*, paper prepared for the workshop entitled “Successful Vrime Reduction and Prevention Strategies in the Urban Context”, held at the sixteenth session of the Commission on Crime Prevention and Criminal Justice, Vienna, 23 – 27 April 2007, p. 4 – 5.

② 在这一点上,非常重要的是要坚持志愿者和其他社区成员决不应当参与惩戒的或者执行的角色,包括最终决定罪犯是否没有遵守法庭设定的条件。参见对《东京规则》第19条的评论。(ST/CSDHA/22)

务时不发生事故，不受到伤害和不承担公共责任。他们工作中发生的经核准的开支应予以报销，他们为社区福利提供的服务应得到公众认可。

《北京规则》同样强调了社区在少年犯改造过程中提供合作的重要性。该文件致力于志愿者、地方机构及其他社区资源的动员，以便其“在社区范围内并且尽可能在家庭内为改造少年犯做出有效贡献”（第25条第1款）。

联合国经济及社会理事会2002年通过的《犯罪预防指南》也强调，“社区及其他公民社会阶层的积极参与是有效预防犯罪的基本组成部分”（指南16）。该文件宣称，“鉴于犯罪根源的广泛性及其解决所需的技能和责任，合作/伙伴关系应成为有效犯罪预防不可分割的一部分”（指南9）。这包括国家部委之间及主管部门、社区组织、非政府组织、商业部门和公民个人之间的合作/伙伴关系（指南9和指南19）。《城市犯罪预防领域的合作和技术援助准则》则提到，全面、综合的犯罪预防计划应包括防止再犯等措施，而防止再犯这一目标又可通过“在判决框架下且在监狱内实施的、作为释放准备活动的社会教育”和赋予“社区在罪犯改造中以积极角色”来实现。[①]

二、我国法律规定

（一）特赦

中华人民共和国成立后，我国宪法和法律中对特赦制度一直都有明确规定。1949年9月颁布的《中华人民共和国中央人民政府组织法》第7条规定，中央人民政府委员会行使颁布国家的大赦令和特赦令的职权。

① Economic and Social Council resolution 1995/9, annex, para. 3 (d) (ii).

1954 年《宪法》规定将大赦和特赦的决定权分别赋予全国人大和全国人大常委会，第 27 条第 12 项规定全国人民代表大会行使大赦职权，第 31 条第 15 项规定，全国人民代表大会常务委员会行使特赦职权。同时 1954 年《宪法》第 40 条规定，中华人民共和国主席根据全国人民代表大会的决定和全国人民代表大会常务委员会的决定，发布大赦令和特赦令。此后，1975 年《宪法》未对赦免制度作出规定。1978 年《宪法》和 1982 年《宪法》均规定了特赦。根据 1982 年《宪法》第 67 条第 17 项的规定，全国人民代表大会常务委员会行使决定特赦的职权；根据第 80 条的规定，中华人民共和国主席根据全国人民代表大会常务委员会的决定发布特赦令。

我国 1979 年《刑法》和现行的 1997 年《刑法》中在关于累犯构成条件的规定中，涉及了对特赦的规定。《刑法》第 65 条第 1 款规定："被判处有期徒刑以上刑罚的犯罪分子，刑罚执行完毕或者赦免以后，在五年以内再犯应当判处有期徒刑以上刑罚之罪的，是累犯，应当从重处罚，但是过失犯罪和不满十八周岁的人犯罪的除外。"第 66 条规定："危害国家安全犯罪、恐怖活动犯罪、黑社会性质的组织犯罪的犯罪分子，在刑罚执行完毕或者赦免以后，在任何时候再犯上述任一类罪的，都以累犯论处。"

我国《刑事诉讼法》也有涉及特赦的规定。根据《刑事诉讼法》第 16 条第 3 项的规定，经特赦令免除刑罚的，不追究刑事责任，已经追究的，应当撤销案件，或者不起诉，或者终止审理，或者宣告无罪。

（二）减刑、假释

减刑是我国《刑法》规定的刑罚执行过程中的一项措施，是指对原判刑期适当减轻的一种刑法执行活动。具体来说，是对于被判处管制、拘役、有期徒刑、无期徒刑的犯罪分子，在执行期间确有悔改或者立功表现的，适当减轻其原判刑罚的制度（第 78 条）。减刑以后实际执行的刑期不能少于一定的期限:判处管制、拘役、有期徒刑的,不能少于原判刑期的1/2;判处无期徒刑的,不能少于13年;人民法院依照本法第50条第2款规定限制减刑的死刑缓期执行的犯罪分子,缓期执行期满后依法减为无期徒刑的,不能少于25年,缓期执行期满后依法减为25年有期徒刑的,不能少于20年。我国《监狱法》规定了有重大立功表现的应当减刑的情形以及减刑的具体程序,即由监狱向法院提出并由法院审核裁定。

我国的假释,是指被判处有期徒刑或者无期徒刑的犯罪分子,在执行了一定时间的刑罚之后,如果认真遵守监规,接受教育改造,确有悔改表现,不致再危害社会的,司法机关将其附条件地予以提前释放的一种刑罚执行制度。我国《刑法》第81条规定了适用假释必须符合的法定条件。我国《监狱法》第32条规定了假释适用的程序条件,即由监狱对符合假释条件的罪犯根据考核结果向法院提出假释建议,由法院予以审核裁定。《未成年犯管教所管理规定》明确了对未成年犯的减刑、假释,可以比照成年犯依法适度放宽。

此外,我国的社区矫正制度和实践包含了假释的执行,这在我国《刑法》和《刑事诉讼法》中均有体现。但是,就法律层面来讲,我国尚未出台社区矫正法,目前社区矫正的依据是司法部联合相关部门颁布的《社区矫正实施办法》《关于全面推进社区矫正工作的意见》《关于进一步加强社区矫正经费保障工作的意见》《关于组织社会力量参与社区矫正工作的意见》等规范性文件。

(三)释放后

我国《监狱法》规定,刑满释放人员由当地人民政府帮助其安置生活。刑满释放人员丧失劳动能力又无法定赡养人、扶养人和基本生活来源的,由当地人民政府予以救济。刑满释放人员依法享有与其他公民平等的权利。为了加强对刑满释放人员的安置帮教工作，巩固对罪犯的改造成果，降低重新犯罪率，我国出台了相关文件，包括中央社会治安综合治理委员会、司法部、公安部、民政部联合下发的《关于进一步做好服刑、在教人员刑满释放、解除劳教时衔接工作的意见》（综治委〔1999〕5号），对罪犯刑满释放时的衔接工作提出了具体要求。2010年，针对安置帮教工作的新情况（衔接不力、就业困难、生活无着落、组织不健全等），为了进一步加强刑释解教人员的安置帮教工作，我国发布了《中央社会治安综合治理委员会关于进一步加强刑满释放解除劳教人员安置帮教工作的意见》（中办发〔2010〕5号），要求提高教育改造质量，为做好刑释解教人员的安置帮教奠定基础、落实衔接措施进一步加强对刑释解教人员的管理、提高服务管理水平、加强教育帮扶和组织领导、落实刑释解教人员安置帮教工作各项措施。2016年，司法部、中央综治办、民政部、财政部联合印发了《关于社会组织参与帮教刑满释放人员工作的意见》，对于鼓励、引导和支持社会组织参与帮教工作，促进刑满释放人员顺利融入社会，预防和减少重新违法犯罪，维护社会和谐稳定具有重要意义。

第二节　国际实践之一：提前释放项目

一、提前释放的种类

（一）有条件释放

有条件释放，[①]是指根据罪犯获释之前设定的且在法院判决的整个

① 这里使用有条件释放（conditional release）而不使用假释（parole）的表述，是因为并非所有的刑事司法系统都有假释制度。有条件释放在不同的司法体系中有不同的含义。

刑期完全到期之前一直有效的(除非被变更)条件将狱中罪犯予以释放的行为。这种释放可以是强制性的,如根据法律规定在罪犯服完最低限度或固定比例的刑期后自动予以释放的情形,也可以是裁量性质的,如主管部门根据条件作出释放罪犯的决定这种情形(如假释)。[①] 一些国家实施的是混合体制,因此上述可能性可同时存在。裁量假释就是由假释主管部门作出的有条件释放行为,它通常受许多条件约束。在不同国家,裁量性释放的使用程度不一,有时甚至从不使用。

(二)其他提前释放项目:赦免和特赦

赦免和特赦是两种用于提前释放罪犯的另类机制。赦免,是指不管定罪或判决如何都将罪犯予以释放的行为,是一种无条件释放形式。它通常是国家元首赋予的一种恩典。另外,特赦也是根据国家元首的命令作出的。它实际上是将罪犯或一类罪犯的释放日期提前了。但是,这个术语并不是固定的。实际上,赦免和特赦通常可互换使用。[②] 一些国家实施了大规模的提前释放项目:一些项目可能一次就涉及数百名或数千名罪犯。这种大规模释放罪犯的做法明显会对所有相关方包括罪犯返回的社区带来额外挑战。但是,在这种释放规模下,为罪犯提供有效的重返社会援助服务并与社区开展有效合作几乎是不可能的。

二、有条件释放

有条件释放之“条件”,是指附加于释放主管部门有条件释放罪犯

---

① 联合国毒罪办:《监禁替代措施的基本原则与良好实践》,联合国出版物 NO. E. 07. XI. 2, 第 49 页。

② 在另外一种情况下,比如加拿大,赦免可以指在罪犯做守法公民很长一段时间之后消除罪犯的犯罪记录,这样可以促进罪犯的长期地重新融入社会。

这一决定的任何要求。任何有条件释放制度都会对刑满之前即释放罪犯的做法附加一定的条件，无论条件的多少以及罪犯获释后是否将接受任何实际监管。

（一）有条件释放之“条件”的类型

在有条件释放项目中，通常存在两种类型的释放条件（即罪犯义务），即标准条件（或法定条件）和特殊条件。

1. 标准条件

标准条件是由法律或法规确立的，适用于某一治权下的所有有条件释放罪犯，所以也称法定条件。标准释放条件最常出现在有条件释放的相关法律或法规中，且通常包括下列内容：初次向监管人员报告；持续向假释监管人员报告；向假释官员报告任何生活或就业状况变化；旅行限制“表现良好”和/或持续守法。

2. 特殊条件

特殊条件是在决策者认为必要的时候对罪犯附加的以管理其风险或满足其需求的额外条件。这些条件旨在就罪犯呈现的独特风险提供更加具体的应对措施，或就罪犯社会再融入需求提供更加详尽的响应措施。这些条件通常可分为两大类：(1)直接且明确与罪犯犯罪模式相关的条件；(2)协助监管人员获取罪犯可核实信息的条件。与罪犯犯罪模式对应的条件可以包含各种要求，如避免出现在某些地理区域；不使用致醉物和/或药物；不接近或联系指定人士；居住在特定地方；与志愿者或其他人定期接触；参加特定矫治项目；遵守宵禁规定；接受心理辅导，参加推荐的护理或治疗（包括完成治疗）计划；在指定中心解决酗酒、吸毒、性犯罪、赌博和/或溶剂滥用、愤怒管理、债务和犯罪行为等问题；不与低于某一年龄的人共事或与其共同参与有组织的活动；不与低于特定年龄的儿童在同一家庭内生活。有助于罪犯监管条件的范例包括:要求罪犯接受尿检;实施电子监控;要求罪犯定期向警方报告等。

由于特殊条件是额外增加的,故通常以个案为依据。在某些情况下,假释主管部门在决定这种特殊条件方面享有相当大的自由裁量权。① 通过对特殊条件的使用,决策者可根据罪犯带来的预期挑战对释放条件进行量身定制,也就是说,特殊条件的使用应与罪犯呈现的风险等级相对应。

(二)有条件释放的决定

1. 裁量性释放决定机构

裁量性释放决定通常由假释主管部门作出。决定机构的性质、权力和职责因国家的不同而不同。但是,决定机构的首要角色都是决定是否给予或拒绝有条件释放待遇(假释)。在某些情况下,这类决策的作出有着严格的标准(如已服刑时间、罪行严重程度、再犯风险等相关指针)。在其他情况下,假释决定通常是根据旨在对罪犯再犯风险进行系统评估的风险评估工具作出的。有的国家,如埃塞俄比亚,假释主管部门是一名根据矫正机构或为假释目的创设的顾问机构的建议行事的政治人物。

2. 释放决策所需信息

在大多数国家,由羁押罪犯的监狱服务机构或罪犯的潜在社区监管机构负责准备假释主管部门审查罪犯假释资格所需的信息。但是,由于许多监狱缺乏充分的罪犯信息管理体系,所以这种信息的范围和

---

① See Dandurand & Others, *Conditional Release Violations*, Suspensions and Revocations, p. 18 – 19.

质量可能非常有限。与此同时，适当的释放决策需要在罪犯入狱时即对其进行初步评估，之后再根据罪行性质或罪犯行为的变化开展更加详尽的评估。有时，初步评估后紧接着就是制订相应计划，以协助罪犯为其释放或参与相应项目做好准备。在进行有条件释放决策准备时，应对罪犯进行深入评估，以便考虑：(1)罪犯进步情况；(2)罪犯社交和犯罪史；(3)风险评估结果；(4)必要时开展的专业风险评估（如精神疾病评估）；(5)社区资源；(6)罪犯的未满足或持续需求；(7)罪犯的再犯风险；(8)社区响应并安全应对这些风险和需求的能力。[①]

如前所述，有条件释放决定通常是基于罪犯是否参与了旨在解决其某些风险因素或其他挑战的项目及其释放计划是否为现实作出的。但是，释放准备的有效性通常难以评估，所以在这里我们要再次强调进行适当评估的重要性，并且可参考欧洲委员会的缓刑规则在这方面的最佳实践。该规则要求评估并系统、彻底地考察罪犯的个人情况，包括风险、积极因素和需求、解决这些需求需要的干预措施、罪犯对干预措施的响应情况等。罪犯不仅要了解评估过程和结果，而且要能够积极参与并做出贡献，包括在决策时对罪犯意见和个人目标及其个人优点和防止再犯的责任等赋予适当的权重（第66～68条）。

3. 释放决策依据的标准

不同司法体系用于决定是否释放罪犯的标准存在巨大差异。但是，公共安全和罪犯改造进展（或称为“改造/再融入”）是两大通用标准。公共安全作为决定有条件释放和确定释放条件的原则之一，这个标准在所有提交文件中都是明确的：“在正确的条件设置下，罪犯能否

① See Dandurand & Others, *Conditional Release Violations*, Suspensions and Revocations, p. 16.

在社区中得到安全监管?”改造/再融入是仅次于公共安全的另一标准。这个标准强调的是“需求”,即罪犯释放回社区后能否得到其需要的资源。[①] 这两个标准所强调的相当于同一枚硬币的两个方面。

4. 罪犯和受害者在释放决策中的参与

让罪犯参与释放决策的做法在不同国家差异巨大。在一些国家,罪犯甚至不知道自己正被考虑提前释放,而且没有申请提前释放的机会。但是,在许多国家,罪犯却可以参加假释听证会。比如,在澳大利亚(昆士兰州),罪犯可申请出席或派代表出席其听证会。在英国(英格兰和威尔士),关于有条件释放和释放决定撤销后再次释放的决策主要是通过书面方式进行的。罪犯可以作出书面陈述(通常是在其律师协助下进行的),但不能出席听证会。假释委员会可选择让罪犯参加(涉及少年犯时通常会这样做),而罪犯则可申请举行并参加口头听证会。如参加听证会,罪犯通常会有律师陪同。[②] 在一些情况下,假释主管部门还可考虑犯罪受害人(或其代表)的申请,并将释放罪犯的决定及预期释放这一事实告知受害人。

(三)释放条件的遵守和执行

在许多国家,有条件释放罪犯违反提前释放条件的比例都很高,已经成了一个严重问题。但是,目前并没有决定性证据表明,违反技术性条件即意味着罪犯可能再次作出犯罪行为,或者说,将有条件释放的罪

---

① See Dandurand & Others, *Conditional Release Violations*, Suspensions and Revocations, p. 16.

② See Dandurand & Others, *Conditional Release Violations*, Suspensions and Revocations, p. 16.

犯送回监狱事实上能够防止其再次作出犯罪行为。[1] 如果有条件释放的撤销并不能降低罪犯再犯率，那么，对这种做法的使用及越来越依赖这种成本高昂做法的行为提出质疑就非常重要了。就罪犯的社会再融入过程而言，释放的中止可能具有非常大的破坏性，更不要提监禁成本的高昂了。

现有证据表明，我们需要一个策略性更强的方法，即主要依赖系统性努力提高罪犯成功度过监管期的可能性，同时将罪犯违反条件的行为视作对其进行干预并对其行为进行重新导向的机遇。[2] 欧洲委员会的缓刑规则[3]提醒实务人员，要保证罪犯充分了解其缓刑要求、缓刑官员的职责与责任及违反缓刑条件的后果（第 85 ~ 87 条）。罪犯管控不能仅靠违反条件时的制裁措施，还要靠罪犯自己的积极合作。在违反缓刑条件的情况下，应对措施必须充分考虑罪犯违反条件的具体情节。为此，就违反释放条件实施中间制裁通常是必要的。在美国，许多州都已制定技术性违反释放条件的中间制裁措施。这些制裁措施既有监禁性质，也有治疗性质，但不涉及监狱遣返。

（四）有条件释放的撤销

罪犯重返社会的努力有时会因新犯罪行为或违反释放条件的行为而中断。这会导致其释放的中止，结果是被召回监狱或假释许可的撤

---

① See N. Padfield &S. Maruna, *The Revolving Door at the Prison Gate: Exploring the Dramatic Increase in Recalls to Prison*, *Criminology and Criminal Justice*, Vol. 6, No. 3, 2006, p. 329 – 352.

② See P. Burke, A. Gelb &J. Horowitz, *When Offenders Break the Rules: Smart Responses to Parole and Probation Violations*, Public Safety Policy Brief, No. 3, November 2007, Washington, D. C., Pew Center on the States, 2007.

③ 参见欧洲理事会部长委员会于 2010 年 1 月 20 日通过的规则建议，CM/Rec (2010)1。

销。实际上,在许多国家,很大比例的监狱罪犯都是在社区监管下表现失当的罪犯。[①] 有条件提前释放后没能成功度过监管期的罪犯比例似乎在提高。这种重返社会时失败比例的上升不一定是因为有条件释放罪犯再犯罪次数的增加,而可能是因为监管人员执行其他释放条件的力度更大了。[②] 实际上,被送回监狱的罪犯中有相当大一部分仅仅是因为违反了假释条件,如未参加矫治活动、违反了宵禁规定或闯入了禁足/限制区域,而不是犯下了新罪行。[③]

(五)成功度过有条件释放期的因素

很明显,决定罪犯是否能够成功度过有条件释放期——或者更重要的是——能否成功再次融入社会的因素有许多。个人因素和犯罪行为的性质和程度当然很重要,但罪犯获释前后矫正和改造项目的提供及旨在帮助其应对重返社会时面临的棘手挑战的支持服务的提供和获取也很重要。最后,我们不能低估有条件释放监管众多相关因素的重要性,这些因素包括监管政策和程序、监管方式、附加条件的性质、条件的执行方式等。[④]

---

① 参见欧洲理事会部长委员会于2010年1月20日通过的规则建议,CM/Rec (2010)1。

② See N. Padfield, ed., *Who to Release*?, Parole, Fairness and Criminal Justice, Portland, Oregon, Willan Publishing, 2007.

③ See J. W. Stickels, *A Study of Probation Revocations for Technical Violations in Hays County, Texas, USA*, Probation Journal, Vol. 54, No. 1, 2007, p. 52 – 61.

④ See Dandurand & Others, *Conditional Release Violations*, Suspensions and Revocations, p. 6 – 8.

三、有条件释放期内的罪犯监管

（一）监管的内涵

罪犯监管必须以我们对“犯罪停止”这一过程的理解为指导。犯罪停止通常涉及罪犯年龄和成熟度、社会关系或联系、个人态度的转变等因素。人们经常认为，犯罪停止不是一个事件，而是一个过程。并且，由于涉及主观性和身份认同问题，犯罪停止通常是一个个性化过程。“希望”在这一过程中扮演了一定的角色，正是因为希望，犯罪停止通常表现出矛盾心理和摇摆不定的特征。因此，监管必须以培养罪犯动机和变革能力为重点。如果以对罪犯需求、动机和处境进行的充分评估为依据，同时以稳健的个案管理方法为基础，监管可为犯罪停止这一过程提供有效支持。

监管行为包括监视、教育、支持、积极行为的强化、消极行为后果的执行等。释后监管关系到罪犯能否成功重返社会并重新融入社区，但是，监管并不是仅仅监控罪犯是否遵守了释放条件，它还涉及管理罪犯呈现的风险，寻求并安排资源满足罪犯的需求，与罪犯建立和维系能够产生信任但又有适当界限的人际关系等。专业监管的核心是既支持罪犯的社会再融入，又牢记其再犯风险。总之，这是一项复杂的任务。①

（二）监管模式

1. 两种模式

罪犯监管模式大致可分为两种，即基于需求的模式和基于风险的

---

① See Dandurand & Others, *Conditional Release Violations*, Suspensions and Revocations, p. 6 – 8.

模式。基于需求的监管策略则专注于罪犯的犯因性需求,并支持其参与诸如认知技能培训和毒瘾咨询之类的项目,以接受治疗。研究发现,当罪犯与矫治项目正确结合时,再犯率会有所下降。① 基于风险的监管策略假定罪犯是危险的,因而需要控制和严密监视。

2. 基于需求的模式

美国的重返社会法庭项目就是基于需求模式的罪犯监管。在美国,一些州就"重返社会法庭"这一概念展开了试验。哈莱姆假释犯重返社会法庭就是为了应对曼哈顿东哈莱姆社区假释罪犯高度聚集这一问题而于2001年创建的。这个法庭专门为从州监狱获得假释的罪犯在释放前6个月内提供密集的司法监督、监管和服务。这个项目的目标是帮助重返社会的假释犯寻找工作、寻求住房、摆脱毒瘾并承担家庭和个人责任,以便在其重返社会之初保持其生活稳定。之后,参与者将转而接受传统假释监管。在那里,他们可以继续通过重返社会法庭自愿接受个案管理服务。据报道,这个项目对预防罪犯再犯产生了积极影响。

在实现既帮助罪犯成功重返社会,又防范高危罪犯危害社会这种双重目标的过程中,假释官员往往会感到挑战。在一定程度上,这是他们监管者角色的两个主要方面——作为协助工具和作为警察工具的这两个方面——相互冲突的结果。② 假释监管者的"监管方式",包括如何定义其在保证监管与协助之间的某种连续性方面的角色,很可能会对

① See Griffiths, Dandurand &Murdoch, *The Social Reintegration of Offenders and Crime Prevention*, p. 12 – 13.

② See R. P. Seiter, *Prisoner Reentry &The Role of Parole Officers*, Federal Probation, Vol. 66, No. 3 (2002), p. 50 – 54.

监管质量产生影响，同时也可能会对罪犯再次成功融入社会产生影响。[①]

需要注意的是，没有治疗和技能开发要素的监视型方法不是有效的干预策略。因此，监管一定要伴有治疗机会，特别是药物滥用治疗机会，这是非常重要的。此外，致力于社区性监管的方法也非常重要。在这种方法中，警方、公共服务提供商、社区成员、受害人权益倡导者、罪犯及其家庭等可形成一种合作伙伴关系。这种合作伙伴关系的目标，是通过非正式管控程序管理罪犯风险，并提高其成功接受假释监管的可能性。

3. 基于风险的模式：强化式监管项目

在强化式监管项目中，针对罪犯风险，特别是高风险的情况，缓刑或假释人员要接受非常密切的监管，并被要求频繁地向缓刑官员当面报到、遵守宵禁规则、接受涉警或逮捕行为监控、频繁接受随机酒精或药物测试，在某些情况下，还要接受电子监控。强化式监管的具体措施可能因项目的不同而不同。

电子监控通常被用作强化式监管的措施之一。这种项目的有效性通常是通过缓刑或假释决定被撤销的次数、记录在案的违规行为数和再犯罪次数等指标来衡量的。许多人都对电子监控对于中高风险罪犯犯罪行为的影响进行了研究，而针对这些研究进行的一项统合分析表明，并没有证据表明电子监控能够有效降低再犯率。这项分析并没有发现能够证明电子监控较其他转向项目更有效的证据。但是，这项分析还显示，当与已被证明有效的矫治干预措施同时使用时，电子监控的

---

① See J. F. Quinn &L. A. Gould, *The Prioritization of Treatment among Texas Parole Officers*, The Prison Journal, Vol. 83, No. 3, 2003, p. 323 – 336.

使用才能取得最好效果。① 比如,针对加拿大学习资源项目(Learning Resources Program)进行的一项评估就得出了一些这样的结论。该项目为电子监控缓刑人员提供了接受个人和集体辅导及技能开发服务的机会。项目发现,同时接受电子监控和强化式矫治服务的高风险罪犯重新犯罪的比率较那些只接受电子监控而没有接受矫治服务的高风险罪犯要低。该结论还为之前的研究结论提供了支持,即低风险罪犯并没有从强化式矫治项目中受益,实际上,矫治可能还会提高低风险罪犯的再犯率。② 这项评估的重要性在于,它证实了强化式改造服务对于同时接受监管和矫治服务的高风险罪犯的有效性。

强化式监管通常被倡导用来对付累犯,研究文献表明,高风险罪犯才是最可能从强化式监狱和社区干预项目中受益的群体。③ 在加拿大,一项针对高风险罪犯强化式监管做法进行的评估表明,强化式监管群体因有条件释放决定被撤销而被重新收监的比例较低。④ 其他调查也发现,高风险罪犯的强化式监管可能是实现降低罪犯再犯率这一积极成果的一种有效手段。⑤

---

① See M. Renzema &E. Mayo - Wilson, *Can Electronic Monitoring Reduce Crime for Moderate to High - risk Offenders*?, Journal of Experimental Criminology, Vol. 1, No. 2, 2005, p. 215 - 237.

② See P. Gendreau, *A Review of the Learning Resources Program*, John Howard Society Newfoundland, Ottawa, Solicitor General of Canada, 1996.

③ See D. A. Andrews and J. Bonta, *The Psychology of Criminal Conduct*, 3rd ed., Cincinnati, Ohio, Anderson, 2003.

④ See R. Serin, B. Voung &S. Briggs, *Intensive Supervision Practices: a Preliminary Examination*, Research Brief No. B - 31, Ottawa, Correctional Service of Canada, 2003.

⑤ See Griffiths, Dandurand &Murdoch, *The Social Reintegration of Offenders and Crime Prevention*, p. 22.

第三节　国际实践之二：后续关怀和重返社会协助

后续关怀服务主要从就业、住所、家庭和保健服务展开。关于后续关怀服务机构的设置，一些国家有专门为获释不久的罪犯提供后续关怀和监管服务的机构。在某些情况下，后续关怀项目是由缓刑服务机构实施的，而在其他情况下，则是由非政府组织实施的。

一、就业市场重返协助

（一）就业协助对出狱人重新融入社会的意义

就业是出狱人再次成功融入社会的一个关键因素，获得合法就业是出狱人出狱后能否取得成功的最佳指标之一。就业绝不只是一个收入来源，它可帮助出狱人与各种社区要素重新建立起联系，同时又可提高其自尊、自信和自我效能感。① 正如有研究指出的那样，“就业提供的不仅仅是支持充分物质条件所需的收入，而且还提供了一种架构和程序，当然还可以打发时间。它为扩大个人社会网络并将其他有益社会成员纳入其中提供了机会。除此之外，就业还有助于提高自尊及其他心理健康因素”。② 而出狱人返回社区后通常都非常拮据，手头积蓄很

---

① See J. Graffam & Others, *Attitudes of Employers, Corrective Services Workers, Employment Support Workers, and Prisoners and Offenders towards Employing Ex – Prisoners and Ex – Offenders*, Burwood, Victoria, Deakin University, School of Health and Social Development, 2004, p. 4.

② See J. Graffam & Others, *Variables Affecting Reintegration as Perceived by Offenders and Professionals*, Journal of Offender Rehabilitation, Vol. 40, Nos. 1 and 2 (2005), p. 147 – 171.

少，而且通常仅限于在监狱内做工获得的微薄收入。有限的经济收入会影响罪犯获得并维持就业的能力，因为它对罪犯前往面试、出勤工作或购买工作所需服装或工具的能力产生负面影响。

（二）出狱人面临的就业挑战

获释的罪犯在寻求就业方面面临众多挑战。这些挑战包括个人因素（如自尊心低下、积极性差、缺乏技能、缺少培训、存在精神疾病和药物滥用问题等）、稳定住所的缺乏和社会因素（如同伴的消极影响、家庭支持的缺失和就业记录不良等）。[①] 大多数罪犯返回的社区都属于就业机会有限的弱势社区。这些社区的同龄群体所能提供的合法就业联系往往非常少，而糟糕的社会联系又使个人难以识别并抓住社区中本来就有限的就业机会。此外，整体经济状况也影响了出狱人的重返社会努力。糟糕的经济状况使出狱人寻求适当就业的努力尤其困难。劳动经济学家指出，就业岗位的稀缺对最弱势求职者的影响是最大的，而出狱人则几乎处于雇主偏好列表的底端。[②] 雇主通常都不愿意雇用出狱人，特别是在他们获释后还要通过自身表现证明自己的情况下。许多雇主都将出狱人视为可雇用性非常低的群体。很明显，监禁相关污名是影响因素之一，但这些人中拥有雇主希望的技能、技术或经验的人很少这一事实也是因素之一。

---

① See C. A. Visher, L. Winterfield & M. B. Coggeshall, *Ex – offender employment programs and recidivism: a meta – analysis*, Journal of Experimental Criminology, Vol. 1, No. 3 (2005), p. 295 – 315; J. Rakis, *Improving the employment rates of ex – prisoners under parole*, Federal Probation, Vol. 69, No. 1 (2005), p. 7 – 12; J. Graffam & Others, *Variables Affecting Successful Reintegration as Perceived by Offenders and Professionals*, Journal of Offender Rehabilitation, Vol. 40, Nos. 1 and 2, 2005, p. 147 – 171.

② See L. Hannson & R. DeFina, *The State of the Economy and the Relationship between Prisoner Reentry and Cime*, Social Problems, Vol. 57, No. 4, 2010, p. 612.

（三）就业协助措施

就业协助最重要的关注问题应当是出狱人的个人需求必须予以明确并与特定服务相结合。就业准备课程、职业教育、中学学历认证、就业培训、就业安置和个案管理人实施的就业监控等都是重要的就业干预措施。[①] 就业相关服务应在从罪犯入狱至出狱的整个过程中以连续方式提供，这是非常重要的。在罪犯服刑之初，监狱即应对罪犯进行职业评估，评估结果应为提供给罪犯的后续就业服务提供指导。评估应包含一系列用于评价罪犯就业准备计划相关进展的标准。这种连续干预的成功可能取决于监狱机构、假释机构及其他相关政府机构（如就业机构）政策和程序的制定。其中更为重要的是，社区矫正及其他机构应有机会就提供给罪犯的职业和岗前服务向监狱矫正官员提出意见或建议。这有助于保证释前措施真正满足罪犯的释后需求。[②]

（四）就业对再犯的影响

研究表明，能够获得合法就业岗位特别是工资更高、质量更好工作岗位的出狱人再次犯罪的可能性要低于那些没有合法就业机会的出狱人。尽管研究表明就业与再犯之间的联系并不是那么明确，[③]但是相关研究发现，就业在降低再犯率方面的效果可能与就业质量而不仅仅是

---

① See Visher, Winterfield &Coggeshall, *Ex – offender employment programs and recidivism: a meta – analysis*.

② See Griffiths, Dandurand &Murdoch, *The Social Reintegration of Offenders and Crime Prevention*, p. 22.

③ See R. Webster &Others, *Building Bridges to Employment for Prisoners*, Home Office Research Study No. 226, London, Home Office, Research, Development and Statistics Directorate, 2001.

就业本身相关。[①] 而且,合法就业与再犯率降低之间的关系可能会受下列因素之间的互动影响:是否拥有稳定的住所、是否拥有就业相关资格、是否存在药物滥用相关问题、是否积极寻求求职帮助等。[②]

二、住所帮助

(一)住所与再犯

研究发现,住所与再犯罪之间存在一种间接关系,[③]即存在住房困难的罪犯似乎比不存在住房问题的罪犯更容易被再次定罪。[④] 不稳定或不安全的住房往往会加重存在药物滥用或精神健康问题出狱人的困难。很明显,住所是罪犯向社会生活过渡过程中的一个关键因素,可决定其社会再融入是否能够取得成功。而且,住所还对罪犯就业有直接影响。一般而言,罪犯在寻求住所方面获得的释前支持很少,因而通常难以在社区获得适当的住宿安排。社会孤立是许多出狱人的核心体验,他们的归宿往往是无家可归或在不稳定、不适当的住所中凑合度日。许多被再次定罪的罪犯经常将适当住所的缺乏指为其未成功过渡至社会生活的一个关键因素。无家可归通常是监禁的直接后果,而适当住所的缺乏可导致出狱人聚居在问题最严重的社区——这些地方的

---

① See C. Uggen, *Ex – offenders and the Conformist Alternative*: *a Job Quality Model of Work and Crime*, *Social Problems*, Vol. 46, No. 1, 1999, p. 127 – 151.

② See S. Niven &J. Olagundoye, *Jobs and Homes*: *a Survey of Prisoners nearing Release*, *Findings*, No. 173, London, Home Office, Research, Development and Statistics Directorate, 2002.

③ See S. Niven &J. Olagundoye, *Jobs and Homes*: *a Survey of Prisoners nearing Release*, *Findings*, No. 173, London, Home Office, Research, Development and Statistics Directorate, 2002.

④ See A. Nilsson, *Living Conditions*, *Social Exclusion and Recidivism among Prison Inmates*, Journal of Scandinavian Studies in Criminology and Crime Prevention, Vol. 4, No. 1, 2003, p. 57 – 83.

犯罪率通常较高,秩序通常较差且通常缺少支持服务。

(二)中途之家和过渡中心项目

过渡居住中心或释放前中心可为罪犯提供受监管式居住环境,从而协助罪犯有计划地顺利度过从监禁生活到社区生活这一过渡阶段。这些住所允许罪犯与外部世界进行实质性接触,同时允许罪犯与其家庭和(潜在)雇主进行接触,有些国家的监狱服务局还为罪犯提供了狱外工作机会。

1. 加拿大模式

加拿大的伊丽莎白·弗莱学会联合会(Canadian Association of Elizabeth Fry Societies)成功运作了若干针对处境危险的女犯的服务项目,致力于满足那些正在从监狱生活过渡至社会独立生活但无家可归、无业可就且缺乏应对技能的女犯的需求。该机构主要提供过渡住所、犯罪预防和毒瘾咨询、目标规划、结构化再犯相关支持及经济援助等服务。

2. 美国模式

美国增进安全基金会(Safer Foundation)致力于为曾有被监禁经历的人提供一系列项目和服务,以协助其顺利就业并不再犯罪。该基金会代表伊利诺伊州矫正部管理若干个成年人过渡中心,如安置有约 350 人的十字路口成年人过渡中心(Crossroads Adult Transition Center)和安置有 200 人的北郎代尔成年人过渡中心(North Lawndale Adult Transition Center)。该基金会相信,如果要协助有犯罪记录的人成功过渡至社会,成人过渡中心必须满足四个因素,即拥有一个结构化的安全环境、拥有一支训练有素且充满爱心的员工队伍、当事人有积极性、提供旨在满足当事人需求的全面且高质量的项目和服务。该基金会提供了下列领域的项目和服务:个案管理、家庭支持、父爱、药物滥用矫治、基本技能、生活技能、精神健康、认知治疗、社区服务、保健和娱乐等。

3. 韩国模式

2009 年,韩国矫正服务署开设了一个罪犯改造中心,专门为囚犯提供社会适应方面的协助,包括协助囚犯适应开放式环境、适应劳动或工作项目。该中心与一个创业项目建立了合作关系,后者致力于为出狱人提供求职服务。2009 年,韩国矫正服务署又为 10 名囚犯建设了一个名为“希望之家”的中途之家。在假释之前,这些囚犯通常要在希望之家度过 3 ~6 个月的时间,该机构为囚犯提供求职、创业、驾照更新等方面的特定释前服务,同时还为囚犯提供基本生活费用,包括生活、教育和医疗服务费用。

4. 印度模式

印度西孟加拉矫正服务署设立了开放式矫正之家,该机构是专门为那些服完了 2/3 刑期且表现良好的囚犯准备的。囚犯可于早上 6 点离开矫正之家,但晚上 8 点之前必须回到机构,从而使其得以在社会上工作并在刑满释放之前获得一定的工作经验。囚犯可在社会上任何地方自由求职,而且有非政府组织为这一过程提供协助。在某些情况下,囚犯甚至存够了购买山羊和奶牛的资金,而且,他们可将这些动物生产的牛奶向公众出售,并保留自己的收入所得。

(三)关于住所服务的评估

大多数国家都存在一个严重问题,即旨在解决无家可归这一问题的总体方案有限。即便存在公共住房体系,这类住房通常也难以满足出狱人的需求或难以为出狱人享受到。诸如过渡旅馆之类的危机干预住所的环境也很差,可能会将出狱人的社会联系局限在具有类似背景或问题的其他人中。鉴于住所对再犯的影响，世界各国在住所协助方面尚需继续努力。

三、家庭支持

（一）必要性

罪犯家庭是其重返社会时的一个潜在支持和援助来源，家庭在罪犯重返社会经历中可能扮演着重要角色。但应该承认的是，家庭支持的缺失对罪犯来说是非常普遍的问题。特别是女犯，家庭支持方面的挑战或家庭支持的缺失尤其具有重要影响。因为相对于男犯而言，她们遭受的污名甚至更为严重，以致其可能无法回归家庭和社区。

（二）相关实践

旨在推动罪犯家庭合作的项目多种多样。监狱可采取措施帮助罪犯家庭为即将到来的过渡做好准备。干预措施应在罪犯尚未出狱时即已开始。美国的"绿灯家庭再融入项目"（Greenlight Family Reintegration Program）就包含了罪犯及其家庭均可参加的活动。该项目将重点放在了探索家庭成员支持罪犯回家的方法和协助家庭成员预计并在可能情况下解决家庭问题这两个方面。[①] 一些组织还为罪犯家庭开发了资源，以协助其度过罪犯重返社会这一过程。[②] 在越南，由"越南计划"（Plan Viet Nam）管理的一个少年犯社会再融入示范项目就为罪犯家庭

---

① See M. Bobbitt &M. Nelson, *The front Line: Building Programs that Recognize Families' Role in Reentry*, Issues in Brief, New York, Vera Institute of Justice, September 2004, p. 3.

② Canadian Families and Corrections Network, *Time's up: a Reintegration Toolkit for Families*, 2008.

提供了具体支持,如支持家庭成员到监狱探视罪犯、协助罪犯家庭为其回家做好准备、支持罪犯家庭寻求社区支持等。

(三)家庭支持的评估

尽管家庭是罪犯支持和援助的来源之一,但关于罪犯家庭在其重新融入社会过程中的角色和影响的评估性研究目前仍很少。① 一些证据表明,获得家庭支持更大的罪犯在就业和保持就业稳定性方面能够比那些获得家庭支持较少或没有的罪犯做得更好。②

四、卫生保健和社会保障服务

(一)必要性及措施

如前所述,保证矫治的持续性对罪犯个人健康和公共健康都是最重要的。出狱人在获取卫生服务方面通常面临许多障碍,包括经济和心理性质的障碍。

在一些国家,出狱人不在任何类型健康保险计划的覆盖范围之内,因而在获取卫生服务方面面临着严重困难。而且,出狱人可能难以主动前往诊所并向医生讲述自己的既往史。因此,本国社会保障计划一定要保证将出狱人覆盖在内,而如果不存在这种计划,则应保证出狱人就健康和社会保障问题接受某种类型的援助。在罪犯获释之前,就要协助罪犯与社区卫生服务机构包括艾滋病或肺结核诊所和药品依赖矫

---

① See Griffiths, Dandurand & Murdoch, *The Social Reintegration of Offenders and Crime Prevention*, p. 22.

② See Graffam & Others, *Attitudes of Employers, Corrective Services Workers, Employment Support Workers, and Prisoners*, Burwood, Victoria, Deakin University, School of Health and Social Development, 2004, p. 4.

治服务机构等建立联系。

（二）药物滥用与再犯

在监禁之前和监禁期间，罪犯吸毒和酗酒的比例都很高。出狱人吸毒和酗酒的比例较高，这将明显影响其寻求合法就业和稳定住所的能力。还有证据表明，药物依赖罪犯再犯的可能性最高，而且违反假释和缓刑条件的风险也最大。① 严重依赖药物的人通常都是累犯。正如有的研究表明的那样，"药物依赖罪犯陷入了一种恶性循环。除非在监狱内接受的毒瘾治疗在重返社会后能够继续，否则他们将很可能故态复萌，重新犯罪以维持其药物使用。无法获得适当的社区支持服务可导致罪犯一次次地重新入狱，从而使这种犯罪循环持续下去"。②

药物依赖社区矫治干预措施可通过各种循证项目提供给罪犯，包括戒毒服务、居住式项目（包括治疗小组项目）和门诊治疗项目等。描述药物滥用与犯罪行为关系的文献提出了许多建议，其中最为重要的一个，就是监狱矫治项目取得的成效只有在罪犯获释后继续得到充分后续关怀的情况下才能维持。③ 而且，既参加监狱矫治项目又参加后续关怀项目的罪犯获释后不再犯罪的可能性也更高。④

① See Harper and Chitty, *The Impact of Corrections on Re – offending*.

② See J. Burrows &Others, *Research into the Nature and Effectiveness of Drugs Through-care*, RDS Occasional Paper, No. 68, London, Home Office, Research, Development and Statistics Directorate, 2001.

③ See Griffiths, Dandurand &Murdoch, *The Social Reintegration of Offenders and Crime Prevention*, p. 23.

④ See H. K. Wexler &others, *Three – year Reincarceration Outcomes for Amity in – prison Therapeutic Community and Aftercare in California*, *The Prison Journal*, Vol. 79, No. 3, 1999, p. 321 – 336.

五、总体评估

至今,对现有罪犯重返社会支持项目进行的评估仍然很少,因此人们尚未就这些项目的相对效果达成任何共识。① 大多数重返社会项目尚未接受对照评估,因此那些最为成功的做法仍有待识别和阐述。但是,关于影响项目退出或完成的因素,包括受教育程度、婚姻状况、种族、年龄、生活状况和就业等,我们已知甚多。② 改善就业、住房和教育可改善项目退出率,并对罪犯再次成功融入社会有积极影响。

第四节　国际实践之三:社区角色

社会再融入努力的首要目标是为罪犯提供支持、协助和监管,从而帮助其在释放后过上远离犯罪的正常生活。但是,要使项目产生积极影响,社区明显也要作出积极响应。“社区参与已成为涉及城市、警方、学校、卫生和社会服务机构及私营部门的所有合作伙伴关系的基本元素。”③下面是对社区参与罪犯重新融入社会进程的具体讨论和实践做法。

一、社区积极参与的影响因素

广义上来说,存在许多影响社区参与获释罪犯重新融入社会的因

---

① See C. A. Visher, *Effective Reentry Programs*, Criminology and Public Policy, Vol. 5, No. 2, 2006, p. 299 – 302.

② See S. J. Listwan, *Reentry for Serious and Violent Offenders: an Analysis of Program Attrition*, Criminal Justice Policy Review, Vol. 20, No. 2, 2009, p. 154 – 169.

③ See M. Shaw, *Communities in Action for Crime Prevention*, Background paper prepared for the Sixth Annual Colloquium of the International Centre for the Prevention of Crime, Canberra, 14 – 15 September 2006.

素。首先,社区参与水平通常是由刑事司法体系的相对开发程度和透明度决定的。致力于实现较高透明、问责、健全和开放标准的刑事司法体系通常更容易接受各种形式的社区参与。相反,压制性的刑事司法体系通常很不情愿为社区参与或任何有意义的公民参与留出适当的空间。其次,一个国家实现的发展程度通常也是影响社区参与的一个因素,因为这将对社区的积极参与能力产生直接影响。最后,文化和政治因素也会影响非政府和志愿者服务的发展程度。在一些国家,非政府部门一直被主管部门劝离这一领域。在某些情况下,主管部门可能仍将任何形式的社区动员或组织视为对现有政治安排的一种潜在威胁。所有上述因素都不应被忽视。

二、如何促进社区参与

各国处理罪犯矫治和社区参与的做法往往大不相同。在发现社区参与对刑事司法过程中的好处后,它们会寻找各种方式促进这方面的进步,并寻找不同方法推动社区参与。在这方面,首先,国家应鼓励实务人员在吸引社区参与罪犯社会再融入工作方面发挥创造性。其次,社区参与罪犯矫治有三个切实可行的领域:(1)参与罪犯矫治、改造和社会再融入;(2)参与转向项目;(3)参与社区矫正、有条件释放、后续关怀和罪犯重返社会项目。从社区和潜在志愿者的角度看,这三方面的区别并不是特别明显。大多数服务于社区环境下的罪犯的社区组织都愿意在上述任一情形下工作。最后,监狱必须与社区组织、志愿者团体和非政府组织建立合作伙伴关系,以便为罪犯提供无缝干预活动,动员所有可用资源为罪犯提供服务,并在必要时实施监管。一些项目——特别是那些为罪犯提供机会从事某些社区服务或为社区充当志愿者的项目——通常对改造某些类型的罪犯非常有效,这些项目的成功实施通常取决于社区成员的积极参与。在协助罪犯就业方面,核心干预措施包括就业准备课程、职业教育、资格认证、就业培训、由案件管理人进行的工作安排和就业监控等。在所有这些领域中,社区组织和私营部门都有着为罪犯提供有效协助的独特优势,而非政府组织有助于保证社区参与被持续纳入政治议程并倡导变革。

在促进社区参与方面有许多实践做法。比如,在加拿大,面向有条件释放罪犯的社区服务和项目正在全国范围内的原住民社区中发展壮大,这些项目反映了原住民的传统文化和精神,且通常以恢复性和社区性司法理想为根据。① 加拿大面临风险的社区是原住民罪犯社区。在加拿大,原住民罪犯在各级刑事司法体系中的比例很不相称。10 多年前,加拿大矫正服务署和加拿大国家假释委员会制定了一个旨在改善原住民社区角色的框架。研究成果表明,加强罪犯与其家庭和社区之间的联系可改善项目成果并降低再犯率。因此,原住民社区获得了额外拨款,用于建设原住民罪犯康复小屋(healing lodges)。这种小屋是最低安全级别的原住民社区设施,它融合了原住民自己的价值观、传统和信念,能够为罪犯提供文化上正确的服务和项目,这成了原住民社区大规模参与罪犯社会再融入项目的开端。最初,尽管许多原住民社区都对康复小屋的建设颇感兴趣,但他们通常都缺乏规划、开发和实施社区替代项目的能力和技术。老年人在原住民社区工作的参与中发挥了重要作用,比如第一民族(First Nations)、米提族和因纽特族中的老年人在整个刑期中都为满足各种原住民罪犯的文化和精神需求做出了贡献。在矫正规划和干预方面,他们为那些希望按传统康复路径改造的

① See Griffiths, Dandurand & Murdoch, *The Social Reintegration of Offenders and Crime Prevention*, p. 32.

罪犯提供了指导和领导力量。最后，社区参与还通过原住民联络官的工作得到了加强。原住民联络官旨在协助监狱保证个别原住民罪犯及其社区的特定历史和需求得到理解和满足。他们还促进了罪犯与非原住民监狱工作人员之间的互动，从而保证了罪犯的精神和文化需求得到满足。

再如，在斐济，监狱和矫正服务署将品牌用作营销、推广其工作的一种手段，将新加坡的黄丝带项目进行了本地化定制，以改变公众思维、鼓励开展对话并建立合作关系，以意识、接纳和行动（社区行动）等主题为基础，将目标对准了学校、村庄、城市和城市周边定居点和社区、教堂和私营部门，并利用所有形式的媒体传播每个罪犯都需要第二次机会这一讯息。[①] 在印度，奥里萨邦的一所开放式监狱让罪犯参加了重要的人道主义工作，在向被淹村庄发放救援物资时，他们让罪犯提供了援助。这种社区参与有助于社区认可罪犯再次成功融入社会的潜力，特别是在他们将罪犯视为愿意以积极方式参与的社区利益相关方的情况下更加有效。

三、志愿者的使用

志愿者的使用是推动社区参与并为罪犯提供急需支持的一种高效方式。在日本，志愿缓刑官会在主缓刑官推介的案件中就罪犯改造为职业缓刑官提供协助。他们的改造支持活动主要包括：（1）对缓刑人员和假释人员实施监管并提供协助；（2）就罪犯获释后的生活环境展开调

---

① See I. Naivalurua, *Community Social Reintegration: the Fiji Approach*, in *Survey of United Nations and Other Best Practices in the Treatment of Prisoners in the Criminal Justice System*, K. Aromaa &T. Viljanen, eds., HEUNI Publication Series, No. 65, Helsinki, European Institute for Crime Prevention and Control, affiliated with the United Nations, 2010, p. 42.

查;(3)对最终将被赦免的罪犯开展预评估。在肯尼亚,社区志愿者在为边远地区罪犯提供缓刑和后续监管及协助方面扮演着非常重要的角色。

四、支持责任圈(circles of support and accountability)的建立

支持责任圈是旨在降低刑满释放犯罪人重返社区后再犯风险的社区再融入项目之一。以宗教社区为根基,支持责任圈旨在通过与警方、社区团体、受害人及矫治专家合作的方式改善公共安全。这种类型的项目最初是由加拿大作为弥补政策服务缺口的一种手段构思出来的,针对的是那些服完全部刑期后获释的罪犯。这些罪犯获释后没有任何正式的后续关怀程序,且没有任何援助或监管措施。该项目的设立是基于以下假设,即由于社区支持或其他资源的缺乏,出狱人很可能无法再次成功融入社会。而且,这类罪犯中许多都是没有得到矫治的性犯罪人,他们重返社区时引起媒体高度关注的可能性非常高。

为创建项目,项目核心成员(即罪犯)须与多达 7 名圈内志愿者达成协议。对双方而言,参与都是自愿的。但是,协议一旦达成,它将成为所有参与者均可期待的支持与责任的实施路线图。项目的外部"专业"活动指由受过专业培训的参与者及官方执法或矫正机构代表提供的支持、指导和干预活动。[①] 该项目是社区参与及社区与司法体系之间成功合作的良好范例。参与项目的志愿者都是从社区精心挑选出来的,受过专业训练且得到了适当支持。

---

① See R. E. Brown &Y. Dandurand, *Successful Strategies that Contribute to Safer Communities*, in Selected Papers on Successful Reduction and Prevention Strategies in the Urban Context, S. Maio, ed. ,Riyadh, Naif Arab University for Security Sciences, 2007.

五、恢复性社区司法

社区的恢复性司法程序能够打造社会资本，提高社区在支持罪犯重返社会方面的接受和参与程度。人们经常发现，恢复性司法框架在罪犯重返社会领域的适用不仅以个人干预为特征，而且以帮助社区构建自身适应力、能力和集体效能，以便对罪犯实施非正式社会控制并将自身价值观施加于罪犯为特征。实际上，社区不仅是非正式社会支持的来源之一，而且是非正式社会控制的来源之一。“社会关系在恢复性司法程序中及再融入背景下获得的重要性系源于以下认识，即社区是市民及社区团体之间各种关系组成的一个相互联系的网络，作为一个整体，它拥有促进裂缝愈合和罪犯社会再融入的资源。”①

六、社区面临的风险及其应对

许多贫困、劣势社区比其他社区面临着更高的犯罪率，而且其每年被监禁和释放的人数比例也要大得多。出狱重返社区的罪犯在城市或地区中的分布并不均匀，其中很大比例都回到了劣势、脆弱社区，而这又给罪犯和整个社区带来了特殊挑战。一些社区可能特别脆弱，这是一个必须予以考虑的事实。

实践中，重返罪犯映射法(mapping)使官员能够与社区进行协作，明确罪犯获释后的落脚点，从而减小罪犯对那些地方的潜在影响，并协助其制定让罪犯享受服务的规划。重返罪犯映射是一个以促进社区参与协助出狱人重返社区为目标的战略。它以罪犯及其家庭和社区的需求为重点。该方法的关键要素包括：(1)争取社区利益相关方的支持和

① See G. Bazemore &C. Erbe, *Operationalizing the community variable in offender reintegration: theory and practice for developing intervention social capital*, *Youth Violence and Juvenile Justice*, Vol. 1, No. 3, 2003, p. 254.

参与;(2)开发一套多元、互补的宣传方法;(3)以策略方式呈现研究结论,从而为积极的社区行动创造基础。

七、总结

从各国的总体情况来看,社区对出狱人社会再融入项目的反映并不总是很积极的。罪犯离开和返回社区都会对其家庭和广大社区带来挑战。但是,社区群体通常存在一种惩罚性思维,在这种思维下,社区往往过度依赖于刑事司法体系为罪犯提供监管和支持服务,因此社区项目的运作空间非常有限。并且实践中还存在一种倾向,即将社会再融入项目过窄地聚焦于罪犯风险因素的管理和需求的响应,这种倾向也许是一个错误。这样做的后果是,社区在罪犯再次融入社会过程中的首要角色有时会被遗忘。因此,再融入项目必须同时专注于构建罪犯的社会支持和控制关系网这一关键目标。协助罪犯重新融入社会将对社区安全和福祉产生影响。因此,协助努力必须同时考虑罪犯需求及其对社区安全造成的风险。一些治权通过组建服务提供商联盟的方式与社区建立了合作伙伴关系,从而得以协调针对罪犯重返社会提供的全面服务。① 研究表明,四个方面的因素或许可为社区参与应对再犯提供帮助,即人力资本(社区成员带来的个人资源)、社会资本(人们发动社区内个人关系的能力)、社会网络和集体效能。② 为了激发并保持社区对协助和监管项目的兴趣和参与,在以上四个方面制定具体的社区参与战略,对于促进社区本身在出狱人再次成功融入社会中扮演关

---

① See J. Roman &Others, *Impact and Cost – benefit Analysis of the Maryland Reentry Partnership Initiative*, Washington, D. C., Urban Institute, Justice Policy Center, 2007.

② See T. C. Clear, E. Waring &K. Scully, *Communities and Reentry*: *Concentrated Reentry Cycling*, in Prisoner Reentry and Crime in America, in J. Travis and C. A. Visher, eds., Cambridge, Cambridge University Press, 2005, p. 186.

键角色应当是有益的。

第五节　我国的实践

关于我国对罪犯提前释放、释放后项目及其监督管理和后续关怀措施，本节根据我国的特色实践，从三个角度予以论述：一是特赦，二是社区矫正，三是安置帮教。其中，社区矫正制度所包含的管制、缓刑、保外就医本来应当属于本书下一章“非拘禁的重新融入社会项目”，但是为了保证社区矫正制度介绍的完整性，在本节中一并论述。

一、特赦

特赦属于提前释放的一种措施。特赦是国家依法对特定罪犯免除或者减轻刑罚的制度，也是一项国际通行的人道主义制度。我国现行宪法规定，全国人大常委会决定特赦，国家主席发布特赦令。中华人民共和国成立以来有过9次特赦，前7次特赦只是针对中华人民共和国成立初期的一些政治犯。2015年，为了纪念中国人民抗日战争暨世界反法西斯战争胜利70周年，经全国人大常委会决定，国家主席签署特赦令，实施了第8次特赦，针对2015年1月1日前正在服刑、释放后不具有现实社会危险性的四类罪犯实行特赦，具体包括正在服刑的在中华人民共和国成立前或中华人民共和国成立后参加过保家卫国和反侵略正义战争的人员，和符合条件的老年犯和未成年犯，共约2.1万人，直接进入社区矫正。此次特赦是和我国长期坚持的宽严相济的刑事政策和刑法人道主义的立场和做法相一致的，是实施宪法规定的特赦制度的创新实践，具有重大的政治意义和法治意义。从实际效果看，发挥特赦的感召效应，激发了人民群众的爱国热情，促进了社会和谐稳定。

二、社区矫正实践[①]

（一）概况

社区矫正制度是我国在总结实践经验、认真研究论证的基础上，通过《刑法》和《刑事诉讼法》的修改以及《社区矫正法》的颁布所确立下来的法律制度。我国的社区矫正是对符合法定条件的罪犯，由社区矫正机构在判决、裁定或者决定确定的期限内，矫正其犯罪心理和行为恶习，并促进其顺利回归社会的非监禁刑罚执行活动。社区矫正工作是我国司法体制和工作机制改革的一项重要内容，做好社区矫正工作，对于加强和创新社会管理，贯彻宽严相济刑事政策，具有重要的意义。

社区矫正的适用对象由法律规定。根据《刑法》、《刑事诉讼法》和《社区矫正法》的规定，管制属于非监禁性质的刑罚，对罪犯不实行关押，但对其行为进行一定限制，并依法实行社区矫正；缓刑是对所判刑罚附条件不执行的刑罚制度，对被判处拘役、三年以下有期徒刑的罪犯，符合缓刑条件的，可以宣告缓刑，并在考验期限内依法实行社区矫正，在缓刑考验期限内没有发生法定撤销缓刑的情形，原判的刑罚就不再执行；假释是附条件提前释放的刑罚制度，对被判处有期徒刑、无期徒刑的罪犯，在执行期间确有悔改表现没有再犯罪危险的，执行一定的刑期后，可以假释，并在假释考验期限内依法实行社区矫正；暂予监外执行是对符合法定条件的罪犯在监狱外执行刑罚并依法实行社区矫正

① 本标题项下的统计数据来源于司法部社区矫正管理局编写的《2012－2017 全国社区矫正工作统计分析报告》，法律出版社 2018 年版。

的制度，适用于有严重疾病需要保外就医、怀孕或者正在哺乳自己婴儿的妇女、生活不能自理的情形。

关于社区矫正的机构和队伍建设，截至2017年年底，全国各省（区、市）和新疆生产建设兵团司法局均设立了社区矫正局（处），全国99%的地（市、州）司法局单独设立了社区矫正局（支队、处、科），98%的县（市、区）司法局单独设立了社区矫正局（大队、科、股）。社区矫正工作队伍包括三类人员，即从事社区矫正的国家工作人员、社会工作者和社会志愿者，其中，社会工作者是通过政府购买公共服务方式招聘的具有一定专业知识的专门协助从事社区服刑人员管理的工作人员，社区矫正志愿者是指热心社区矫正工作，自愿无偿协助对社区服刑人员开展教育帮扶等工作的人员。截至2017年年底，全国省、市、县三级专职社区矫正国家工作人员总数为12610人，专职从事社区矫正工作的警察共计3017人，从事社区矫正工作的社会工作者80008人，社会志愿者659352人。2012～2017年，专职社区矫正国家工作人员的配比率一直处于1.5%～1.8%的较低水平，社区矫正志愿者队伍数量总体保持平稳趋势，与社区服刑人员数量接近1:1的比例。

我国的社区矫正从2003年开始试点，2009年开始正式实施，社区矫正机构从无到有，专职和兼职队伍也日益壮大，非监禁刑罚执行方面收到了很好的社会效应，得到了全社会的充分肯定。截至2017年年底，我国各地累计接收社区矫正对象3709399人，累计解除矫正3015724人，在册社区矫正对象524163人。社区矫正对象中，缓刑的占92.1%，假释的占4.0%，其他两类人员相对较少。随着宽严相济刑事政策的推行，宣告缓刑人数逐年增加，2017年与2012年相比，缓刑人数占社区矫正对象总数的比例由82.2%提高到92.1%。宣告缓刑人员中的严重犯罪人员数量也不断提高，监管难度不断增大。2014年以后，假释、暂予监外执行人数占比呈逐年下降趋势,其中,假释人数下降幅度最大,2012 年假释人员占在册社区矫正对象总数的 11.4% ,2017 年则下降到 4.0% 。绝大多数社区矫正对象能够认真接受矫正,遵纪守法意识和社会责任感明显增强。社区矫正对象在矫正期间的再犯罪率一直为 0.2% 左右。根据近年监狱押犯及社区矫正对象的统计数据来看,监狱押犯逐年下降,社区矫正对象比例不断提高,社区矫正的工作任务进一步加重。①

(二)社区矫正的具体实践

社区矫正试点 18 年以来的实践中,各地以提高矫正质量为核心,加强对矫正方法的研究和实践,取得了积极成效。具体围绕以下几个方面开展工作。

1. 社区矫正适用前的调查评估

2012 年《社区矫正实施办法》首次明确了调查评估制度。调查评估,是指人民法院在作出管制、缓刑、假释、暂予监外执行的判决、裁定和决定前,人民检察院在提出对被告人适用社区矫正的量刑建议前,公安机关、监狱在决定对罪犯暂予监外执行前,需要调查其对所居住社区影响的,可以委托县级司法行政机关进行调查评估。受委托的司法行政机关根据委托机关的要求,对被告人或者罪犯的居所情况、家庭和社会关系、一贯表现、犯罪行为的后果和影响、所居住社区居民和被害人意见、拟禁止的事项等进行调查了解,形成评估意见,及时提交委托机关,作为能否适用社区矫正的参考依据。

---

① 司法部社区矫正管理局:《2012 - 2017 全国社区矫正工作统计分析报告》,法律出版社 2018 年版,第 4 页。

2017年,新接收社区矫正对象的调查评估率达到58.4%,比2012年提高了34.5%。但总体来看,调查评估率还是不算高,而且各地发展不平衡,其中最高的宁夏回族自治区达到98.4%,最低的为西藏自治区,仅为1.6%。实践证明,通过开展适用前调查评估,可以促使决定机关从有利于教育矫正罪犯的角度,依法准确适用社区矫正,有利于加强决定机关和执行机关的衔接,避免出现罪犯脱管、漏管现象,也有利于执行机关提前掌握情况,制定有针对性的矫正方案。

2. 对社区矫正对象实施监督管理、教育矫正和社会适应性帮扶

在监督管理方面,制定了社区矫正对象报到、居住地变更、外出请销假、教育学习、违规惩戒等监管制度,在社区成立了由执法人员、社会志愿者、社区矫正对象所在单位、就读学校、家庭成员等组成的矫正小组,通过谈话、走访等方法,加强对社区矫正人员的监管。2017年,通过手机、电子腕带等终端设备对社区矫正对象实施定位管理的电子监管率达到76.7%,比2012年提高了47.3%。[①] 电子监管大大提高了监管工作的便捷性和有效性。2012~2017年全国社区矫正对象社区矫正期间的警告率呈现明显的上升趋势,收监执行率、脱管率和社区矫正期间的再犯率的平均值也都保持在较低的水平,社区矫正对象的监管越来越严格,执法越来越规范。

在教育矫正方面,加强对社区矫正对象的思想教育、法制教育、社会公德教育,组织有劳动能力的社区矫正对象参加打扫公共卫生、照顾孤寡老人、绿地维护、植树造林等社区服务,修复社会关系,培养其社会

① 2013年1月,司法部出台《社区矫正信息管理系统技术规范》和《社区矫正人员定位技术规范》,为社区矫正信息化建设提供了标准和依据,助推了电子监管的快速发展。2017年4月,司法部对上述两个规范进行了修订,并提出"电子监管率不低于70%"的考核要求,使全国社区服刑人员电子监管率明显上升。司法部社区矫正管理局:《2012-2017全国社区矫正工作统计分析报告》,法律出版社2018年版,第25页。

公德意识和良好的行为习惯;根据社区矫正对象的犯罪类型、性格特点、家庭环境等情况,开展个案矫正,探索心理健康教育、心理咨询和心理危机干预等心理矫正方法,以增强教育改造效果。从统计的数据来看,2017 年,全国社区矫正对象人均教育矫正次数平均 17.2 次,2012 ~ 2017 年全国社区矫正对象人均教育矫正次数逐年递增。

在社会适应性帮扶方面,将符合最低生活保障条件的社区矫正对象纳入城市最低生活保障范围,为符合条件的农村籍社区矫正对象落实承包田,为有需求的社区矫正人员提供技能培训和就业、就学指导等。数据显示,2012 ~ 2017 年对社区矫正对象组织社会适应性帮扶总人次和人均社会适应性帮扶次数呈逐年下降趋势,在一定程度上反映出各地重监管、轻帮扶的现象。社会适应性帮扶在运行机制、工作制度、教育帮扶基地建设等方面仍存在不足。①

3. 重视加强部门之间的协调配合

社区矫正工作由司法行政机关负责指导管理、组织实施,由县级司法行政机关社区矫正机构对社区矫正对象进行监督管理和教育帮助,司法所根据社区矫正机构的委托承担社区矫正的日常工作。人民法院作为决定机关,依法充分适用非监禁刑罚和减刑、假释等刑罚执行措施,在案件审理过程中对可以适用社区矫正的案件,对罪犯进行审前调查评估和社区矫正庭审教育,定期回访考察,及时了解罪犯接受社区矫正的有关情况。人民检察院履行监督职责,对社区矫正各执法环节依法实行法律监督。公安机关对违反治安管理规定和重新犯罪的社区矫正人员及时依法处理。人力资源和社会保障、民政、工商、税务等部门

① 司法部社区矫正管理局:《2012 - 2017 全国社区矫正工作统计分析报告》,法律出版社 2018 年版,第 39 页。

按照法律和政策规定，向社区矫正人员提供最低生活保障、就业指导、创业扶持等帮助，解决其工作和生活上遇到的困难和问题。财政部门为社区矫正工作提供必要的经费支持等。

4. 积极争取社会力量参与社区矫正工作

各地广泛招募了包括专家、学者、离退休人员、高等院校学生在内的社会志愿者参与到社区矫正工作中来，还积极探索与非政府组织进行合作。如上海市以政府购买服务的方式，启动司法行政机关与“新航社区服务中心”（民办非企业单位）的合作，该中心依据执行机关设定的工作目标，组织社会工作者具体实施矫正项目。北京市各区县成立了“阳光社区矫正服务中心”，为社区矫正人员提供集中教育、过渡性安置、技能培训等服务。

总的来看，我国的社区矫正取得了较好的成绩，但是还存在一些需要加强和改进的地方，如社区矫正方法措施有待进一步丰富完善，矫正质量的评估指标和体系需要进一步确立，信息化管理方法有待进一步加强等。

三、安置帮教

安置帮教，指的是在各级政府领导下，依靠各有关部门和社会力量对刑满释放、解除社区矫正人员进行的一种非强制性的引导、扶助、教育和管理活动。安置帮教工作的对象是指刑满释放 5 年以内和解除社区矫正 3 年以内的人员。实践中，各地建立起由社会治安综合治理委员会指导协调，以司法行政部门为主，相关成员单位密切配合、齐抓共管，社会力量积极参与的刑释解矫人员安置帮教的工作格局。

安置帮教工作主要包括以下几个方面：一是人员接收。收到《刑满释放人员通知书》或《解除劳动教养人员通知书》后应及时登记，7 天内通知家人及亲属到监狱或劳教所接回。刑释解教人员回归后,7 天内上门家访,了解刑释解教人员的基本情况,发现问题,及时帮助解决,减少脱管、失控现象发生。二是请示报告。对工作中出现的重大问题应及时逐级上报,不得隐瞒不报,紧急情况要边处置边报告。上级部门对请示的问题要及时研究,尽快予以批复。三是建档统计。司法部门对帮教安置对象要逐人建档。帮教安置对象的犯罪情况、改造表现、家庭成员、社会关系、接受教育、考核鉴定等情况要记入档案。帮教安置组织要建立起帮教安置工作情况统计报表制度。统计报表和统计数据分析,要保证真实、准确,不得拒报、错报、漏报、虚报和瞒报。四是培训工作。帮教安置组织要建立帮教安置工作者的学习培训制度,采取多种形式对专业帮教安置工作者和社会志愿者进行业务培训,确保帮教安置工作的质量。五是信息报送。帮教安置组织要加强信息与报送工作,坚持客观性和实效性的原则,收集、整理本地区帮教安置工作的经验、做法、重要活动及典型案例等各种帮教安置工作信息,及时逐级上报。六是监督检查。司法行政机关、公安机关的帮教安置执行工作受人民检察院的监督。司法行政机关、公安机关对人民检察院的监督工作应予配合。各级帮教安置组织要进一步加强自身建设,建立和完善内部监督检查制度。要积极接受纪律检查监察部门的监督和上级帮教安置组织的监督检查。

近年来,一些地方动员社会团体、民办非企业单位、基金会、社会中介组织以及城乡社区社会组织,参与对刑满释放人员的教育帮扶,帮助他们解决生活工作学习中遇到的困难、问题,促进了刑满释放人员顺利融入社会。比如,实践中,2003 年成立的深圳市阳光下之家社会帮教服务中心,简称“阳光下之家”,又称“阳光下之家刑释解教人员帮教中心”,是国内首个刑释解教人员帮教服务中心,也是国内最专业的为刑满释放人员提供社会帮教志愿服务的非政府(NGO)组织。中心主要为刑满释放、犯案在逃、监狱服刑、社区矫正人员,以及他们的亲属提供社会帮教服务。多年来,凭借着出色的成绩,中心赢得了社会各界的广泛好评。

尽管如此,安置帮教工作还存在一些问题,比如工作部门重视不够、配合不力,衔接管理工作不规范、刑释人员底数难掌握,刑释人员流动现象严重、人员难衔接,刑释人员职业技能培训和劳动就业难度大,人员难安置,缺乏专职工作人员以解决应对刑释人员心理问题及各方面问题等困难有待进一步解决。①

第六节　思考与建议

如前几节所述,国内外为出狱人员提供重返社会和社会再融入支持有着不同的方法。比如,有条件释放(假释项目),根据明确的决策标准和程序,并且附加条件地将罪犯送到社区监管一个时期,以便协助对罪犯的监管并应对其个人需求和风险因素。除此之外,其他后续关怀和重返社会干预措施则以向罪犯提供协助、以便其从监狱顺利过渡至社会为重点。政策制定者和实务人员越来越重视寻找适当的项目和战略,以便通过协助罪犯再次成功融入社会的方式防止其再次犯罪。社区安全要求政府和社区共同制定有效的干预措施,以协助出狱人员重

① 对于刑满释放人员来说,心理问题是很大障碍,也是工作重心。"刑满释放人员的首要需求就是正常融入社会,他们希望做回普通人,好好生活下去,但该群体在社区中受到排挤和歧视的现象比较严重,表现为生活上不待见、语言上不客气、行为上不亲近。"广州市荔湾区友善社会服务中心理事长许梦阳表示,他们对该区在册的刑满释放人员做了一次调研,结果显示,调研对象普遍存在冷漠、自闭、焦虑等心理问题。

新融入社会并停止犯罪。[①] 经验表明,一些最有效的项目通常是那些在监管与援助之间找到了正确平衡的项目。国外和国内释放后罪犯重新融入社会的实践情况为改善我国的相关实践带来一定的参考。

一、加强关键因素的考量

在设计实施刑满释放罪犯的重新融入支持项目时,需要将一些关键因素纳入考量。对影响罪犯再次成功融入社会的变量的研究表明,就业、住房、毒瘾矫治和社交网络支持之间是相互依赖的。[②] 这些因素与罪犯获释时面临的现实挑战有关,如收入非常有限,但仍须寻找适当住所;在开始挣钱之前,经济上没有或只有很少的积蓄;必须购买一系列日常生活用品;必须接受旨在满足其特定需求的服务和支持等。[③] 由于社区监管带来的压力和获释后通常面临的污名,这种困难可能会加剧。对罪犯而言,从监狱生活到社区生活的过渡可能特别困难。

二、注重罪犯释放前后关键节点的把握

人们发现,罪犯释放前后的几个星期对于其再次成功融入社会的前景非常关键。澳大利亚(昆士兰州)[④]的一项研究报告说,约一半的受访样本罪犯表示在获释之前的几个星期内遭遇了至少为中等程度的心

---

① Griffiths, Dandurand &Murdoch, *The Social Reintegration of Offenders and Crime Prevention*, p. 2.

② See C. A. Visher, *Returning Home: Emerging Findings and Policy Lessons about Prisoner Reentry*, Federal Sentencing Reporter, Vol. 20, No. 2, 2007, p. 95.

③ See C. A. Visher, *Returning Home: Emerging Findings and Policy Lessons about Prisoner Reentry*, Federal Sentencing Reporter, Vol. 20, No. 2, 2007, p. 4.

④ See S. A. Kinner, *The Post – Release Experience of Prisoners in Queensland*, Brisbane, University of Queensland, Queensland Alcohol and Drug Research and Education Centre, March 2006.

理困扰问题。许多罪犯甚至表示，在获释之前，其精神健康受到了损害。社会支持可减轻罪犯的敌对感受及其潜在心理问题的影响。① 因此，我们必须开发以这一特殊过渡节点为重点的支持项目。

三、运用个性化案件管理方法

个性化案件管理方法的开发非常重要。出狱人员并非一个具有同一性的群体。他们从监狱过渡至社会的经历并不相同。② 许多人犯罪记录很多，而其他人则不然。一些人服刑时间较长，已经与家庭成员和社区失去了联系，而其他人的服刑时间则较短。而且，一些人还存在药物滥用或精神疾病问题，抑或两者兼而有之。在理想状态下，后续关怀和重返社会援助项目应以个案管理方法为依据，并设计一系列干预措施。这些干预措施应以协助罪犯习得其在社会取得成功所需的技能、应对其个人挑战及与其犯罪行为相关的风险因素、解决就业、交通或住房等相关现实问题、建立必要的社会联系和关系等为目标，从而协助罪犯为其释放做好准备。许多这类干预措施都涉及一定形式的监管。③ 2009 年，加拿大不列颠哥伦比亚省社区矫正和社团项目处开发了一种有效的个案管理模式，分为以下四个步骤：一是罪犯评估，以确定其风险和需求；二是进行个案规划，识别最有效的干预措施以解决罪犯的风险和需求，并实现对其的改造；三是个案的实施，完成干预措施，这里涉

---

① See A. Hochstetler, M. Delisi &T. C. Pratt, *Social Support and Feelings of Hostility among Released Inmates*, Crime and Delinquency, Vol. 56, No. 4, 2010, p. 588 – 607; S. J. Bahr & Others, *Successful Reentry: What Differentiates Successful and Unsuccessful Parolees?*, International Journal of Offender Therapy and Comparative Criminology, Vol. 54, No. 5, 2010, p. 667 – 692.

② See A. J. Shinkfield &J. Graffam, *Community Reintegration of Ex – prisoners: Type and Degree of Change in Variables influencing Successful Reintegration*, International Journal of Offender Therapy and Comparative Criminology, Vol. 53, No. 1, 2009, p. 29 – 42.

③ Dandurand &Others, *Conditional Release Violations*, Suspensions and Revocations, p. 5.

及将罪犯移交给提供矫治服务的相关项目或机构；四是个案评估，对罪犯进行再评估，以确定干预措施的效果，对方法进行修正，以推动进展。①

四、完善社区矫正制度和实践

第一，应当建立和完善相关法律制度，依法规范推进社区矫正工作。2011年2月出台的《刑法修正案（八）》和2012年3月修改后的《刑事诉讼法》，都对社区矫正作出规定，这标志着我国社区矫正法律制度的确立。2012年年初，最高人民法院、最高人民检察院、公安部、司法部联合制定《社区矫正实施办法》，统一规范了社区矫正人员接收、管理、考核、奖惩、解除矫正等各个环节的工作制度。2019年12月28日，我国《社区矫正法》经第十三届全国人大常委会第十五次会议表决通过，自2020年7月1日起施行，在法律层面，明确了自我国社区矫正试点以来严重困扰司法行政机关社区矫正机构、人民法院和拟接受社区矫正的对象们的一些关键问题的解决，比如，明确了社区矫正的执行地、电子定位得到合理规范、合理设置社区矫正对象的请假制度。下一步，如何推动社区矫正工作依法规范发展，如何实施和改善社区矫正法，需要社会各阶层共同努力。

第二，丰富矫正措施和方法，不断提高社区监管教育矫正质量。继续完善分类管理、有效监督机制，督促社区矫正对象严格遵守各项监督管理规定，防止脱管、漏管和重新违法犯罪。加强教育矫正，综合运用思想教育、心理矫正、社区服务等方法，促进社区矫正对象心理和行为的转变；广泛动员社会力量，特别是发挥家庭、亲属的作用，参与对社区

① 2010年在温哥华举办的亚太矫正管理者会议材料。

矫正对象的教育,增强教育效果。探索建立矫正质量评估机制,围绕矫正目标,分阶段对社区矫正对象进行评估,及时调整完善矫正方案,增强教育矫正的针对性和实效性。做好帮扶工作,加强对确有困难的社区矫正对象的救助,为社区矫正人员实现就业争取政策支持,提高其自食其力和融入社会的能力。

第三,提高社区矫正的信息化建设水平。加强社区矫正信息化建设,完善全国社区矫正工作信息化技术规范,探索建立全国联网的社区矫正人员信息数据库,开发社区矫正信息管理系统,运用信息技术对社区矫正人员进行监督管理,提高社区矫正质量和效率。

第四,广泛动员社会力量参与社区矫正工作。注重政策引领,不断完善相关制度体系和奖励政策。加强部门之间的协调配合,建立一体化联动机制。整合社会资源,培育孵化专业社会组织,加大政府购买服务力度,切实提高社区矫正的社会化、专业化水平。加大宣传力度,注重宣传效果,进一步提升社区矫正的社会影响力,进一步赢得群众的理解和支持,为工作开展营造良好的舆论氛围,提升社会影响力和群众支持度。

五、积极推进安置帮教

开展安置帮教工作,一是做好刑满释放人员的工作衔接。对于实践中存在的自报身份、身份信息不详、身份虚假等问题,从实际工作角度考虑,公安机关掌握人口资源信息方面具备优势,对于身份核实也责无旁贷,因此应当由公安机关对刑满释放人员核实确认身份,以最大限度避免出现刑释人员的脱管,顺利实现工作衔接。二是整合社会资源做好安置帮教的核心即帮教工作。帮教的关键是心理疏导和职业培训。做好这两项工作需要提高安置帮教队伍的素质。参与帮教工作的人最好应该懂一些教育学、犯罪学、心理学、社会学，或者有过司法工作经验。为解决职业技能培训问题，各级财政要加大对服刑人员职业技能培训的经费投入，由监管部门会同人力资源与社会保障部门对即将刑释人员的再就业培训经费提前列支工作应在释放之前完成，并在经济困难地区和服刑人员较多的地区由中央财政给予适当的补贴。三是注重利用国家政策做好刑释人员的安置和保障工作。比如，充分利用国家就业困难人员扶持政策，同时对特殊的刑满释放人员适当放宽就业困难人员认定标准。充分利用最低生活保障，尤其是个案救助等特殊政策规定，解决特殊刑释人员的生活保障问题。[①] 总之，安置帮教工作牵涉面广、政策性强、工作难度大，有的群众还不理解，这就需要各级党委政府的高度重视和大力支持，需要有关部门的密切配合，齐抓共管，更需要全社会的广泛参与。各级司法行政部门特别是基层司法所是承担安置帮教工作的主体，要改变目前司法行政机关一家孤军奋战的局面，整合社会资源，动员组织社会力量参与帮教工作，消除社会上对刑释人员的偏见和歧视，营造全社会共同关注、理解和支持安置帮教工作的良好氛围。

① 陈雄飞：《当前安置帮教工作中存在的主要问题与建议》，载《犯罪与改造研究》2010 年第 1 期。

CHAPTER 04 >>

第四章

非拘禁的重新融入社会项目

本章对非拘禁的重新融入社会干预措施进行了考察,非拘禁措施有两个方面:一是社区制裁,二是转向措施。本章的重点是运用社区制裁(社区矫正)支持罪犯的社会融入进程。本章解释了社区刑(如缓刑或社区服务令)通常是如何在罪犯被正式定罪后以更有效的方式促进其社会融入的。由于按照程序对罪犯进行正式指控、宣判和惩罚并非总是保证其改过自新并在社会上遵纪守法的最佳方式,因此,本章还涉及了“转向”措施。在适当案件中,特别是涉及少年犯的案件中,将罪犯转出刑事司法程序并就其个人行为和状况设计替代性应对措施通常更为有效。

第一节　国际标准与我国法律规定

一、国际标准

《东京规则》以鼓励创设基于社区的监禁替代方式为目标，它指出，“应鼓励制定和密切监督新的非拘禁措施”（第2.4条）。该规则还指出，应根据法律保障措施和法制，“考虑在社区内对罪犯加以处理，避免诉诸正规的诉讼或法院审判”（第2.5条）。《东京规则》强调，“为了配合犯法行为的性质和严重程度、罪犯的个性和背景以及保护社会的需要，并避免不必要地使用监禁办法”（第2.3条），应规定出一套范围广泛的非拘禁措施。在执行非拘禁措施时，应力求“在罪犯的个人权利与受害者的权利和社会对于公共安全和预防犯罪的关注之间达到妥善的平衡”（第1.4条）。

对于女犯，《曼谷规则》规定，不应在不适当考虑女性罪犯的背景和家庭联系的情况下，将她们与家人和社区分开（第58条）：“只要适当和可能，应尽量实施替代方式管理犯有罪行的妇女，例如转移方向措施和审前及量刑替代安排等。”就怀孕妇女或儿童唯一或主要看护人进行量刑或就其审前措施作出决策时，只要可能和适当，即应优先考虑非拘禁措施。

对于少年犯，《联合国儿童权利公约》及其他国际标准规定，监禁应仅作为最后措施使用[《联合国儿童权利公约》第37条第(b)小款]。在决策过程中的任何节点，均可对少年犯适用转向措施。为此，主管部门可向警方、检方或处置少年犯的其他机构授予无须正式听证即自行处置这类案件的自由裁量权。为协助少年犯相关案件的酌情处置，主管部门还必须提供社区项目,如临时监管和指导、受害人的赔偿和补偿等。在涉及少年犯的情况下,转向措施的使用不一定要局限于轻微案件。这一规定使转向措施成了响应少年犯需求的一项重要策略,甚至可适用于少年犯实施了更为严重罪行的情形。

二、我国法律规定

在判决前阶段,我国规定了取保候审制度和监视居住制度,以及通过刑事和解在侦查阶段由公安机关终结案件和在检察阶段由检察机关做出不起诉决定。在判决阶段,我国法律规定了罚金、没收刑罚和缓期执行制度。判决后阶段,我国法律规定了假释和特赦制度。上述关于非拘禁措施是我国《刑事诉讼法》、《刑法》和《宪法》中明确规定的。

第二节　国际实践之一:非拘禁制裁

一、量刑政策

监禁或非拘禁制裁的使用应受刑法管辖,且最好应有清晰、明确的量刑政策作为指导,尽管并非所有国家都已通过上述政策。在一些国家,量刑政策基本上止步于重申平等和相称原则,以及承认潜在加重或减轻情节在量刑过程中的相关性。罪犯改造和社区保护有时被确定为正式目标,但通常并没有如何实现这些目标的具体规定。实现制裁的个性化、以便其不仅考虑犯罪的严重性和罪犯的罪责程度,而且考虑罪犯的需求、处境和特征这一必要性并没有得到充分认可。最后,在许多情况下,量刑政策实际上就如何且何时将非拘禁措施作为一种改造手段使用保持了沉默。

国际标准为国家量刑政策的阐述及必要时的立法化提供了一个总体框架。但是,制定和实施这种政策以防止过度使用监禁措施的责任在于各国政府。量刑政策应保证,量刑实践既反映了现代刑事法律规定的一系列潜在制裁措施的最佳运用,又推动了罪犯的改造和社会融入,同时还促进了公共安全。

二、非拘禁制裁的类型

除监禁外,还有一系列范围广泛的刑罚措施可用于制裁或处置罪犯。这些制裁或处置措施不仅具备可接受的惩罚性可促使罪犯就其罪行负责,而且可直接促进罪犯的改造和社会融入。具体而言,这些制裁或处置措施包括:缓刑和司法监管;社区服务令;口头制裁,如训诫、申斥和警告等;有条件释放;剥夺罪犯某些社区权利的身份处罚;经济制裁和金钱处罚,如罚款和日罚金等;没收或征用令;赔偿或补偿受害人令;中止或推迟刑期,即作出监禁判决,但同时宣布刑期执行根据法院设定的条件中止一段时间;移交至教导中心(attendance center),即罪犯白天参加活动、晚上回家休息的设施;软禁;其他任何形式的非监禁机构待遇;上述措施的某些组合。[①] 在这些非拘禁刑中,一些(但非全部)需要有相应的管理架构才能成为现实的监禁替代方式。

三、量刑前的评估与量刑

为确定某一具体案件是否适用社区制裁,主管部门必须对罪犯的需求、处境、风险状况和对治疗性干预的接受程度等情况进行评估。对

① 相关定义与详细阐述,参见《监禁替代措施的基本原则与良好实践》,联合国出版物NO. E. 07. XI. 2。

法院而言，如果要考虑监禁之外的替代制裁措施，它们必须有关于这些制裁措施和项目、罪犯个人及其处境的信息。在获得这些信息的过程中，缓刑服务机构或其他类似机构应提供协助，如通过口头表述或向法院提交社会调查（量刑前）报告的方式提供上述信息。

《东京规则》承认了社会调查报告的价值（第7.1条）。一般而言，社会调查报告应描述有利于理解罪犯犯罪原因的个人信息及生活状况等背景，明确罪犯的潜在优点和风险因素，并就拘禁或非拘禁背景下的潜在干预措施提出建议。如建议采用社区制裁，社会调查报告应包含罪犯在社区中将如何表现及是否会遵守法院可能设定的任何条件或限制的信息。量刑前调查报告对于改善罪犯成功重返社区的前景至关重要。

量刑前报告或社会调查报告的内容主要包括：信息来源；罪犯个人信息；罪犯个人历史；家庭信息（特别是子女情况）；当前刑事指控的详细信息；犯罪情节及罪犯犯罪历史、朋辈交往和犯罪参与等方面的信息；罪犯的总体态度、动机及对犯罪和受害人的态度；生理和精神健康信息；教育和/或就业史，包括当前学校录取或就业情况；对受害人的影响；潜在的毒品/酒精依赖问题；量刑建议和依据。

四、缓刑与社区监管

（一）缓刑的含义

缓刑被称为是促进罪犯社会融入方面一种“尚未开发的资源”。[①]

① See D. L. MacKenzie, *Probation: an Uptapped Resource in U. S. Corrections*, in Rethinking Corrections: Rehabilitation, Reentry, and Reintegration, in & L. Gideon and H. – E. Sung, eds., Thousand Oaks, California, Sage, 2010, p. 97 – 125.

尽管如此,《东京规则》并未定义何为缓刑及何为由司法主管部门实施的社区监管。因此,关于缓刑这一概念的理解多种多样。在许多国家,缓刑的历史职能几乎无一例外地与福利相关。将罪犯“置于缓刑下”仅仅意味着社会服务机构将对罪犯福利及其他需求予以特殊关注。尽管这种理解在许多国家仍未改变,但在其他国家,缓刑服务已演变成一种主要负责保证罪犯执行法院命令(包括在社区必须做或不准做什么)的机构。2010 年,欧洲委员会通过了缓刑规则,目的是实现成员国在相关实践上的一体化。这些规则建议将“罪犯的社会融合”和“社区安全”都确定为缓刑的主要目标,并将缓刑这一术语定义如下:“缓刑指在社区内实施法律规定且强加于罪犯的各种制裁和措施。它包括一系列活动和干预措施,其中包括以罪犯的社会融合及社区安全的促进为目标的监管、指导和协助。”

(二)缓刑服务机构

无论在特定国家以何种模式出现,如果没有充分的服务基础设施,缓刑都难以成为一种可行的良性选项。缓刑服务机构必须能够为罪犯提供服务支持,并对法院附加的条件实施监督,从而将法院的缓刑令落到实处。这种支持包括诸如为受害人提供赔偿、有条件中止或推迟刑期甚至社区服务令和软禁之类其他社区制裁和措施的执行。在本职能领域,法院或许可让社区组织参与进来。

一些缓刑机构同时还履行其他相关社区刑事司法职能,如对出狱人员实施监管、对一些过渡设施和后续关怀设施实施管理等。在许多国家,他们还负责社区服务令的管理。在地方层面,将若干社区矫正项目的管理职能合并,使其由单一机构履行通常是合理的。以肯尼亚为例,该国内政部矫正与后续关怀司就负责非拘禁法院命令即缓刑与社区服务令的监管。[1]

2011 年,美国全国性非营利组织州政府委员会司法中心为政策制定者发布了一份名为《以降低再犯率为目标的缓刑部门十步骤转型指南》[2]的文件,就如何重组机构以改善缓刑人员合规率提供了一些缓刑服务指南。根据这一指南,缓刑服务机构可强化对缓刑人员风险因素、需求和优点(保护性因素)的评估,从而更加有效地为每一个缓刑人员设计个性化的监管策略。

《以降低再犯率为目标的缓刑部门十步骤转型指南》中的十个步骤为:步骤 1 是吸引关键利益相关方并向其交底;步骤 2 是审查和评估当前的部门政策和实践;步骤 3 是分析评估结果并开发变革监控机制,重新设计部门政策和实践;步骤 4 是改善缓刑人员的筛查和评估程序;步骤 5 是将监管计划与筛查和评估结果结合起来;步骤 6 是重新设计激励和制裁策略;步骤 7 是开发再犯减降培训,实施质量保证和进展监控程序;步骤 8 是制定和实施过程和结果问责制度;步骤 9 是改革人员评估制度,强化整个机构范围内的再犯减降努力;步骤 10 是评估进展并设定持续改善目标。[3] 这项变革议程对于缓刑服务机构改善服务具有参考作用。

---

① 肯尼亚内政部的其他关键职能还包括报告制作(包括保释前、量刑前和释放前等阶段的报告、受害人影响报告等)、出狱人的社会再融入、犯罪预防项目的参与、受害人相关活动的主持包括和解等。

② 州政府委员会(Council of State Governments)司法中心:《以降低再犯率为目标的缓刑部门十步骤转型指南》(纽约,2011),http://knowledgecenter. csg. org/drupal/system/files/A_Ten - Step_guide_to_Transforming_probation_Departments_to_Reduce_Recidivism. pdf。

③ 州政府委员会(Council of State Governments)司法中心:《以降低再犯率为目标的缓刑部门十步骤转型指南》(纽约,2011),http://knowledgecenter. csg. org/drupal/system/files/A_Ten - Step_guide_to_Transforming_probation_Departments_to_Reduce_Recidivism. pdf。

(三)缓刑令附加条件

在一定程度上,缓刑令附加条件的设定是为了保护社区和受害人。但是,这些条件同时也应以降低罪犯重新犯罪的可能性及提高罪犯重新融入社会的概率为目标。而且,这些条件必须简单明了,容易为罪犯所理解。《东京规则》就缓刑令附件条件的目的和性质做了声明,其(第12条)规定:"12.条件　12.1　主管主管部门在决定罪犯应遵守的条件时,应考虑到社会的需要以及罪犯和受害者的需要和权利。12.2　须遵守的条件应切实可行、明确,条件数目尽可能少,其目的应是减少罪犯重新染上犯罪行为的可能性,并应是增加他们重返社会的机会,同时考虑到受害者的需要。12.3　在开始实行非拘禁措施时,应以口头和书面方式向罪犯解释包括罪犯的义务和权利在内的关于适用该项措施的条件。12.4　主管主管部门可以根据既定的法律规定,视罪犯的进展表现,更改这些条件。"

(四)缓刑期间的罪犯监管

罪犯在社区内的监管是缓刑令的核心,但有效监管到底包括哪些内容,相关定义和理解方式很多。根据欧洲委员会的缓刑规则,缓刑机构的目标是"通过与罪犯建立积极关系减少其再犯行为,从而对其实施监管(包括必要时的控制)、指导和协助,并促进其成功融合"(基本原则1)。罪犯的监管通常是专业人员的职责,但一些国家也在这一领域引入了志愿人员。

1.监管人员

日本建立了志愿缓刑官。在日本,志愿缓刑官通常在首席缓刑官移交的案件中为专业缓刑官提供协助。专业缓刑官是以专家身份参与案件的,而志愿缓刑官则是以罪犯邻居的身份参与工作的。他们代表社区为罪犯提供协助，而且可利用社区网络为罪犯谋取就业。志愿缓刑官从事的改造活动主要包括：（1）监督和协助缓刑人员和假释人员；（2）就罪犯获释后的生活环境开展调查；（3）对可能被赦免的罪犯实施初步评估。此外，志愿缓刑官还可向缓刑办公室提交月度进展报告，并可在报告中提出解除监管或撤销缓刑的建议。志愿缓刑官的任期通常为两年，可连任。他们必须为广受尊重人士，热心公益事业，财务稳定且健康积极。上任前，他们要参加五种类型的培训课程，其中包括面向新志愿者的初期基本培训。志愿缓刑官可为罪犯提供社区相关有用信息，而且，由于特殊的社会地位，他们还可帮助筹集社会资源并改变公众对罪犯的态度。

肯尼亚建立了助理缓刑官。在工作中，肯尼亚的缓刑官可得到被称为"助理缓刑官"的志愿缓刑官员的协助。助理缓刑官是从社区挑选出来并以对罪犯实施密切监管的方式为缓刑工作人员提供支持的正直人士。在繁忙的城市地区，法院报告的制作也得到了助理缓刑官的协助。比如，他们可协助核实罪犯地址及其他状况等信息。

2. 有效的缓刑监管

要充分实现预期效果，社区监管必须伴随某种形式的协助，在最低限度内，也应有将罪犯妥善移交至适当服务机构的机制。根据《东京规则》第 10 条，社区监管与协助的目的、形式和职责可归纳如下："10. 监管　10.1　监管的目的是减少再度犯罪和协助罪犯重返社会，尽量使其不致重新犯案。10.2　如某一非拘禁措施导致了对罪犯实施监管的必要性，则监管职责应由主管主管部门根据法律规定的具体条件予以实施。10.3　在特定非拘禁措施框架内，应针对每个案件确定最适当的监管和矫治方式，以协助罪犯改过自新。必要时，还应对监管和矫治措施进行定期审查和调整。10.4　必要时，应向罪犯提供心理、社会和物质方面的援助，并向他们提供加强社区联系的机会，从而协助其重返社会。”

罪犯监管可能涉及各种机构，而且在强度上也各不相同。社区监管级别也可不同，包括日常监管、社区服务监管、强化式监管、日间报到中心、带电子监控的家庭监禁、居住式后续关怀/矫治之家、中途之家等。以肯尼亚为例，该国内政部下属的缓刑与后续关怀服务司管理着五个可容纳约200人的缓刑旅馆。[①] 作为一项普遍原则，将干预强度与罪犯风险、需求和响应水平结合起来非常重要。

为提供有效的缓刑监管，美国还使用了重返法院（reentry court）这一机制。这是创建“问题解决型法院”的一部分。比如，旧金山就创建了缓刑问责法院（Probation Accountability Court）来处置违反缓刑规定的罪犯，并对他们获取“环绕式”（wrap - around）服务的行为实施监管。其中，环绕式服务指通过跨机构协作为存在复杂健康和社会问题的成年罪犯设计的个性化服务。作为重返监狱的一个替代选项，这种方式为罪犯提供了获取关键服务和支持的又一个机会。

由于更强调对罪犯的监视，因此，能够提供某种形式的强化式监管的项目通常被视为在政治上更适合公众胃口的监狱替代方式。尽管如此，强化式监管和监视项目主要是针对累犯惯犯们设计的，承认这一点非常重要。被移交到这种项目通常是以某些具体风险因素的评估结果为依据的。但是，到底什么样的监管才称得上是“强化式”监管有时并没有非常准确的定义。一般而言，参与这些项目的缓刑人员要接受非常严密的监管。比如，他们要经常与缓刑官进行面对面的接触，要接受

---

① See R. Allen, *Alternatives to Imprisonment in East Africa: Trends and Challenges*, London, Penal Reform International, 2012.

宵禁规定，要接受与警方接触或逮捕方面的监控，要频繁接受酒精或毒品方面的随机测试，在某些情况下还要接受电子监控。但是，监管强度本身是否会对再犯产生影响这一事实仍不明确，特别是在没有伴随其他形式的干预措施（如认知行为学培训或辅导）的情况下。①

3. 缓刑条件的违反

社区监管的主要目的之一，是预防再犯并保证罪犯遵守法院作为缓刑令的一部分而设置的条件。因此，对于罪犯的新犯罪行为及违反法院设置条件的行为，必须有适当的应对程序，以保证其处置的公平和有效。对这些条件的违反通常将导致缓刑令的变更或撤销，而且可导致罪犯被收监。

关于纪律和违规问题，《东京规则》提供了下列指导："14. 惩戒和条件的违反　14.1　罪犯违反其须遵守的条件可导致非拘禁措施的变更或撤销。14.2　更改或撤销非拘禁措施应由主管部门作出，但事先必须对监督人员和罪犯双方提出的事实进行仔细审查。14.3　非拘禁措施的失败不应自动导致拘禁措施的实施。14.4　变更或撤销非拘禁措施时，主管部门应力求确立另一项合适的非拘禁措施。只有当无其他合适替代措施时，才能实施监禁刑。14.5　受监管罪犯违反条件时予以逮捕和扣押的权力应由法律作出明确规定。14.6　变更或撤销非拘禁措施时，罪犯应有权向司法主管部门或其他独立的主管部门提出上诉。"

---

① See R. Moore & others, *Managing Persistent and Serious Offenders in the Community: Intensive Community Programmes in Theory and Practice*, Cullompton, Devon, Willan Publishing, 2006, p. 64.

(五)缓刑期间内矫治服务的获取

除为在社区内对罪犯实施积极监管提供了可能性外,缓刑令还为罪犯参加有益的矫治和协助项目提供了一些非常现实的机遇。就这种矫治服务的提供,《东京规则》提供了下列指导:“13. 矫治过程 13.1 在特定非拘禁措施框架内,应对适当案件制定各种不同的矫治方案,如个案服务、集体治疗、居住式项目和对各类罪犯实施的专业矫治等,以便更加有效地满足罪犯需求。13.2 矫治应由接受过适当培训并具有实际经验的专业人员实施。13.3 如认定有必要对罪犯实施矫治,则应做出各种努力了解罪犯的背景、个性、能力、智商和价值观,特别是导致其实施犯罪的环境。13.4 主管部门可在适用非拘禁措施时设法利用社区和社会支持体系。13.5 分配的案件数量应切实维持在力所能及的程度内,以确保矫治项目的有效实施。13.6 主管部门应为所有罪犯创设并保持个案记录。”

有效康复与能力开发关键策略包括以下内容:赋予罪犯通过积极经验式项目和活动习得并练习能力的机会;设计旨在增加罪犯与社区内积极同伴或成人而非仅与服务提供人员互动的项目;将认知学习和决策与积极的、经验式的且有成果的活动结合起来;保证罪犯与社区内的守法人士共事和互动;尽可能让违法和非违法人士同时参加活动,以防止负面标签和污名化。

此外,能够让罪犯学习新技能并形成新工作习惯的就业机会或社区服务也大有裨益。实际上,以能力开发为重点的任何干预措施都是社区监管非常重要的一种补充。比如,可为罪犯提供认知和决策技能方面的培训,从而解决可能影响其就个人行为作出合理决策的某些个人发展方面的特定问题。总体而言,能够让罪犯在实践中学习的经验式技术提高罪犯的道德推理、决策和愤怒管理能力是这方面的工作重点。

五、社区服务

社区服务令要求罪犯在社区内从事一定时数的无偿工作或执行特定任务。社区服务令,顾名思义,罪犯必须为社区提供某种服务。在提供社区服务的同时,罪犯可能正在重新积累某种急需的社会资本。就允许罪犯重新获得身份并显示其改变行为的意图而言,这种制裁特别合适。在一些情况下,这也许是罪犯重新融入社会唯一需要的东西。

乌干达监狱服务机构在推动社区服务中发挥了积极作用。在缺乏有效缓刑服务机构的情况下,乌干达监狱服务署一直在与非政府组织协作,对被指控且在押候审的罪犯进行筛查,以找出那些有资格获得社区服务判决且准备作出有罪答辩的罪犯。然后,他们将这些罪犯作为整体提交给法院,以便其早日对这些罪犯作出判决。当然,其他类似项目也是可以设想并值得探索的。[①] 在作出社区服务令之前,法院要有可靠信息并确认相关社区确实有工作可做且可将罪犯置于适当监管之下。在许多国家,确保这些要求得到满足的职责主要由履行相当职能的缓刑机构或官员承担。在乌干达,羁押候审罪犯的监狱机构则在其中扮演了一定角色,即负责认定那些被判有罪且有资格获得社区服务判决的被羁押者。

至于社区服务项目的管理,用于指导缓刑工作的大多数原则同样适用于社区服务令的管理。许多非政府组织十分擅于监管那些执行社区服务令的罪犯。在乌干达,政府成立了一个由专员负责的社区服务司,以便推动社区服务项目的实施。乌干达社区服务司的目标包括:改造轻罪罪犯;缓解监狱的拥挤状况;减少再犯;倡导轻罪罪犯的权利和

---

① 参见联合国毒品和犯罪问题办公室:《持续挑战与新兴优势:结论与建议——联合国毒品和犯罪问题办公室驻乌干达监狱评估代表团的报告》,2009 年。

尊严；减少监狱内轻罪罪犯的相关政府支出；通过轻罪罪犯、受害人与社区之间的和解增强社会凝聚力。该国2000年通过的《社区服务法案》允许法官在认定罪犯犯了轻罪的情况下作出社区服务令判决，而不是将罪犯送进监狱。

第三节　国际实践之二：转向项目

转向是以非正式方式在刑事司法体系之外且在社区程序背景下处置罪犯的一种替代方式。它不采用刑事制裁方式，因而为刑事犯罪的应对提供了一种新方式。在罪犯同意下，该程序可不经正式程序而将罪犯移交至教育、辅导、协助或监管项目。在这类项目中，有些还涉及经常以罪犯、受害人与社区成员之间的调解形式出现的恢复性程序。许多程序性机制可用来为转向项目的实施创造机会。在一些国家，“停留程序”（staying proceedings）、“推迟程序”或“中止刑期”等选项都可被检察官和法官用来暂时中止针对犯罪嫌疑人的正式程序。

一、转向项目的目标和优势

转向项目的一个首要目标，是将罪犯与正式司法程序之间的接触程度降至最低，从而防止因卷入刑事司法体系而产生的污名化效应。转向项目之所以在全球司法体系中得到了广泛应用，是因为它在促进罪犯的社会融入及保护受害人和社区方面有许多优势，其中包括：（1）转向措施的使用可加速罪犯的处置，同时为满足罪犯、受害人和社区的需求提供一种更加便利的手段；（2）转向措施的使用可减少司法机构的工作量，从而使其得以将资源分配到面向最严重罪犯的项目和活动中去;(3)转向措施的使用为罪犯家庭、受害人、受害人家庭及适当情况下的社区居民参与案件处理并协助罪犯重返社区提供了一个机会。

二、转向项目的形式

不同转向项目之间的差异相当大,但通常都以满足罪犯需求、解决冲突、提高公民参与度、响应社区关切、为受害人提供赔偿为目标。一些转向干预措施具有治疗性质,会提供行为治疗、毒品依赖治疗或辅导等服务,有时还有限制条件。① 专业毒品法院移交的案件经常都属于这一类。比如,纽约布鲁克林的毒品治疗监狱替代项目就以因销售毒品而被逮捕、作出了有罪答辩且可被转向至一个为期 18 ~ 24 个月的居住式矫治项目的重犯为目标。② 应该指出的是,毒品依赖应视为一种疾病,而相关治疗在任何时候都应以自愿和知情同意为前提。在将毒品依赖治疗作为监禁替代方式使用的情况下,相关罪犯应有选择权。③ 其他干预措施则具有更强的恢复性质,赋予了罪犯修复其行为造成的伤害的机会。还有一些转向项目以技能开发为重点,旨在提高罪犯的适应能力(如生活技能、职业技能或教育层次)或为罪犯提供一种可导致其态度发生变化的形成性体验(辅导或户外探险项目)。

三、转向项目的实施

在大多数国家,警方和检方是转向项目参与者的主要移交方。但

---

① 需要注意的是,关于重新融入社会项目的讨论往往排除了那些转向至社区治疗设施的罪犯,这些罪犯其实也面临着重新融入社会的挑战。他们对重新融入支持项目的需求通常跟之前被监禁过的罪犯是一样的。

② See H. – E. Sung, *Form Diversion to Reentry*: *Recidivism Risks among Graduates of an Alternative to Incarceration Program*, Criminal Justice Policy Review, Vol. 22, No. 2, 2011, p. 221.

③ See www. unodc. org/documents/hiv – aids/publications/Coercion_Ebook. pdf.

是，他们在是否起诉罪犯方面享有的自由裁量权因法律体系的不同而大不相同。在很大程度上，这种自由裁量权的大小取决于其决定是受合法原则（强制起诉）还是受机会原则的指导，前者创设了检方必须对罪犯进行起诉的义务，而后者传统上赋予了检方一定的自由决策权。合法原则本身并不妨碍案件的转向，比如那些涉及少年犯的案件。但是，这一原则却增加了检方在案件进入法院审理阶段之前即将其转向至恢复性司法项目的难度。《东京规则》（第3.3条）鼓励司法或其他独立主管部门"在刑事程序的所有阶段以保证充分问责和仅依据法治原则的方式"行使其自由裁量权。

警方的转向项目为警官行使自由裁量权并开发创新性干预措施预防再犯提供了机会。转向措施使执法官员得以迅速处置案件，并保证通过诸如警告、赔偿、道歉和社区服务之类的非正式应对手段让罪犯对其行为负责，从而减少了正式司法体系中人满为患的轻罪罪犯。转向措施还可让罪犯家庭、受害人和社区成员参与支持罪犯的责任追究、改过自新和社会再融入，从而倡导更具恢复性的工作方法。在指控前的转向项目中，前线警官至少可扮演三种重要角色：(1)筛查可移交至转向项目的案件，充当移交人；(2)提供少年犯态度、需求、行为、家庭和生活状况方面的信息；(3)向转向委员会和服务提供机构提供专家建议。

转向措施可附加条件。如罪犯遵守了这些条件，则其可免于被正式司法体系的进一步追究。如未遵守条件，则原先的刑事程序将重新启动或开始。比如，在南非的一个转向项目下，由于检察官或少年法院的法官签发了一份转向令，正式司法程序因此被推迟，以观察相关少年犯是否能够遵守其转向条件。如该少年犯违反了转向令，则法院可向其发布逮捕令或要求其出庭应讯的书面通知。在调查其违反转向令的原因之后，法院可决定继续对其适用适当变更后的转向措施，或由检察官继续对其进行正式检控。

第四节　国际实践之三：恢复性司法

恢复性司法，是指通过修复罪犯与社区内其他成员包括受害人之间的关系来干预罪犯的社会再融入。事实证明，通过帮助罪犯真正理解其行为产生的后果并对其行为负责的方式，恢复性司法非常成功地降低了再犯率。[①] 具体而言，恢复性司法干预有助于罪犯：以有益方式对其有害行为负责；对其行为的原因及其行为对他人的后果获得深入认识；改变其行为并停止犯罪；重新被社区接纳。恢复性司法理念在适用于刑事司法各阶段时可取得不同的效果。

一、国际标准

2002 年，联合国经济及社会理事会就恢复性司法项目在刑事领域[②]的使用通过了一些基本原则，以鼓励成员国采用恢复性司法措施，并在其法律体系背景下实现恢复性司法措施的标准化。这些基本原则的核心内容是，为恢复性司法措施的适用设定标准，并规定成员国应采取哪些措施保证恢复性司法程序所有参与者都有适当法律保障措施的保护。具体而言，这些基本原则的第Ⅱ部分和第Ⅲ部分规定了恢复性司法的适当运用（如在有充分证据证明恢复性司法干预合理且罪犯和受

① 《恢复性司法方案手册》，联合国毒罪办刑事司法手册系列 No. E. 06. V. 15。
② 经社理事会决议 2002/12，附件。

害人均同意的情况下)及应落实法律保障措施的性质等。在对受害人和罪犯进行调解之前,下列三个基本要求必须得到满足:(1)罪犯必须承认而不是推脱其犯罪责任;(2)受害人和罪犯都必须愿意参加;(3)受害人和罪犯都必须认为参加这种程序是安全的。①

这些基本原则明确表明,为这类新项目颁布专门政策和明确方针并确立规范框架通常是必要的。根据这些基本原则(第12款),上述方针应包括但不限于下列内容:"(a)将案件移交恢复性司法项目的条件;(b)恢复性司法程序之后的案件处理;(c)恢复性司法程序主持人的资质、培训和评估;(d)恢复性司法项目的管理;(e)恢复性司法项目运作的能力标准和行为规则。"联合国毒品和犯罪问题办公室出版了一份《恢复性司法方案手册》,以推动恢复性司法项目的发展。②

二、依据和要求

恢复性司法以下列原则为依据,即最有效的犯罪应对方法是以促进罪犯重新融入社会而不是增强其孤立感和污名化的方式使其为自己的行为负责。恢复性司法的目标是帮助罪犯理解其行为的后果,并对社区作出补偿。恢复性司法可向罪犯充分展示其行为对他人产生的后果,从而鼓励其真正和持久的改变。与此同时,犯罪受害人和社区成员的参与还可强化社区联系,并推动社区提升为罪犯提供帮助的能力。

恢复性司法要求,在对犯罪行为作出应对时,必须在受害人、罪犯和社区的需求之间寻求平衡。这种平衡是通过专注于下列三个相互关联的目标实现的:(1)问责;(2)改过自新与能力开发;(3)社区安全。

① 《恢复性司法方案手册》,联合国毒罪办刑事司法手册系列 No. E. 06. V. 15。

② 《恢复性司法方案手册》,联合国毒罪办刑事司法手册系列 No. E. 06. V. 15。

与社区成员或受害人进行面对面的会谈，并在这一过程中了解其犯罪行为对他人造成的影响并承担责任，构成了一种重要的问责形式。就自己行为对他人造成的伤害充分、诚恳地承认责任是一个非常有效的过程，可降低罪犯重复伤害行为的可能性。因此，充分、诚恳地认可自己的行为对社区和受害人造成的损害对于罪犯再次成功融入社会非常重要。

改善问责的策略：专注于修复受害人遭受的伤害；提供了一种让罪犯改过自新的程序；提供了一种深入了解案件是如何影响他人的这一问题的程序；提供了一种让罪犯就自己行为负责的有益方式；鼓励道歉或忏悔；让受害人和整个社区参与问责措施的制定。

罪犯问责要素：承认其造成的伤害；从他人角度理解其造成的伤害；理解犯罪之外其他选项的存在；采取措施改过自新（道歉、修复伤害）；采取行动改变生活方式，从而降低再犯的可能性。[①]

三、恢复性司法的适用

一般而言，恢复性司法程序的成功启动有四个主要的切入节点：（1）警方侦查阶段（提出指控前）；（2）检方起诉阶段（提出指控后，但通常在审判之前）；（3）法院审理阶段（审判或量刑之前）；（4）监狱关押阶段（监禁期间或从监狱释放后作为监禁的替代手段，或作为非拘禁刑的组成部分或额外内容）。在一些国家，如比利时，恢复性司法干预与检控可同步进行。

恢复性原则还可适用于缓刑。在“恢复性缓刑”模式中，法官首先对罪犯作出判决，但同时对其适用缓刑；然后，一个由志愿者组成的修

① 美国司法部司法项目办公室下属少年司法与犯罪预防办公室：《均衡与恢复性司法模式实施指南》（华盛顿特区，1998），www. ojjdp. gov/pubs/implementing/accountability. html。

复委员会将与罪犯和受害人协商,并达成一个罪犯同意履行的合约。这个合约的履行是对罪犯适用缓刑的唯一条件,而合约的依据则是修复性目标,即罪犯充分了解其犯罪后果并知道如何防止再犯,受害人受到的伤害得到修复和愈合,社区消除对罪犯的疑虑并允许其重新融入。[①] 这种修复委员会的做法可能比标准缓刑更为有效。[②]

第五节 我国的实践

我国刑事司法实践中,采取的非拘禁措施具体有以下几类。在侦查阶段,通过刑事和解对轻微刑事案件的终结;在检察阶段,对符合一定条件的犯罪嫌疑人作出不起诉决定;在审判阶段,对可能判处的管制刑,对犯罪人不予关押,但限制一定自由,依法实行社区矫正。就刑罚执行方式而言,则有缓刑、假释及监外执行等方式。

需要注意的是,在世界范围内已经具有极大影响力的恢复性司法运动,从最初引入中国到目前的发展与运用已经有十多年时间,不仅理论上的研究向纵深发展,而且司法实务部门也积极结合中国的现实国情,开展了颇具中国特色的恢复性司法的实践,在刑事诉讼的立案侦查、审查起诉与审判阶段先后开展了一系列恢复性司法试点工作,其中体现恢复性司法理念的最核心制度当属 2012 年修订的《刑事诉讼法》中专章规定的刑事和解制度。

---

① See L. Kurki, *Restorative and Community Justice in the United States*, Crime and Justice: A Review of Research, Vol. 27, 2000, p. 283.

② See K. J. Fox, *Second Chances: a Comparison of Civic Engagement in Offender Reentry Programs*, Criminal Justice Review, Vol. 35, No. 3, 2010, p. 335 - 353.

刑事和解制度可适用于整个刑事诉讼过程，在侦查阶段达成刑事和解，对轻微刑事案件可能终结，也可能继续进入审查起诉阶段。在审查起诉阶段，达成刑事和解协议的法律后果主要有以下三种：一是作出不起诉决定；二是作出撤销案件决定；三是建议法院从宽处理。在审判阶段，双方当事人达成和解、被害方对被告人表示谅解通常是从轻处罚的一个重要条件。尽管恢复性司法在我国法律中没有明确规定，但客观上来说，我国在刑事司法相关阶段的非拘禁措施是基于恢复性司法理念的支撑的，或者说是受到恢复性司法理念影响的。

一、侦查阶段的刑事和解及案件终结

（一）规范依据

侦查阶段通过刑事和解处理轻微刑事案件，是我国公安机关实践中经常性的做法，并且随着形势的发展变化在不断探索新的形式，只是没有使用“恢复性司法”或“刑事和解”这些专业术语而已。2003 年，北京市委政法委出台文件《关于北京市政法机关办理轻伤害案件工作研讨会纪要》，这是较早的官方文件，该纪要规定，对于因民间纠纷引起的轻伤害刑事案件，如果犯罪人一方能够认罪悔罪，并积极赔偿被害人的损失，被害人一方要求不追究犯罪嫌疑人刑事责任的，公安机关可以对其作出撤案处理决定。2008 年 12 月《中共中央转发〈中央政法委员会关于深化司法体制和工作机制改革若干问题的意见〉的通知》明确提出：“对刑事自诉案件和其他轻微刑事犯罪案件，探索建立刑事和解制度，并明确其范围和效力。”2009 年 12 月，中共中央办公厅、国务院办公厅转发的中央政法委、中央维稳工作领导小组《关于深入推进社会矛盾化解、社会管理创新、公正廉洁执法的意见》指出，“对因民间纠纷引发的一般治安案件、轻微刑事案件和交通事故,公安机关、检察机关要依照法律规定,探索建立运用和解等方式解决问题的机制。”[①]2012 年《刑事诉讼法》第 277 ~299 条规定了刑事和解制度。

(二)和解条件

依照《刑事诉讼法》的规定,进行刑事和解的案件应当具备以下条件:犯罪嫌疑人真诚悔罪,向被害人赔偿损失、赔礼道歉等;被害人明确表示对犯罪嫌疑人予以谅解;双方当事人自愿和解,符合有关法律规定;属于侵害特定被害人的故意犯罪或者有直接被害人的过失犯罪;案件事实清楚,证据确实、充分。同时,犯罪嫌疑人、被告人在五年内未曾故意犯罪。如果实施了故意犯罪行为,那么,无论该故意犯罪是否被追究,均应认为属于五年内曾经故意犯罪,不得适用刑事和解。

(三)工作模式

1. 被害人—侵害人和解模式

该模式是指侵害人、被害人在内心真诚悔过的前提下,与被害人通过自行协商,就赔礼道歉、经济赔偿等达成书面协议,取得被害人谅解,不再追究侵害人刑事责任的纠纷解决方式。公安机关仅为当事双方及利害关系人提供协商的必要条件及场所,但不参与当事双方的协商活动,仅告知当事双方及利害关系人可以自行和解。公安机关可以将当事双方愿意和解的意愿代为相互传达,对利害关系方达成的恢复性司

① 王平:《恢复性司法在中国的发展》,载《北京联合大学学报》(人文社会科学版)2016 年第 6 期。

法和解协议予以认可并且监督双方实际履行落实协议内容。[①]

2. 公安机关主持调解模式

该模式是指公安机关利用自身熟悉案情的优势，通过与侵害人、被害人沟通交流、教育劝说等工作途径，了解当事双方的利益诉求，寻求当事双方利益诉求的平衡点，促使当事双方及利害关系人就经济赔偿标准、赔礼道歉等事项达成恢复性司法协议，从而使被害人通过非刑事诉讼途径解决纠纷的方式方法。公安机关的参与，能够使当事双方明晰刑事案件适用的法律依据，避免了当事双方的直接冲突，给予当事人缓和的余地，并且公安机关可以发挥自身主观作用，根据案件的实际情况进行适当的劝解工作，更有助于当事人之间和解协议的达成及履行。

3. 人民调解委员会调解模式

该模式是指公安机关对于侵害人和被害人均具有和解意愿的轻伤害案件，委托基层人民调解委员会进行调解，对于经过调解达成和解协议并及时履行的刑事案件，可以对侵害人宽大处理。这种模式可以充分发挥基层群众性组织的积极作用，缓解司法资源紧张的困境，推进恢复性司法的覆盖范围。

（四）存在的问题

1. 能和解者不和解

能和解不和解，非要进入逮捕等法律程序才进行和解。一方面，刑事和解制度与公安机关发现犯罪、追究犯罪的职责相冲突，公安机关对刑事案件的实体处理权极可能造成随意放纵犯罪，滥用权力。另一方

---

① 谢全发：《恢复性司法中的警察权》，载《中国人民公安大学学报》（社会科学版）2017年第5期。

面，公安机关在考核指标中有逮捕率、破案率等规定，[①]所以办案人员出于自身利益考虑，不告知当事人可以刑事和解，而是进入拘留或逮捕程序。

2. 不应和解者滥用和解

实践中曾出现公安机关未查明基础事实，仅以双方达成刑事和解为由，将严重的刑事犯罪案件作为轻微刑事案件处理，导致被害人权益得不到应有救济，也放纵了犯罪。《刑事诉讼法》修正后，对可以和解的案件类型作出明确规定。侦查阶段的刑事和解应当严格遵守法律规定，而不能滥用和解制度。

3. 和解协议的履行风险

由于法律并未规定司法机关对和解协议签字盖章并赋予强制执行力，对于某些存在履行过程的和解协议，存在不能实际履行的风险。依照法律规定，若有一方签订了协议后不履行的，则和解程序作废，公安机关则是将案卷交给检察院审查起诉，检察院则是对案件提起公诉。若双方履行完毕有一方反悔提起公诉的，法院则不予支持。

（五）完善建议

完善程序。侦查阶段的刑事和解程序之启动，应当在案件事实清楚的基础上，查明案件是否属法律规定的可刑事和解范围。如属于，则告知当事人的刑事和解权利。在和解过程中，应保障当事人必须是自愿达成和解，检察机关对此应起到监督作用，对强制和解或属于不能和解的案件的，检察机关可要求公安机关终止和解程序，移送检察机关审

---

① 李超、支岚：《实证探析侦查阶段刑事和解现状》，载《湖南警察学院学报》2014 年第 3 期。

查起诉。

（六）刑事和解后的案件终结

依照刑事诉讼法的规定，对于达成刑事和解的案件，公安机关可以向检察机关提出从宽处理的建议，并没有规定公安机关能否决定撤销案件。从实践来看，已经达成和解的轻微刑事案件，公安机关可以撤销案件，不再进行刑事追诉程序。依照刑事诉讼法的规定，检察机关可以监督公安机关规范行使撤销案件的权力，也给予不同意撤销案件的当事人以司法救济的途径。

公安机关在主持制作和解协议时，可以对达成刑事和解的双方当事人询问对公安机关撤销案件是否有异议；报县级以上公安机关负责人批准之后决定撤销案件。

如果当事人一方或者双方反悔时，公安机关尚未撤销案件，那么双方当事人可以另行达成和解协议；不能另行达成和解的，公安机关应当依法作出是否继续刑事追诉的决定。但是，如果当事人在公安机关撤销案件之后反悔的，公安机关不撤销原决定，除非有证据证明和解违反自愿、合法原则。

但是，对公安机关而言，撤销案件应当在提请批捕之前，如果侦查人员在提请批捕之后才决定撤销案件，那么不仅使侦查人员准备提请批捕的努力白费，而且会耗费检察机关审查批捕所投入的司法资源，同时有可能给检察官带来捕后不诉的负面考核因素，从而不利于警检关系的协调。[①]

① 殷英华：《侦查阶段的刑事和解一些问题的分析》，载《政法学刊》2014年第2期。

二、检察阶段的刑事和解及不起诉

(一)规范依据

中国的不起诉制度可以分为以下三种:(1)法定不起诉,指犯罪嫌疑人没有犯罪事实,或具有《刑事诉讼法》第16条规定的不追究刑事责任情形之一的,经检察长或者检察委员会决定,“应当”作出不起诉决定;(2)酌定不起诉,则是指人民检察院对于犯罪情节轻微,依照刑法规定不需要判处刑罚或者免除刑罚的,由检察长或者检察委员会决定,可以作出不起诉决定;(3)证据不足不起诉,即检察院对经过两次补充侦查的案件,仍然认为证据不足,不符合起诉条件的,经检察长或者检察委员会决定,应当作出不起诉决定。

2012年《刑事诉讼法》规定刑事和解制度之前,在全国首次明确提出“刑事和解办理刑事案件”的是湖南省人民检察院。2006年10月31日,湖南省检察机关正式实施《湖南省人民检察院关于检察机关适用刑事和解办理刑事案件的规定(试行)》。此后江苏省无锡市《关于刑事和解工作的若干意见(试行)》,河南省郑州市《关于贯彻宽严相济刑事司法政策的若干规定》,山西省太原市《办理轻微刑事案件适用刑事和解的规定(试行)》,云南省昆明市《昆明市检察机关在办理刑事案件中适用刑事和解的规定》等陆续实施。目前,最高人民检察院已在《人民检察院关于依法快速办理轻微刑事案件的意见》第4条第6项及《最高人民检察院关于在检察工作中贯彻宽严相济刑事司法政策的若干意见》第12条等相关规范性文件中正式认可了刑事和解制度。

（二）操作机制

1. 刑事和解的适用范围

刑事诉讼法对可适用刑事和解的案件范围有明确规定，实践中，检察机关进行和解的案件主要有两类：一是轻微刑事案件，这类案件因检察机关拥有相对不诉权而便于操作；二是本属自诉却被公安机关立案侦查并提请审查起诉的案件，这类案件则因为检察机关可以行使法律监督权而便于操作。

2. 刑事和解的适用原则

公平、合理原则。犯罪嫌疑人经济赔偿数额和其他补救办法应当与被害人受损害而造成的实际损失及犯罪嫌疑人应当承担的责任相适应；双方自愿原则；犯罪嫌疑人认罪悔过、赔礼道歉，赔偿损失原则。犯罪嫌疑人必须具有真诚悔罪意识，积极主动承担责任，承担责任的主要方式则是赔偿被害人的损失；不得损害国家、集体和其他公民的合法权利，不得损害社会公共利益，不得违反法律和社会公德原则。

3. 刑事和解的主持人员

审查起诉阶段，刑事和解主要是案件承办人主持和其他居中第三方如人民调解员主持，部分案件系双方当事人自行和解并达成和解协议。虽然承办人主持和解具有极大优势，但基于案多人少的矛盾突出，如果将大量的有和解可能的案件交由承办人主持不具现实可行性。第三方主持相对更为公正。

（三）适用中存在的问题

1. 监督机制缺失

对检察阶段进行的刑事和解缺乏监督机制，并且办案人员独自负责启动调停刑事和解极为普遍，在外界压力或者是利益的诱惑下，部分刑事和解的办案人员极易滥用刑事和解制度,滋生司法腐败。

由于法律并未明确规定对刑事和解进行监督的方式,并且实践中更注重和解协议是否达成,而非检察机关是否从解决矛盾冲突的恢复性司法目标出发对当事人进行教育,所以对当事人是否真诚悔罪并没有进行硬性审查。刑事和解协议也并没有强制约束力,之后的履行也存在风险。

2. 刑事和解标准缺失

个案中,犯罪人经济状况存在很大差异。在刑事和解制度的实际实施过程中,赔偿能力强弱已经成为阻碍刑事和解制度的一个重要因素。当前,刑事和解赔偿金额基本上都是由当事人之间通过协商决定的,各地存在很大差异。这可能出现被害人"漫天要价",或者犯罪人以钱赎刑的问题。

(四)和解后的不起诉决定

依照刑事诉讼法的规定,对于达成刑事和解的案件,人民检察院可以向人民法院提出从宽处罚的建议;对于犯罪情节轻微,不需要判处刑罚的,可以作出不起诉的决定。此类案件属于刑事诉讼法规定的相对不起诉范围,最终应由检察委员会作出决定。

三、审判阶段可能采取的非拘禁措施

(一)管制刑

管制刑在司法实践中的适用率极低,主要原因可归为以下几点:适用对象规定不明确;适用范围狭窄;惩罚性不足;重刑主义对司法者观念的束缚;缓刑的大量适用对管制刑生存空间形成的挤占;管制刑与其他主刑之间的并罚方式不明确，这些原因导致司法者避繁就简从而不愿意适用管制刑。

（二）缓刑

1. 适用特点

实际适用中，未成年犯罪人适用缓刑的比率较高且呈现出逐年上升的趋势；女性犯罪人适用缓刑的比率高于男性犯罪人适用缓刑的比率；外来犯罪分子适用缓刑的比率显著低于当地犯罪分子适用缓刑的比率；因过失犯罪判处缓刑所占比率高于故意犯罪的缓刑适用率；职务犯罪、财产犯罪使用率较高。①

2. 现状分析

司法适用缓刑的依据是犯罪情节的轻重、悔罪表现、再犯罪的危险程度以及宣告缓刑对所居住社区没有重大不良影响。这种判断标准比较笼统，主观性较强。犯罪情节的轻重、悔罪表现还有一定的标准可查，但是对“再犯罪的危险”则难以判断。

缓刑适用条件之一是宣告缓刑对所居住社区没有重大不良影响。此规定是立法对社区民众的考虑，但缓刑并未规定听证程序，难以体现出如何考虑社区的意见。

实践中缓刑适用率低；缓刑考察形同虚设，对被判处缓刑者进行社区矫正，社区监管能力差；缓刑期间应遵守的规定不够明确，如没有具体的实施标准，从而使缓刑考察机关没有具体的监督考察的依据，在执行过程中可操作性差，自由裁量权过大；撤销缓刑条件和程序存在不公

---

① 胡钰：《关于缓刑适用情况的调查报告——以 2007～2011 年三门峡市渑池县缓刑适用情况为调查样本》，西南政法大学 2012 年硕士学位论文。

正之处。

（三）暂予监外执行

1. 适用对象

从刑种来讲，暂予监外执行包括有期徒刑、拘役和部分无期徒刑。从范围来看，暂予监外执行只能针对患有严重疾病、生活不能自理、怀孕或还在哺乳期的女性罪犯适用。同时，还必须不具有社会危险性。对于那些具有社会危险性或者危险性较大的罪犯，即使出现了身患严重疾病等特殊情形，也不能对其适用暂予监外执行。

2. 批准机关

暂予监外执行的决定分为交付执行前和交付执行后。对于交付执行前的罪犯，由人民法院决定是否暂予监外执行；对于交付执行后的罪犯，分别由关押罪犯的看守所、监狱上报至设区的市一级以上公安机关或省级以上监狱管理机关批准决定。

3. 适用中存在的问题

（1）存在违规适用现象。尤其是有严重疾病需要保外就医的情形。虽然《罪犯保外就医疾病伤残范围》对保外就医伤残的标准作了规定，但权钱交易而违规操作的现象屡禁不止。金钱利益的刺激和制度设计的不健全是主要原因。

（2）存在放宽暂予监外执行标准的情况。个别地方监外执行标准偏低，部分服刑人故意夸大病情，弄虚作假。有些罪犯病情稍有严重可能花费大笔医疗费，监狱为缓解医疗经费超支的压力就会降低疾病标准将其保外就医；还有的监狱降低监外执行标准，从而为违规监外执行开绿灯。从实践来看，各地普遍存在将患乙肝、一般性肺结核病、腰椎间盘突出及严重贫血等不属于保外就医的疾病的罪犯决定暂予监外执行。

第六节　思考与建议

恢复性司法在西方已经有了三十余年的发展，理论相当成熟，实践中也有很多创造性做法。这一理念在中国的发展相对较晚，而核心制度则是刑事和解制度的建立和实践，侦查阶段案件的终结、审查起诉阶段的不起诉决定、审判阶段的非监禁措施的适用，这些都与刑事和解制度的适用息息相关。故本节针对刑事和解制度提出一些思考。

一、基础理念的启发

恢复性司法的主要目标在于：(1)全面关注被害人的需要，对被害人进行全面的帮助，包括物质上、情感上及社会认可的需要。(2)使犯罪人被社区所接纳，并最终融入社区之中。犯罪人无论是否被判刑，最终都要回到社区。只有其真正被社区所接纳，并最终融入社区，才能真正实现重新社会化。(3)使犯罪人有机会承担积极的责任。所谓承担积极的责任，比如真诚地认罪悔罪、赔礼道歉，积极进行物质赔偿，等等；所谓消极地承担责任，比如仅仅被判刑入狱服刑等，这是远远不够的，有时甚至也是不需要的。(4)建设有成效的社区。既有助于犯罪人顺利复归社会，又能够帮助被害人，并有利于犯罪预防与控制的社区。(5)为现代刑事司法制度的弊端提供新的替代措施。[①]

对于中国恢复性司法实践的反思，应当从恢复性司法的基础理念

---

① 王平：《恢复性司法在中国的发展》，载《北京联合大学学报》(人文社会科学版)2016 年第 6 期。

和主要目标出发,去审查实践中理念、制度设计以及具体操作过程中存在的问题。在刑事诉讼过程中,被害人应当有发出自己声音的机会,其被侵害的物质和情感的恢复应当受到重视。刑罚对犯罪人的惩罚,只是消极的补救,同时会造成犯罪人再社会化的问题。通过具体的恢复性司法措施,使犯罪人在积极承担责任的同时又能顺利回归社会,这是较之传统刑事司法的进步之处。

二、主要问题

中国恢复性司法的实践,主要是刑事和解制度实施的实践,主要问题集中在以下方面。

(一)和解手段过于单一

金钱赔偿几乎是唯一适用的和解手段,且多属于一次性赔偿。这种单一的金钱赔偿模式,不仅容易造成社会公平观念的缺失,不利于民众对刑事和解制度的理解与支持,也不利于加害人悔罪意识的形成,丧失了刑罚预防犯罪的基本功能。甚至有学者认为,刑事和解制度有异化为赔钱减刑的嫌疑。金钱赔偿作为当前刑事和解的主要手段,如何根据加害人的经济基础及被害人的实际情况确定相应的赔偿标准也并没有得到明确。

和解手段的过于单一,与配套设施的缺失有关。比如,对某些轻微刑事犯罪,当犯罪人缺少经济赔偿能力时,是否有可能通过社会服务而积极承担责任,但目前中国法律对社区矫正或社会服务的规定粗略,很难具体实行。和解手段的单一,还加大了被害人或其亲属基于经济弱势而被加害人要挟的可能性。

（二）程序保障及监督机制缺失

无论在侦查阶段还是检察机关审查起诉阶段，什么样的案件适合进行刑事和解，承办人何时告知当事人有进行刑事和解的权利，对不当进行刑事和解的情况存在哪些内部及外部监督机制，又能如何进行救济，对已经达成和解协议的案件应如何处理，对已经达成的和解协议应如何保障实际履行，这一系列具体问题目前尚无统一规范的标准。

对具体案件承办人而言，也并不存在积极进行刑事和解的动机。甚至如前文所提及的，公安机关对逮捕率的要求、检察机关对案件的起诉率等的要求，与进行刑事和解是存在冲突的。

三、相关建议

（一）完善程序机制

1. 启动程序。在查清案件事实的基础上，对符合刑事和解适用条件的案件，承办人应主动告知当事人有申请刑事和解的权利，向其解释刑事和解制度，并征询双方当事人的意见。当事人申请刑事和解的，案件承办人应向其提供《刑事和解申请书》，由申请刑事和解的当事人按规定填写完毕后提交案件承办人。

2. 审查程序。案件承办人在收到当事人的《刑事和解申请书》之后，应依法审查并撰写审查报告。经过审查，承办人应给出同意或不同意刑事和解的意见，并写明理由，将报告提交主管领导批准。

3. 达成和解程序。对决定适用刑事和解的案件，承办人可以从以下几个方面开展工作：(1)主持双方当事人进行面对面沟通交流。(2)对案件当事人进行释法说理工作。案件承办人在刑事和解案件中加强释法说理工作不仅可以使双方当事人了解相关法律规定，增加对案件最终处理结果的认同感,还有利于解开当事人的心结,彰显人文关怀,更好地化解社会矛盾,真正做到案结事了。在具体办案过程中,案件承办人要对有可能引起争议的和解事项,主动进行释法说理工作,向双方当事人说明相关法律规定及各自的利害关系。(3)审查《刑事案件和解协议书》。案件承办人在双方当事人达成和解意向后,根据当事人的申请应及时发放《刑事案件和解协议书》,并说明填写规范和要求。案件当事人提交和解协议后,承办人应及时审查并撰写审查报告,提交主管检察长批准。

4. 定期跟踪回访。

(二)完善监督机制

无论是侦查机关还是检察机关进行的刑事和解,都应当有来自内部及外部的监督。

1. 加强内部监督。检察及公安机关应将本机关刑事和解开展情况及时向上级机关报送备案,上级机关应定期通过案件质量检查、回访当事人等形式,及时纠正违法违纪现象,以防止刑事和解制度下公权力的滥用。

2. 加强外部监督。检察及公安机关要将刑事和解工作开展情况作为检务、警务公开的一项内容,通过检察及公安机关门户网站、公告栏等方式适度公开。此外,各级人大代表以及人民监督员可以充分发挥其职责,不定期地对检察机关刑事和解工作进行质询和回访。

(三)完善配套设施

通过立法及多种途径完善配套设施,提倡和解手段的多样性。例如,要出台相关法规,详细规定相应社区服务的履行,为犯罪人积极承担责任提供更多途径;又如,建立对未成年人的帮教机制,解决刑事和解后无人过问的问题,建立刑事被害人国家救助制度,从根源上防止被害人受被告人的金钱诱惑而同意和解。

建立健全完善的基础设施,还应借鉴其他国家的创造性做法。如加拿大有专门设立的青年司法委员会为青少年罪犯适用恢复性司法提供公共资金支持,其司法部还将联邦、省、地区的工作组联合起来以统筹安排全国范围内的恢复性司法工作。美国则拥有专门管理社区监督的机构,这些机构向全国范围内的警察部门提供资金以支持社区监督,也通过各地的社区监督机构和它出版的专论来为相关工作人员提供培训。[①]

(四)重视社区的参与

社区在恢复性司法中扮演着很重要的角色,这往往包括三方面的内容。第一,社区作为利害关系人,其固有的稳定的社会秩序也被犯罪破坏,有权利作为受害者参与和解谈判;第二,社区成员作为利害相关人也会积极地采取一些行动来预防和控制犯罪,这主要是指社区成员作为志愿者参与到恢复性司法的程序中担任调解人以促成双方和解协议的达成;第三,社区可以作为罪犯履行相关社区服务的最佳监督者,在帮助罪犯改造和与相关机关沟通方面起着至关重要的作用。

---

① 吴圆琴:《国际上恢复性司法的新发展及对我国的启示》,载《研究生法学》2016年第2期。

下　编

CHAPTER 05 >>

第五章

少年犯的重新融入社会项目

第一节 国际标准

少年司法领域的国际规范性文件不仅数量庞大，而且内容详尽。关于少年权利保护，最重要的国际文件首先就是《联合国儿童权利公约》。除此之外，联合国在犯罪预防和刑事司法领域的标准和规范还包括四大少年司法文件，即《联合国少年司法最低限度标准规则》、《联合国保护被剥夺自由少年规则》、《联合国预防少年犯罪准则》(以下简称《利雅得准则》)和《刑事司法系统中儿童问题行动指南》。[①] 促进少年犯重新融入社会领域的国际标准与规范主要包括以下几个方面的内容。

一、关于转向措施

《联合国儿童权利公约》第40条第3(b)款要求

① 经社理事会决议1997/30，附件。

缔约国在适当和可行的情况下，只要充分尊重人权和法律保障措施，即应倡导“不”对被声称、被指控或被认为违反了刑法的儿童“使用司法程序”的措施。[①] 在关于少年司法体系中儿童权利的《一般性意见》第10条第26款中，联合国儿童权利委员会表达了以下意见，即缔约国应将转向措施作为少年司法体系不可分割的组成部分，并保证儿童权利及其法律保障得到充分尊重和保护。

《北京规则》第6.1条规定：“鉴于少年的不同特殊需求及可采用措施的多样性，应允许在程序的所有阶段和少年司法的不同级别（调查，检控，审判和后续处置等）安排适当的自由裁量权。”这项规定旨在鼓励少年司法体系的各级重要机构行使其自由裁量权，以便相关刑事司法官员在每一个案件中采取其认为最适当的措施。第11.2条还特别提到了赋予警方、检方及其他少年犯处置机构以权力，以便其根据人权原则和标准，不经正式听证并按其各自法律体系就上述目的规定的标准自由处置上述案件的必要性。[②]

此外，各国还应努力创设和运用允许将儿童转出司法体系的社区项目，包括那些旨在强化社会援助的项目。在这一背景下，《刑事司法系统中儿童问题行动指南》特别呼吁少年司法部门、负责执法事务的不同机构及社会福利和教育部门等开展密切合作。

二、关于评估与个性化矫治

关于少年犯的需求评估和干预规划，《联合国保护被剥夺自由少年

① 《北京规则》第11条，《刑事司法系统中儿童问题行动指南》（经社理事会决议1997/30，附件），《东京规则》第2.5条，分别提到了转向措施。

② 但是，《北京规则》第6.2条和第6.3条还要求必须规定进行核查和制衡，以便制止任何滥用自由处理权的现象并保护少年犯的权利。

规则》第 27 条规定:“少年入所后,应尽快找他们谈话,撰写一份有关心理及社会状况的报告,说明与该少年所需矫治方案的特定类型和等级有关的任何因素。此报告应连同该少年入所时对其进行体格检查的医官报告一起送交所长,以便在所内为该少年确定最适宜的安置地点及其所需和拟实施的特定类型和等级的矫治方案。”

上述规则第 27 条还特别提到了为少年犯制定个性化矫治方案,从而协助其重返社会的重要性:“如需特别改造待遇,且留在该所的时间许可,则应由该所训练有素的人员拟定一项个性化书面矫治计划,说明矫治目的和时间框架及应用于实现目的的方式、阶段和延期情况。”

三、关于监禁替代措施

《联合国儿童权利公约》规定,缔约国有开发一系列监禁替代措施、以“保证以适合儿童福祉且与其状况和罪行相适应的方式处置少年犯”的具体义务(第 40 条第 4 款)。具体而言,该公约提到了指导和监管令、辅导、缓刑、寄养、教育和职业培训项目及其他监狱关押替代措施。《北京规则》第 18.1 条还列出了处置措施的具体例子。所有措施均应与少年犯发展的不同阶段相适应。

四、关于监禁措施

关于少年犯的拘禁及其目的,《联合国儿童权利公约》第 37 条第(b)款要求,国家只能将剥夺自由作为最后手段并在尽可能短的时间内使用。拘禁的首要目的——和针对少年司法体系中儿童采取的任何措施一样——必须是少年犯的改造和社会再融入。① 因此,在剥夺儿童自由的情况下,《联合国保护被剥夺自由少年规则》第 28 条规定:“拘留少年的环境条件必须根据他们的年龄、个性、性别、犯罪类别以及身心健康充分考虑到他们的具体需要、身份和特殊要求,确保使他们免受有害的影响和不致碰到危险情况。”因此,少年犯的处理方式必须最适合他们的特殊需求及身心健康和幸福的保护。如被剥夺自由,少年犯必须与成年人隔离,除非这样做不符合其最大利益,因为“有大量证据表明,将儿童安置在成人监狱或看守所将损害其基本安全、健康和未来远离犯罪及重返社会的能力”。②《联合国保护被剥夺自由少年规则》还要求人们注意少年犯拘禁设施的条件,要求其反映居住式矫治的改造目标,并“对少年犯在隐私、感官刺激、与同伴交往的机会及参与体育、健身和娱乐活动等方面的需求予以必要关注”(第 32 条)。此外,鉴于拘禁对儿童产生的不利影响,《北京规则》第 13.5 条规定,在被监禁的情况下,少年犯“应接受其年龄、性别和个性等因素可能要求的照顾、保护和个人援助,无论是社会的、教育的、职业的、心理的、医学的还是物质的”。而且,这些照顾、保护和个人援助还应“符合他们全面发展的利益”(第 26.2 条)。

教育和技能开发对于少年犯的改造和获释后的社会再融入特别重要。有鉴于此,《联合国儿童权利公约》第 28 条对所有儿童包括那些被剥夺了自由的儿童接受教育的权利作出了规定。《联合国保护被剥夺自由少年规则》第 E 节还进一步规定了为处于被拘禁状态的儿童提供

---

① 例如,根据《北京规则》第 26.1 条的规定,被监禁少年的培训和待遇的目标是提供照管、保护、教育和职业技能,以便帮助他们在社会上起到建设性和生产性的作用。

② 联合国儿童权利委员会《关于少年司法体系中儿童权利的一般性意见 2007/10》第 85 段,《儿童权利公约》第 37 条第(c)款,《联合国囚犯待遇最低限度标准规则》规则 11,《联合国保护被剥夺自由少年规则》第 29 条。

教育、职业培训和工作机会的详细标准。具体而言，所有学龄儿童都有权接受适合其需求和能力的教育及可能为其将来就业做准备的职业培训（第42条）。此外，《曼谷规则》规定，少年女犯和少年男犯应有接受教育和职业培训的平等权利（第37条）。

在卫生保健方面，《联合国儿童权利公约》第24条第1款要求缔约国履行义务，以保证所有儿童（包括那些被剥夺了自由的儿童）不被剥夺享用最高可获标准卫生服务及疾病治疗和康复设施的权利。《联合国保护被剥夺自由少年规则》第49～55条规定了少年犯医疗护理方面的详细标准。其中，第51条规定："向所内少年提供医疗服务时应设法检查和治疗任何可能影响少年重返社会的身心疾病、药物滥用或其他情况。每一少年拘留所应能随时获得足够的医疗设施和设备，这些设施和设备应与收容人数及其要求相称，并且所内医疗人员应接受预防性保健护理和处理紧急医疗事件的培训。生病、感觉不适或有身心不适症状的少年，应迅速由医官检查。"此外，《曼谷规则》第38条还规定："少年女犯应能得到与年龄和性别相适应的方案及服务，例如性虐待或暴力侵犯问题的咨询。她们应接受有关妇女保健的教育，并应像成年女犯那样，能够定期寻求妇科专家协助。"

关于与外界的联系，《联合国儿童权利公约》第37条第（c）款规定，"所有被剥夺自由的儿童均应……有权通过信件和探访同家人保持联系，但特殊情况除外"。与此类似，其他国际文件也认为，与外界之间的充分交流不仅是公平、人道待遇的重要组成部分，而且对于儿童重返社会的准备至关重要。[①]

① 参见《联合国保护被剥夺自由少年规则》第59条。

五、关于后续关怀与提前释放

《北京规则》强调,为满足重返社区少年犯的不同需求,为其提供指导和支持并作为其成功重新融入社会的一个重要步骤,有必要设计和提供一系列的多样化服务和设施。该文件呼吁国际社会努力“提供半监禁式安排,如中途之家、教养院、日间训练中心及其他可协助少年以适当方式重返社会的适当安排”(第29.1条)。该文件还鼓励经常且提前对少年犯适用有条件释放,并规定“有关主管部门应在最大限度上且尽可能早的时间适用有条件释放”(第28.1条),同时补充规定,“以有条件方式释放的少年应接受有关主管部门的协助和监管,并得到社区的充分支持”(第28.2条)。

与此类似,《利雅得准则》规定,“社区应制订或加强现有的符合青少年特殊需要、适应他们的问题、兴趣和忧虑的各种社区性服务和方案,以及向青少年及其家庭提供的辅导和指导”(第32条)。为实现上述目的,“应提供各种服务和帮助措施,解决青少年步入成年期所经历的种种困难。这种服务应包括对吸毒青少年的特别方案,其中应强调关怀、辅导、协助和着重治疗的干预”(第35条)。根据《联合国保护被剥夺自由少年规则》,“所有所内少年都应得到安排,帮助他们在释放后重返社会,重过家庭生活、重新就学或就业。应为此设立有关的程序,包括提前释放和特别课程”(第79条)。该文件特别要求主管机关提供或保证旨在协助少年犯重返社会并减少其面临的歧视的服务明确规定:“这些服务应在可能的情况下确保向该少年提供适当的住所、职业、衣物和足够的生活资料,使其获释后能够维持生活,并顺利融入社会。应与提供此种服务机构的代表磋商,并让他们与拘留中的少年接触,以便帮助他们重返社会。”

《北京规则》则强调了少年犯改造过程中社区合作的重要性。该文件倡导发动志愿者、地方机构及其他社区资源“在社区背景下且尽可能在家庭内为少年犯的改造做出有效贡献”(第25.1条)。

第二节　国际实践

本节主要介绍一些国家在以下几个领域促进少年犯重新融入社会的实践做法。

一、转向措施

通过将少年犯转出刑事司法程序,然后以适当方式对案件作出处置或将少年犯重新导向社区项目,转向有助于防止少年司法体系中后续正式程序给少年犯带来的消极影响。转向项目的形式多种多样,但一般都包括调解、监管或恢复性司法等要素。转向的实施通常以警方、检方或其他少年案件处置机构行使其结构化自由裁量权(structured discretionary authority)为基础。比如,在泰国,《少年司法程序法案》的一项规定使得在少年司法体系中使用恢复性司法措施,从而引进转向措施成为可能。这项法案允许检察官在少年培训中心主任的建议下放弃对某一少年犯的指控。

在承认保护儿童权利且转向项目的实施要有法律保障的必要性的同时,联合国儿童权利委员会还参考《联合国儿童权利公约》第40条的规定强调了以下内容:①(1)转向(即以不采用司法程序的方式处置被

① 联合国儿童权利委员会:《关于少年司法体系中儿童权利的第10号一般性意见(2007)》(CRC/GC/10),第27款。

声称、被指控或被认为触犯了刑法的儿童的措施)应仅在下列条件全部满足时使用,即有令人信服的证据证明某一儿童实施了被声称的犯罪;该儿童在自由状态下自愿供述了相关罪责;上述供述是该儿童在没有受到恐吓或压力的情况下作出的;且该供述不会在任何后续法律程序中用来对付该儿童自己。(2)儿童必须在自由、自愿基础上以书面方式同意参与转向项目,而其同意必须以其充分、具体了解转向措施的性质、内容和持续时间及不合作、实施并完成转向措施的后果为基础。为强化父母的参与,缔约国还可考虑将父母的同意作为实施转向项目的一项要求,特别是在儿童未满 16 岁的情况下。(3)法律须包含哪些案件可适用转向措施的具体规定,而警方、检方和/或其他机构在这方面的决策权应受到监管和审查,特别是在保护儿童免受歧视的情况下。(4)儿童必须被赋予就主管机关所提供转向措施的适当性和可行性及该措施可能接受审查的情况寻求法律或其他援助的机会。(5)转向项目的完成应导致相关案件的明确、最终结案。尽管为管理和审查目的可就转向措施作出机密记录,但这些记录不得被视为“犯罪记录”,而之前参加过转向项目的儿童也不得被视为有过犯罪记录。如转向事件产生过任何记录,只有被授权处置违法儿童的主管部门有权在一定期限内(如最多一年内)存取上述记录的相关信息。

在联合国派驻南苏丹代表团和刑法改革与刑事政策国际中心的配合下,联合国毒品和犯罪问题办公室正协助南苏丹国家监狱服务署创建一个少年犯缓刑下属机构。这个机构将负责量刑前报告的制作、缓刑令的管理、罪犯的监管及获释少年犯的后续关怀服务。成立这个机构并创建缓刑和后续关怀职能是因为南苏丹目前还没有专门的少年犯监狱或服务机构,这也是冲突后地区相当常见的一种情形。

二、评估

作为一项通用规则，对罪犯处境、风险因素和需求进行充分评估是为其制定有效个性化干预措施，从而支持其社会再融入的适当基础。对少年犯而言，这项规则同样适用，但还应加上一个要求，即应将他们的教育和发展需求及处境纳入考量。在理想状态下，每一评估均应以个性化干预或矫治计划的制定告终；之后，还应对这样的计划定期审核和更新。此外，保证所有负责少年犯评估工作并协助其社会再融入的人都有专门评估工具也非常重要。以巴拉圭为例，作为少年犯关怀项目的一部分，该国对每一少年犯的处境和状况都进行了评估，以确认和监测有利于他们重新融入社会的适当措施。[①]

三、社区制裁措施（监禁替代措施）

社区制裁措施为剥夺自由的刑罚提供了非常合理且有效的替代方式。如前所述，国际标准鼓励在任何可能的情况下使用这种措施，特别是在涉及违法儿童的情况下。一些儿童可能需要住所这一事实不能成为适用拘禁措施的理由。为此，主管机关应落实其他替代措施，如"教养院"、居住式学校和寄养等。剥夺自由这一刑罚最有效的替代措施之一是社区监管（少年缓刑或青年缓刑）。在许多存在这种措施的国家，如肯尼亚，少年缓刑和后续关怀服务是由同一机构提供的。

越南开展了少年犯罪预防与社会再融入项目，这个项目由若干旨在协助少年犯成功重返社会的社区活动组成。这些活动包括培训志愿者、为从改造学校获释的儿童提供直接援助（包括送回社区）、与父母召

---

① See Human Rights Council, Report of the High Commissioner for Human Rights on Human Rights in the Administration of Justice, including Juvenile Justice (A/HRC/C/14/35), para. 10.

开研讨会、为少年犯分配工作、协助少年犯创业并为其提供法律援助。尽管这些服务目前都没有非常大规模地实施,但项目已证明其在支持少年犯重返社会方面的有效性。比如,项目提供的法律援助对许多少年犯处理其犯罪记录相关法律问题、获取出生证明及其他必要正式文件、解决某些与其处境相关的行政管理问题都至关重要。该项目在社区层面的显著成就之一,是其鼓励许多利益相关方进行协作与合作的作用。比如,该项目推动的社区团体与地方警察之间的密切合作就是一个很好的开端,因为这种合作对于犯罪的有效预防和罪犯的社会再融入非常重要。①

四、少年犯监禁措施

我们知道,监禁对儿童的影响很大程度上取决于他们的成长水平,但监禁同时也会影响他们的未来发展。被剥夺自由对个人产生的影响又会进一步影响少年犯在监禁期间或之后从各种干预措施中受益的能力,以及获释后克服社会污名和再融入挑战的能力。② 越来越多的证据表明,在全球少年司法体系处置的少年犯中,很大比例的人都存在精神障碍症状,而这对一国的少年司法体系和精神健康体系都构成了巨大挑战。欧洲数国的可靠研究表明,在进入审前拘禁中心的少年犯中,有一半至2/3 的人满足一种或多种精神障碍(包括药物滥用)的诊断标

① See Y. Dandurand,《少年犯罪预防与社会再融入项目的最后审查与进展评估》(河内、越南计划,2011 年 2 月)。

② See D. P. Mears & J. Travis, *Youth Development and Reentry*, Youth Violence and Juvenile Justice, Vol. 2, No. 1, 2014, p. 3 – 20.

准。[①] 在美国,2006 年开展的一项涉及数州 1400 名少年犯在不同少年司法背景下(社区项目、拘禁中心和封闭居住式设施)的全面研究发现,70.4% 的少年犯达到至少一种精神健康障碍的诊断标准,而超过 60% 的少年犯则达到三种或三种以上精神障碍的诊断标准。这项研究还发现,女性少年犯在这方面的风险(80%)明显比男性少年犯(67%)要高。[②] 在许多国家,大量儿童正被拘禁而无法接受教育。比如,2011 年 1 月在布鲁塞尔举行的非洲被剥夺自由未成年人教育研讨会[③](Workshop on Education of Minors Deprived of Liberty in Africa)发现,非洲监狱中未成年人的权利包括接受高质量教育的权利被"广泛忽视了",国家和区域层面的干预措施缺乏有效协调,而其他基本需求也高居教育之上。

因此,干预措施必须以促进儿童的成长和发展为目标。如被剥夺自由,儿童应与成年罪犯分开关押。相应地,监狱内的活动机制也必须以儿童的教育、个人和社会发展、职业培训、改造和释放准备为目标。在监狱中服刑时,他们要有根据其风险因素、需求和学习能力评估结果量身定做的教育、认知行为和技能开发的干预和培训。此外,他们还要有充分的保健和心理及情感支持。最后,以罪犯及其家庭和同伴群体为重点的多模式方法也在推荐之列。

在许多国家,如巴拉圭,少年犯的改造和再融入策略包含拘禁中心

---

① See International Juvenile Justice Observatory, *Mental Health Resources for Young Offenders: European Comparative Analysis and Transfer of Knowledge—MHYO Manual for Improving Professional Knowledge, Skills and Developing Advocacy Programme*, Vol. Ⅱ, Brussels, 2011.

② See J. Shufelt & J. Cocozza, *Youth with Mental Health Disorders in the Juvenile Justice System: Results from a Multi - state Prevalence Study*, Research and Program Brief, Delmar, New York, National Center for Mental Health and Juvenile Justice, 2006.

③ www. iday. org/EN/02whatwedo/docs/sections/vulnerablechildren/WorkshopConclusionsRecommendations_EN. pdf.

实施的义务教育，而这种教育又以促进个人发展、实现释后就业机会最大化的技能为重点。① 在阿尔巴尼亚，欧盟资助了位于该国城市卡瓦牙（Kavaja）的首个少年犯社会再融入中心。这个中心的项目融合了恢复性司法和社会再融入等理念。除拘禁设施外，该中心还有教室、工作坊及娱乐和医疗设施。在联合国毒品和犯罪问题办公室的协助下，埃及政府强化了处置少年犯的立法和制度能力。埃及创建了一个隶属于司法部的少年理事会，专门提供少年犯罪法律方面的培训。此外，埃及还致力于改善少年犯的监禁条件，以促进其社会再融入和再社会化。政府向少年犯提供了行业工作坊，涉及制鞋、焊接、水管修理、计算机和电工技能等领域及读写课程等。联合国毒品和犯罪问题办公室埃及项目的第二部分专注于开罗、吉萨和盖勒尤卜等城市致力于为获释少年犯提供协助的非政府组织的培训和能力建设。该项目将释前和释后社会再融入项目拓展到了就业、社会和精神健康、教育等领域。比如，在拘禁期的最后几个月，辅导少年犯制定一个“生活规划”，鼓励其坚持完成释后项目。获释后，许多人都能在木工厂、制衣厂和大理石厂找到工作。

五、提前释放或有条件释放

如果伴以适当监管和协助，提前或有条件释放可成为一种保证少年犯成功重返社会的强有力工具。少年犯进入成年期时经历的过渡与其重返社会时面临的过渡之间存在某种联系。这种双重过渡产生的挑

① See A/HRC/C/14/35, para. 10.

战是巨大且多方面的。[①] 重返社会时，少年犯面临着许多与成年罪犯相似的问题。

提前释放项目允许主管机关在少年犯做好重返社会的准备后立即将其释放。这类项目为少年司法机关保证仅在绝对必要的期限内拘禁少年犯提供了一个重要机制。要使提前释放项目正常运作，就必须对少年犯在监禁期间的改造进展进行定期评估，以确定其是否能够成功重返社会。而且，他们正处于从依赖家庭到独立生活、从上学到工作、从沉浸于青春期同伴关系到发展亲密伴侣和亲子关系的转折过程中。因此，他们成功融入社会与他们在其他发展轨迹上的成功密切相关。[②] 提前释放以对每一名少年犯进行适当评估为依据，既考虑他们的发展问题，又考虑他们的社会再融入问题。

六、释后干预与后续关怀

研究发现，少年犯出狱后的最初几个月非常关键。在这一期间，他们往往突然发现自己没有了监狱里提供的那些监管或支持。回到社区后，他们当中许多人仍然存在许多尚未解决的严重风险和需求问题，因而损害了他们成功重返社会的机会。因此，这一期间的支持性干预特别重要。

（一）干预内容

作为后续关怀策略，许多干预措施都可用来协助少年犯重新融入

---

① See D. M. Altschuler & R. Brash, *Adolescent and Teenage Offenders Confronting the Challenges and Opportunities of Reentry*, Youth Violence and Juvenile Justice, Vol. 2, No. 1, 2004, p. 72 – 87.

② See M. L. Sullivan, *Youth Perspectives on the Experience of Reentry*, Youth Violence and Juvenile Justice, Vol. 2, No. 1, 2004, p. 56 – 71.

其家庭和社区。这些干预措施必须与少年犯的需求和处境相符,而干预措施的选择则应以对少年犯个人挑战和需求的现实评估为依据。这种评估通常涉及对每一少年犯造成的公共安全风险进行评价,然后与其家庭、雇主和社区组织合作,在其获释之前制定一个旨在降低其再犯风险并为其提供同向支持圈的释后计划。

有效的释后干预通常包含三个阶段的内容:(1)监狱服刑或释前规划与服务;(2)重返社会准备;(3)获释出狱后的社区服务。那些能够提供广泛服务的国家已经开发了密集的后续关怀服务,其中包括个人案件规划、监视与服务相结合的措施、激励措施与渐进式制裁相平衡的措施及社区资源服务中介等。

(二)成功因素

仅仅将罪犯移交至社区的干预措施很难有效协助罪犯的社会再融入。监狱项目与社区干预必须相互结合才能保证支持的连续性。经验表明,这些项目在下列条件满足时是可能成功的:(1)为少年犯就其社区责任和自由的逐步增加做好准备;(2)促进少年犯与社区之间的互动和接触;(3)少年犯及目标社区支持体系(家庭、同伴、学校和雇主等)合作,开展建设性互动活动;(4)必要时开发新的资源和支持;(5)对少年犯和社区之间的活动进行监测,提高少年犯与社区的相处质量。[①]

只有在监管需求与少年犯的发展需求之间取得平衡,而且将妨碍和促进少年犯社会适应的风险和保护性因素都纳入考量后,后续关怀

---

① See D. M. Altschuler & T. L. Armstrong, *Intensive Aftercare for High - Risk Juveniles: Policies and Procedures*, Washington, D. C., United States Department of Justice, Office of Juvenile Justice and Delinquency Prevention, 1994.

服务才会真正有效。[1] 以惩罚或监视要素为重点的项目并不如那些能够帮助少年犯解决其问题(包括那些导致其实施了犯罪行为的问题)的干预做法更有效。

(三)具体措施

1. 监管与教导所

支持性监管——连同有效的案件管理方法——通常是有效后续关怀干预措施的核心内容。这种干预通常涉及将少年犯安置在过渡设施、寄养家庭或中途之家等做法。在一些情况下,这种干预还涉及将少年犯置于作为责任人的成年人(如学校老师、义工、社区成员、父母或其他亲属)的监管和指导下,以便对其行为进行监控。在其他情况下,少年犯的监管则是专门刑事司法机构(如缓刑和后续关怀机构)或儿童保护和福利机构的职责。从2008年起,智利就开始培训合格义工为少年犯提供服务,并对支持性干预的结果进行衡量、监测和评估。主管机构即国家未成年人服务署(National Service of Minors,SENAME)专门负责协调与公民社会组织之间的合作,以保证采用全面、跨领域的工作方法推动少年犯的社会再融入。

在日间报到中心或教养所,罪犯每周都要向一个非居住式社区中心报到并参加规定时数的活动。这类中心通常由地方机构或非政府组织运作,提供非常严密的监管环境。在这里,罪犯可参加各种教育、康复和休闲项目(如就业和培训协助、教育和扫盲班、酒精和药物滥用辅

① See H. L. Chung, M. Little & L. Steinberg, *The Transition to Adulthood for Adolescents in the Juvenile Justice System: a Developmental Perspective*, in On Your Own Without a Net: The Transition to Adulthood for Vulnerable Populations, in D. W. Osgood and others, eds., Chicago, University of Chicago Press, 2005, p. 68 -91.

导、生活技能课程和体育活动等)。教养所为罪犯提供了活动框架和监管,从而为其提供了一种打发自由时间并与成年人和同伴建立积极联系的建设性方式。这种位于现有社区或休闲中心且将罪犯融入非犯罪同伴群体的项目对于某些少年犯群体特别有效。

2. 教育与职业技能培训

主管机关可鼓励少年犯就获释后接受正规教育或参加职业或技能培训项目作出承诺。在某些情况下,作为一项法定要求,地方机关或其他机构提供的支持必须允许罪犯重返学校或参加技能培训(如减免培训费用)。很明显,就业技能的开发是许多少年犯的工作重点。最有效的职业培训项目是那些既提供工作技能、又提供就业协助的项目。

3. 社区服务

社区服务要求少年犯以有利于社区的某种方式从事规定时数的无偿服务,其目的是让罪犯为受害人或整个社区做出某些有价值的贡献,从而赋予其就自己的罪行作出补偿的机会。通过这种方式,罪犯可向自己和受害人表明自己也可以是社会的有益成员。对少年犯而言,最有效的社区服务通常是那些要求他们积极与成人或同伴角色共事并赋予他们能够展示其所胜任工作的机会。比如,要求少年犯与守法同伴或成年人在团队环境中合作开展小规模社区建设或清洁项目有助于锻炼少年犯的工作和社交技能。通过这类项目,社区可从罪犯的劳动中受益,而罪犯则获得了成就感并增强了自尊心。

4. 补偿

补偿(赔偿)通常是调解或集体讨论后与受害人达成的和解的内容之一。有时,它也是法院命令的内容之一。补偿要求罪犯采取具体措施纠正其犯罪对受害人或整个社区造成的物质或情感伤害。补偿可直接与犯罪相关(如替换被盗物或修复损害),也可以更具象征意义(如从事无偿社区服务或向受害人提供某种服务，作为其表示忏悔的方式）。不像罚款或赔偿金，补偿不一定涉及现金的支付。

5. 能力开发项目

能力开发项目是旨在帮助少年犯解决其认知发展方面潜在问题的专门项目，因为这些问题可能是少年犯犯罪行为的因子。这方面通常涉及负责任决策、交流技能、问题解决、冲突解决、自尊心和愤怒管理等。大多数能力开发项目都是"经验式"或积极学习项目。相关研究已反复表明，为少年犯提供练习或模仿积极行为机会的学习项目远比那些只对他们讲授法律知识和正确行为的项目有效，因而也更受青睐。对某些少年犯而言，这种释后干预对于帮助他们强化参与监狱项目获得的进步也是必要的。

6. 毒品或酒精依赖的矫治

少年犯的犯罪行为可能与诸如毒品或酒精滥用或家庭暴力之类的深层次问题直接相关。在这种情况下，涉案儿童可能被直接移交至专门的辅导或治疗式矫治项目。如在深层次问题发现后立即干预和矫治，将有助于防止破坏性习惯的升级和/或家庭问题的缓解。这种性质的释后干预则可进一步巩固少年犯在监禁背景下可能已经参与的矫治项目。

7. 辅导项目

辅导是帮助青少年远离风险和犯罪行为的一种重要项目。辅导是针对有风险的年轻人和少年犯的最普遍的干预措施之一，是成年人以身作则并向青年人传授如何应对困境、如何游刃于各种生活问题和障碍之中的过程，特别是在涉及可能将青年人重新置身于风险环境的情况下。

对于少年犯，人们已经开发了全面的后续关怀项目，这些项目的内容就包括生活技能的培训和服务提供,以及获释青少年与其辅导者之间辅导和被辅导关系的建立。在理想情况下,少年犯的辅导不应仅涉及少年犯与辅导者之间的关系,而且还应涉及其他几种形式的援助和支持体系。通常,辅导过程有赖于非父母成年人与风险少年之间合作或关系的发展,而其目的则是通过向辅导者学习或通过辅导者与被辅导者之间的关系本身推动少年犯从事积极行为。人们普遍认为,辅导项目的价值和成功取决于辅导者与被辅导者之间个人关系的力度,包括相互尊重和信任的程度。研究表明,狱内辅导对不法青少年具有特殊价值,而社区辅导对不法行为相关风险因素的影响也已相当明确。但辅导对不法行为和再犯行为的直接影响则不甚明朗。[①]

最后,辅导项目的内容、连贯性和复杂性各不相同。辅导活动本身的质量、强度和持续时间都是影响辅导项目成败的关键因素。从根本上讲,辅导项目的效果植根于辅导实施过程的质量、互动的背景和参与者相互关系的主观性质。不同类型和强度的关系可产生不同的结果,在不同环境下,某些少年犯从辅导中受益的程度可能比其他人要高。

在英国,非政府组织“开路人”(Trailblazers)与少年犯机构、监狱工作人员及其他利益相关方密切合作,共同从事少年犯的再犯预防工作。为协助少年犯的成功安置,志愿者会在他们获释前为他们提供长达6个月的服务,包括提供密集辅导和为专业机构指路等。在少年犯获释后,这种支持将在社区内继续持续长达9个月的时间。根据这个组织的数据,其服务的少年犯的再犯率平均为9%,而政府方面的数据为70%以上。这个组织的志愿者拥有广泛而多样的专业和族裔背景,他

---

① See P. Tolan & Others, *Mentoring Interventions to Affect Juvenile Delinquency and Associated Problems*, Campbell Systematic Reviews, No. 16, Campbell Collaboration, 2008.

们要有成熟的生活态度、积极性和踏实感，对年轻人（包括他们的话题、问题和失败之处）持非判断性同情态度，并承诺至少服务 12 个月。辅导人员要承诺每周探视狱中的被辅导者 1 个小时，必要时对他们的培训、教育和住房机会等问题开展研究，与其他相关机构建立联系并在被辅导者获释后继续为其提供支持。这种支持包括每周给他们打电话，以便和他们保持联系，在可能的情况下每两周和他们见一次面等。此外，辅导人员还要参加培训课程、定期监督活动和举行季度集体会议。[①]

8. 团伙成员资格的终止

对某些少年犯而言，犯罪团伙的成员资格构成了他们社会再融入过程中的一种特殊挑战。青少年通常是因为团伙给予的归属感和承诺的保护而被拉进犯罪团伙的，而这种状况又可能导致他们看不到团伙生活之外的其他机遇。那些年龄很小（如 11 岁或 12 岁时）就被拉进犯罪团伙的人长大成人后成为累犯的可能性要高得多。[②] 团伙成员资格对少年犯获释后重新融入社会的能力有着非常负面的影响，而且可提高他们（提前）重新犯罪的可能性。此外，团伙成员再犯的时间也比非团伙成员更早。[③] 回到社区后，许多少年犯又会重新与原来的团伙产生纠缠，因而需要为防止这种再次纠缠提供支持。

为帮助少年犯切断其与团伙或犯罪同伴的联系，并为那些试图退出团伙的少年犯提供具体退出策略方面的支持，主管机关可开发专门

---

① www. trailblazersmentoring. org. uk/.

② See R. L. Mullis & Others, *Young Chronic Offenders: a Case Study of Contextual and Intervention Characteristics*, Youth Violence and Juvenile Justice, Vol. 3, No. 2, 2005, p. 133 – 150.

③ See A. Braga, A. M. Piehl & D. Hureau, *Controlling Violent Offenders Released to the Community: an Evaluation of the Boston Reentry Initiative*, Journal of Research in Crime and Delinquency, Vol. 46, No. 4, 2009, p. 411 – 436; J. W. Caudill, *Back on the Swagger: Institutional Release and Recidivism Timing among Gang Affiliates*, Youth Violence and Juvenile Justice, Vol. 8, No. 1, 2010, p. 58 – 70.

项目。[①] 比如,新加坡监狱服务署就提供了一个“退出团伙”项目,涉及咨询辅导、文身清除和仪式活动等方面的内容。英国(苏格兰)开展了暴力减降社区行动项目。据苏格兰警方介绍,旨在打击格拉斯哥团伙文化的“暴力减降社区行动”已显著减少了该市部分地区的暴力活动。一些团伙成员参加了这一行动中活动强度最大的项目,并成功将其犯罪活动减少了73%。同时,项目参与者的持刀行为也减少了60%左右。而且,在该行动尚未实施的城区,团伙成员实施的暴力犯罪甚至也减少了25%。项目的核心是“请进来”,即邀请已知团伙成员参加哥拉斯加郡法院(Sheriff Court)举办的活动。在活动中,家庭成员、警方和医疗人员会向参加者讲述团伙文化的人力成本,然后邀请参加者签署一份放下武器并参与项目的承诺。签署了承诺的人将得到各种机构在其就业和身心健康方面提供的支持。而且,他们还被鼓励将这一信息带回给其他团伙成员。[②]

第三节　思考与建议

如何处理和应对少年或者儿童(根据我国习惯以下统称为“未成年人”,对构成犯罪的未成年人称“未成年犯”)违法犯罪问题,是世界各国及国际组织共同关心和期望解决的问题。未成年人是人类的希望、国家的未来,中国有句古话叫“少年强则国强”。为此,各国都在为未成年

① See S. Decker, *Strategies to Address Gang Crime: A Guidebook for Local Law Enforcement*, Washington, D. C., United States Department of Justice, Office of Community Oriented Policing Services, 2008.

② K. Scott:《哥拉斯加的团伙打击项目成功减少了暴力犯罪》,载《卫报》2011年7月4日,www.guardian.co.uk/society/2011/jul/04/glasgow-gang-project-cuts-violence。

人的健康成长创造良好的环境和条件,对于违法犯罪的未成年人采取了一系列保护措施,促使他们改过自新、顺利回归社会。比如,联合国及相关国际组织以及多数国家制定并实施的转向措施、监禁的替代措施、根据未成年犯的特点及需求实施的旨在促使其融入社会的教育矫正项目等。

我国对未成年犯采用“教育、感化、挽救的方针,坚持教育为主、惩罚为辅的原则”。为落实这一方针、原则,我国基本形成了一整套关于教育、感化、挽救和处罚未成年犯的制度,也取得了较好的效果。当然未成年人犯罪是一个极为复杂的社会现象,涉及方方面面的问题,尽管我们取得了一定的成效,但与一些发达国家相比,我们还有进一步完善的空间。国外的一些理念及做法对于完善我们的制度和措施具有借鉴意义,下面就完善我国未成年犯刑事司法制度提出如下意见。

一、完善未成年犯的转向制度

所谓转向,就是对构成犯罪的未成年不按照通常的刑事司法程序来处理,而是将他们从刑事司法程序中转出来,采用其他的方法和措施(非刑罚措施)来处置,对他们进行监督、教育、感化。我国的转向措施主要包括限制逮捕、附条件不起诉以及当事人和解等制度。

(一)完善未成年犯罪嫌疑人限制适用逮捕制度

我国《刑事诉讼法》第280条规定:“对未成年犯罪嫌疑人、被告人应当严格限制适用逮捕措施……”最高人民检察院《人民检察院办理未成年人刑事案件的规定》(高检发研字〔2013〕7号)对此进行了细化,规定对于罪行较轻,并具备可以不逮捕的其他条件的以及罪行比较严重,但主观恶性不大,有悔罪表现,具备有效监护条件或者社会帮教措施,具有初次犯罪、过失犯罪等7种可以不批准逮捕情形的可以不批准逮捕。

这些不批准逮捕的门槛较高，造成实践中对未成年犯罪嫌疑人批准逮捕的比例仍然很高。据统计，2003～2015年，全国检察机关经审查批准逮捕未成年犯罪嫌疑人92万余人，不批准逮捕16万余人。不批准逮捕率仅为14.81%。在英国，被羁押的犯罪嫌疑人和被告人大约只占所有犯罪嫌疑人和被告人的5%，95%的犯罪嫌疑人和被告人被保释。在意大利，在开始审判前，被告人被羁押的比例一般不超过所有被告人的15%。在芬兰，2003年共有28617名被抓获的犯罪嫌疑人，其中只有1732名犯罪嫌疑人被羁押。[①] 建议我国将对未成年犯罪嫌疑人适用逮捕措施的条件控制在几类罪行严重犯罪内，如可能判处10年以上刑罚的刑事犯罪，或者有证据证明已经实施了杀人、故意伤害致人重伤或者死亡、强奸、抢劫、贩卖毒品、放火、爆炸、投毒罪等严重危害公共安全和严重侵害他人人身权利的刑事犯罪，或有证据证明参与有组织暴力犯罪。除此以外的犯罪，原则上都不应当对未成年犯罪嫌疑人适用逮捕措施。

（二）完善未成年犯罪嫌疑人附条件不起诉制度

我国《刑事诉讼法》第282条规定，对于未成年人涉嫌刑法分则第四章、第五章、第六章规定的犯罪，可能判处一年有期徒刑以下刑罚，符合起诉条件，但有悔罪表现的，人民检察院可以作出附条件不起诉的决定。这一规定对涉嫌的罪名范围偏窄，并且只规定可能判处一年有期徒刑以下刑罚的才可以适用。不利于充分发挥这一制度对未成年犯罪

---

① 郭烁：《徘徊中前行：新刑诉法背景下的高羁押率分析》，载《法学家》2014年第4期。

嫌疑人的教育、感化和保护作用，建议取消犯罪类型的规定，并将可能判处的刑罚从一年以下修改为三年以下。

（三）完善未成年犯刑事和解制度

对于罪行较轻的未成年人犯罪案件，应当可以通过和解的方式，通过予以训诫或者责令具结悔过、赔礼道歉、赔偿损失，或者由主管部门予以行政处罚而不是刑罚处罚的方式结案。目前我国有关法律只规定符合《刑法》第37条规定的不需要判处刑罚的才可以免予刑事处罚。可以考虑规定未成年犯罪嫌疑人所涉嫌的罪名的法定刑在三年以下有期徒刑，未成年犯罪嫌疑人、被告人真诚悔罪，与被害人自愿达成和解、赔偿协议的，人民检察院可以做出不起诉决定、人民法院可以判决免予刑罚处罚，而予以训诫或者责令具结悔过、赔礼道歉、赔偿损失等非刑罚处罚。

二、完善未成年犯的非监禁刑罚制度

只能将剥夺未成年犯自由作为最后的、不得已的手段并在尽可能短的时间内使用，是联合国公约、规则倡导的基本原则，也是多数国家努力的方向。如果不能采用转向等措施免予刑罚处罚，那么对未成年犯应当优先考虑使用非监禁刑罚措施，尽可能采用社区矫正的办法来教育矫正他们。我国在这些方面也有比较好的法律制度，尤其是随着我国社区矫正制度的建立和发展完善，取得了较好的成效，但也有不断完善和发展的空间。

（一）修改完善未成年犯缓刑的法律制度

我国《刑法》第72条作出了对符合缓刑条件、不满18周岁的人应当宣告缓刑的规定，而普通成年犯则是规定“可以宣告缓刑”。不过在缓刑的条件方面未成年犯与成年犯是一样的，即“被判处拘役、三年以下有期徒刑，犯罪情节较轻、有悔罪表现、没有再犯罪的危险”“宣告缓刑对所居住社区没有重大不良影响”等。因此，在实践中，未成年犯的监禁率仍然很高。据统计，截至2018年8月，在社区矫正中的未成年罪犯数为10351人，而在未成年犯管教所关押的人数一般在15000人左右。也就是说，未成年罪犯中多数(60%左右)仍然处于监禁状态。建议修改未成年犯缓刑的条件，将“被判处拘役、三年以下有期徒刑”修改为“被判处拘役、五年以下有期徒刑”。对“没有再犯罪的危险”“宣告缓刑对所居住社区没有重大不良影响”的评价标准也作相应的修改，强调家庭的监管和担保责任，如果有家长(监护人)的担保就可以视为符合这两个条件。

(二)修改完善未成年犯假释制度

假释是缩短未成年犯监禁时间、促使他们回归社会的比较好的制度，但我国总体来说假释率很低，全国平均假释率在2%左右，近几年有下降的趋势。针对未成年犯的假释也没有特别的规定，只是在《最高人民法院关于办理减刑、假释案件具体应用法律若干问题的规定》中提到“未成年犯的减刑、假释，可以比照成年犯依法适当从宽”。但如何从宽，从宽到什么程度并没有具体明确的标准，因此，在实践中很难落实。建议我国研究设立未成年犯法定假释制度，即对于具备一定条件的未成年犯，在未成年犯管教所服刑一定时间后直接就假释出来，在社区中进行矫正。

三、设置未成年犯开放式、半开放式管教所

近几年，我国开始进行按警戒度来区分和设置监狱，例如一些省

（市、区）已经设置了高度戒备监狱，但低度监狱尤其开放式、半开放式监狱的设置进展却很缓慢。如果设置开放式、半开放式未成年犯管教所的条件不成熟，可以考虑在未成年犯管教所中设开放式、半开放式监区，让符合条件的未成年犯可以白天一天或者半天离开管教所到社会上去学习或者工作，晚上回到管教所。这对培养他们的自觉性、责任心以及适应社会的能力均有好处。可以考虑先进行试点，在取得一定经验的基础上再全面铺开。

四、完善符合未成年犯身心特点的监管和教育矫正制度

我国对未成年犯的监管、教育制定了一些专门的规定，如《监狱法》第 75 条规定："对未成年犯执行刑罚应当以教育为主。未成年犯的劳动，应当符合未成年人的特点，以学习文化和生产技能为主。"《社区矫正实施办法》规定，针对未成年人的年龄、心理特点和身心发育需要等特殊情况，采取有益于其身心健康发展的监督管理措施等。这些规定都是必要的、有益的，但关键是他们的特点是什么、有哪些特殊的需要、怎样采用有针对性的措施却是需要不断探索和完善的问题。

（一）建立科学的未成年犯调查评估制度

科学的调查评估是了解、掌握未成年犯身心特点的重要环节，只有充分了解他们的特点和需求，才能制定出符合他们特点和需要的监管、教育矫正措施、方案和项目。我国在未成年犯入所或者入矫时也对未成年犯进行调查评估，但调查评估属于粗放型的，调查评估的方法、标准、程序还有诸多需要深入和完善的地方。建议由司法部监狱管理局牵头组织力量研究制定未成年犯调查评估规范、研究制定未成年犯调查评估工具和量表。现在各地也制定了自己的调查评估方法和工具，

但科学性、有效性和针对性均有待提高，必须有全国层面的相对统一和科学的调查评估方法和工具。

（二）根据未成年犯释放后就业的需要进行职业技术教育和培训

我国未成年犯管教所基本都开展了职业技术教育，但多数是围绕管教所的劳动项目而进行的职业技术培训和教育，针对未成年犯今后就业需要而开展的职业技术培训不多。当然要达到这一要求难度很大，一是未成年犯管教所的条件不允许，二是未成年犯自己也不知道今后要干什么。这些问题可以考虑与社会上的职业培训机构合作，在由未成年犯自己选择的前提下，委托相关培训机构在未成年犯管教所举办相应的职业技术培训班。

（三）完善未成年犯家庭参与教育矫正的制度

研究表明，在未成年犯服刑过程中家庭的参与对他们的教育改造具有重大影响。据统计，未成年犯对家人会见寄予需求的比例达到了83.02%，说明在管教所服刑的未成年犯特别需要亲人的关心鼓励。[①]因此，未成年犯管教所应当建立相应的制度或者开展相应的项目，让未成年犯的家庭成员经常参与到教育工作中来，采取适合未成年犯特点的会见制度，例如以前开展过的亲情会见、亲情会餐，让他们的亲人有较多的时间与他们进行面对面的接触，改变窗口、隔着玻璃、通过话筒会见的方式。

---

① 俞国女：《未成年犯矫正对策与再犯罪预防实证研究——兼未成年犯个案矫正模式的构建》，载《法治研究》2012 年第 5 期。

CHAPTER 06 >>

第六章

女犯的重新融入社会项目

第一节　国际标准

2010 年 12 月 21 日，联合国大会第六十五届会议第七十一次全体会议通过了《联合国关于女性囚犯待遇和女性罪犯非拘禁措施的规则》。《曼谷规则》[①]是女犯待遇相关国际规范和标准的一个重大里程碑。该规则承认了女犯的特定状况和需求，并将这些需求放在了与男犯需求同等重要的位置。在此之前，尽管有些国际规范和标准可平等适用于男性和女性罪犯，但它们并没有在所有情况下都考虑女性的特定状况和需求，而《曼谷规则》就这一问题提供了具体指导。

一、《曼谷规则》出台的背景

1955 年通过的《联合国囚犯待遇最低限度标准

① 联合国大会第 65/229 号决议附件。

规则》并未对女犯的特殊需要予以足够关注。随着全世界女性囚犯人数的增加,需要进一步阐明在女性囚犯待遇方面应予考虑的事项。联合国大会曾经根据2003年12月22日第58/183号决议,请各国政府、相关国际机构和区域机构、国家人权机构和非政府组织加倍注意女性囚犯问题包括女性囚犯的子女问题,以查明关键问题和解决问题的方法。大会考虑到《东京规则》中规定的替代监禁措施,并考虑到触及刑事司法制度的女性的性别特殊性以及女性囚犯是具有特殊需要和要求的脆弱群体之一,意识到世界各地现有的许多监狱设施主要是为男性囚犯设计的,而过去这些年来女性囚犯的人数有了显著增加,一些女性罪犯并不会对社会构成危险,与所有罪犯一样,对她们实行监禁可能会使他们更加难以重新融入社会。在此基础上,联合国预防犯罪和刑事司法委员会请联合国毒品和犯罪问题办公室于2009年在泰国曼谷召开了一次不限成员名额政府间专家组会议,按照《联合国囚犯待遇最低限度标准规则》和《东京规则》,制定了针对在押拘禁和非拘禁环境中女犯待遇的补充规则,即最终出台的《曼谷规则》。

二、《曼谷规则》的内容框架

《曼谷规则》分为四部分。第一部分是普遍适用规则,涉及相关机构的一般管理,适用于被剥夺自由的所有各类妇女。第二部分是适用特殊类别的规则,包括被判刑囚犯规则和被拘捕或候审囚犯规则。第三部分是非拘禁措施,包括对女性和少年女性罪犯适用非拘禁惩处和措施的规则,涉及刑事司法程序中拘捕、审前、判决和判决后这些阶段的规则。第四部分是关于研究、规划、评价、提高公众认识和交流信息的规则。

《曼谷规则》的全部内容都与女犯的社会再融入相关。关于女犯待遇的所有措施都对女犯与其家庭成员建立更为紧密的关系包括允许女犯与其子女保持密切关系非常重要。比如,在“与外界的接触”这一条目下,规则26～28旨在便利家庭成员对女犯的探视,允许配偶探视,并为探视提供适当环境。规则45鼓励监狱机构“在最大限度上对女犯适用探亲假、开放式监狱、中途之家和社区项目等措施,以降低其从监狱生活过渡到自由环境的难度,削弱其耻辱感并帮助其尽快与家人重新建立联系”。这种接触可减轻女犯的孤立感、孤独感和无助感,从而增强其外部联系感及其与子女和家庭成员之间的亲近感。《曼谷规则》中有许多明确涉及带着孩子服刑的女犯及如何解决随母留监儿童需求的相关规定。比如,规则49强调,“随母留监儿童任何时候都不得被当作罪犯”。此外,《曼谷规则》还呼吁在必要时为获释女犯提供额外的心理、医疗、法律和实际支持。

除了女犯待遇方面的内容外,规则认为,应为女犯开发监禁替代措施,并为其配置适当资源(规则60):“以便将非拘禁措施与干预措施相结合,解决导致妇女触犯刑事司法制度的最常见问题。这些安排可包括对家庭暴力和性虐待受害人的治疗和咨询服务,为精神残疾者提供的适当治疗,旨在改善就业前景的教育和培训项目等。这些项目应考虑女犯照顾孩子的需要及为其提供女性特定服务的需要。”

最后,提前释放项目同样应适用于女犯,而有条件提前释放(假释)相关决策则必须“积极考虑女犯的照看责任及其在社会再融入方面的特殊需求”(规则63)。

三、《曼谷规则》的适用

《曼谷规则》在整体上有助于改善女性囚犯及其子女和社区的境况,各会员国应当为推动其实施做出努力,克服规则适用中的实际困难。《曼谷规则》并非要取代《联合国囚犯待遇最低限度标准规则》和《联合国非拘禁措施最低限度标准规则》(《东京规则》),上述两套规则的所有规定继续无歧视地适用于所有囚犯和罪犯。

第二节　国际实践

一、性别敏感型项目

(一)项目现状评价

性别敏感型社会再融入项目领域的研究,包括如何应对女性罪犯因性需求和风险因素方面的信息,基本上仍是空白。因此,能够为女犯提供各种项目或以性别敏感方式提供这类项目的国家在实践中相对较少。尽管近年来人们已经开发了一些性别敏感型风险和需求评估工具,①但是为应对性别相关风险、需求和响应等因素,我们还有很多工作要做。除风险、需求和响应方面的差异外,女犯通常在情感和家庭关系方面也与男犯存在差异。女性与他人之间的关系通常与女性犯罪存在重大关联。因为女犯往往更容易因其与他人之间的联系而作出行为改变。她们的自信心和自我价值感通常更容易且更直接受其所维持关系的影响。

在项目方面,人们发现,女性往往会对那些同时将重返社会各方面

① See P. Van Voorhis & Others, *Women's Risk Factors and their Contributions to Existing Risk/Needs Assessment: the Current Status of a Gender - Responsive Supplement*, www. uc. edu/womenoffenders and www. nicic. gov/womenoffenders.

内容都纳入考量的"环绕式"服务作出更好的响应。[①] 环绕式服务模式通常合并使用各种干预措施应对罪犯同时面临的各种挑战。这些服务是相互联系、协调并作为服务包提供的，而不是相互脱节的一系列干预措施。这种模式需要人们清晰理解女犯作为看护人、女儿、母亲和妻子或伴侣的不同角色，因为在与社会网络及其中关系隔绝的状态下，她们是不可能获得有效协助的。

性别敏感型社会再融入项目必须将女犯的生活、她们在乎的东西和社会对她们的要求等现实纳入考量。女性犯罪的终止似乎还跟广义上的所谓关系承诺和对他人责任的承担（如家庭背景下的责任）有关。许多女犯都将孩子丢给了丈夫、伴侣或亲属照顾，因而一直为孩子的幸福焦虑不安。因此，支持作为母亲的罪犯与其孩子和家庭之间的交流是一种简单、实用的帮助，目的是帮助他们应对这种焦虑并缓解这种痛苦的项目对于她们的改造非常重要。

（二）项目内容

1. 与外界的接触

促进罪犯与外界之间的接触是旨在削弱监禁有害影响并协助罪犯社会再融入策略的重要组成部分。人们发现，家庭接纳感是与出狱人成功就业、戒毒并对未来表示乐观等积极现象联系最为紧密的一个因素。[②] 有力的家庭联系和伴侣支持一直都是罪犯成功融入社会的关键

---

① See S. S. Vovington, a *Woman's Journey Home: Challenges for Female Offenders and their Children*, paper presented to the National Policy Conference "From Prison to Home": The Effect of Incarceration and Reentry on Children, Families, and Communities", Washington, D. C., 30 – 31 January 2002.

② See S. Spjeldnes & S. Goodkind, *Gender Differences and Offender Reentry: a Review of the Literature*, *Journal of Offender Rehabilitation*, Vol. 48, No. 4, 2009, p. 314 – 335.

要素，而有家人或朋友探视的罪犯重新犯罪的可能性也比那些没有人探视的罪犯要低。[①] 相对于男犯，女犯承担看护和子女抚养责任的可能性要更大，而这正是与家人和孩子分开及监禁造成的隔离对女犯危害尤其大的原因所在。[②] 因此，保证狱中女性有接受家庭成员探视的设施（包括可与孩子共度有意义时光的场所）非常重要。

使罪犯探视成为优先事项并将其转化为督促罪犯为获释做好准备的机遇并不需要很多资源，通常只是一个重新调整工作人员工作时间和罪犯活动安排、建立适当安保措施并落实信息管理程序以追踪探视人及其联系信息的问题。但是，任何时候，监狱机构都应在探视之前征求女犯本人的意见，并赋予其拒绝会见某些探视人的权利。遗憾的是，一些监狱机构采取了限制探视的做法，因为探视会给行政和安全管理带来不便，而且会给监狱工作人员造成额外工作负担。

值得注意的是，由于女子监狱的数量有限，女犯通常被关押在离家较远的地方，因此接受探视的机会可能会更少。因此，如果探视人要长途旅行才能到达监狱，应允许其适当延长探视时间——这被视为一种良好实践。此外，会见子女时，应允许女犯与子女有身体接触，并应保证这种探视在适当环境下进行。允许女犯使用电话并增加女犯与其家庭成员之间的电话联系次数也是可取的，特别是在后者离监狱较远或无法前往探视的情况下。还有，监狱机构可与社区机构和组织合作，帮助女犯维持与家庭成员之间的联系。

---

① See L. Bartels & A. Gaffney, *Good Practice in Women's Prisons: A Literature Review*, Canberra, Australian Institute of Criminology, 2011.

② See *Handbook for Prison Manager and Policymakers on Women and Imprisonment*, United Nations publication, Sales No. E. 08. IV. 4.

2. 有受害史女犯的干预

尽管女性在性和精神方面的受害现象在监狱内外都存在,但监狱或社区内的相关干预措施却通常处于缺失状态。在较富裕的国家,女性可接受强奸危机辅导人员的辅导,在接受医学治疗或咨询后还可接受精神健康评估,而且还可享受保护性监护或安全措施,以及自我防御方面的培训。但在其他许多国家,这种干预则非常稀缺,女性通常不得不自己独自面对精神和情感方面的创伤。

在上述情况下,开发和提供监狱和社区环境下的性别敏感和创伤知情型精神健康护理和药物滥用项目应视为一项工作重点。如果有受过适当训练的辅导人员,在监狱内甚至在罪犯获释后为其举行集体或个别辅导活动,以了解其感受并协助其制定未来生活规划是可行的。很多时候,将自己的想法和感受讲出来的能力可以为存在受害史的女性就未来做好准备并为其战胜创伤提供额外力量。

3. 有孩子女犯的干预

监禁给作为母亲的女犯造成了特殊挑战,特别是当其在监禁期间无法维持自己与子女关系的情况下。除其他挑战(如找工作和住所及贫困)外,女性获释后必须重新扮演作为母亲的角色。尽管家庭支持是其获释后最终重返家庭生活的一个重要因素,但监禁——哪怕是短期的——仍会导致家庭结构的变迁,从而提高离婚或分居的风险。

此外,监禁期间与子女分开可能对母亲和子女双方都产生非常有破坏力的后果。监禁加剧了子女可能面临的各种困难,却将作为母亲的女犯置于爱莫能助的境地。由于监禁,母亲相对于子女的权威地位可能会受到损害。因此,协助子女探视很明显是支持女犯维系其家庭纽带并为其未来家庭团聚做好准备的一项重大措施。但是,母亲罪犯的支持体系通常还需要其他干预措施。案件管理方法可能是对众多干预进行结构化处理，从而以性别敏感的全面方法解决女性多重需求的一种有效方式。

被监禁妇女的子女通常是一个被忽视的弱势群体。[①] 在许多情况下，他们都存在食物短缺、缺乏社会互动及无法享受教育和健康服务的问题。此外，他们还会因通过母亲与监狱系统发生联系而产生耻辱感。因抚养需求而与母亲在监狱内生活的儿童的平均年龄因国家的不同而不同。许多国家都规定了一个必须将这类儿童送出监狱并将其安置在罪犯家庭、朋友家庭或寄养家庭的最大年龄。

存在药物滥用问题且作为母亲的女犯在履行其哺乳职责及重返家庭方面将面临更大的困难。但是，有证据表明，希望获释后能与自己年幼孩子一起生活的女犯参加矫治项目的可能性更高。美国的一些监狱哺乳项目允许被监禁妇女在全部或部分刑期内与婴儿生活在一起并照顾他们，从而允许其在有利环境中与婴儿进行亲密接触。内布拉斯加州妇女矫正中心的研究表明，参加哺乳项目后，女犯的再犯率确实降低了。[②]

（三）国家实践

2007 年，俄罗斯联邦政府为那些从监狱获释及被判处非拘禁措施的女犯成立了一个女子社会改造中心，被称为俄联邦中途之家北极光中心（Aurora Centre）。该中心为女犯提供法律咨询、心理辅导和训练、

① See O. Robertson, *Collateral Convicts: Children of Incarcerated Parents—Recommendations and Good Practice from the UN Committee on the Rights of the Child Day of General Discussion* 2011, Human Rights and Refugees Publications, Geneva, Quaker United Nations Office, 2012.

② See L. S. Goshin & M. W. Byrne, *Converging Streams of Opportunity for Prison Nursery Programs in the United States*, Journal of Offender Rehabilitation, Vol. 48, No. 4, 2009, p. 271 – 295.

就业协助及计算机能力培训等服务。

印度运营了妇女矫正之家。近年来,印度政府决定大幅增加妇女矫正之家的数量。这些妇女之家由该国妇女儿童部和社会福利部联合主办,专门安置怀孕女犯和有孩子的女犯,此外还负责监管这些孩子的教育、疫苗接种和特殊营养项目。

欧洲委员会议会大会针对作为母亲的罪犯和随母留监幼儿的第1469(2000)号建议中,提出了以下建议:(1)为幼儿母亲开发和使用基于社区的刑罚,避免使用监狱拘禁刑;(2)针对作为母亲的罪犯及其幼儿开发刑事司法专业人员教育项目;(3)为确实需要这种监禁且作为母亲的少数女犯开发小规模封闭或半封闭监区,并提供社会服务支持——在这种环境下,儿童护理可在友好环境下进行,在保证公共安全的同时,儿童最大利益应高于一切;(4)保证父亲拥有更灵活的探视权,以便孩子能够与双亲都相处一些时间;(5)保证监狱工作人员在儿童护理方面接受适当的培训;(6)为法院制定适当的指导原则,以便其仅在罪行严重、涉及暴力且涉案妇女具有持续危险性的情况下判处怀孕妇女和哺乳期母亲以监禁刑。

肯尼亚实施了工具包项目。肯尼亚监狱服务署认识到了为每位作为母亲的女犯提供工具包的重要性。这种的工具包包括以下物品:各类婴儿服装;两块婴儿毛毯;两块小床单;一块中等大小的毛巾;两个尿布套;一打尿布;一块放在床单下保证床不被弄脏的塑料;一瓶凡士林(用于治疗疹子);一个奶瓶;一个勺子和一个盘子。在婴儿两岁或三岁之前,女犯可亲自照顾他们,而且可带着孩子与其他罪犯住在同一牢房。此外,女狱警还接受了专门培训,以提高其对被监禁母亲需求的敏感性。

二、女犯的释放规划与释后支持

(一)必要性

释放规划和准备对所有罪犯都很重要。但是,就女犯而言,她们面临的挑战可能非常不同。监禁带来的社会污名在女性身上可能会更加明显,由于她们给家庭和社区带来的耻辱,她们的家庭可能不会重新接纳她们。如果是因为通奸或其他有违道德的犯罪而入狱的,女性通常会直接被社会所抛弃,甚至获释后还会遭受身体虐待。此外,相对于男犯而言,女犯能够获取的资源往往更少,因为在许多情况下,她们在经济上是依附于其丈夫和家庭的。在一些国家,财产权可能并不存在或保护欠佳。在重返社区时,女犯的经济依赖性会增加其脆弱性。

(二)内容

释放规划和准备应尽早进行,以便计划能够顺利完成并得到罪犯家属或社区组织的确认。如女犯担心自己的安全,则其计划应予保密,且需采取措施保证女犯释放计划相关信息不被可能对罪犯造成威胁的人所知。

鉴于其家庭状况、父母身份和抚养责任,监禁一段时间后重返社区的妇女有五个领域的广泛需求:儿童护理和抚养技能开发;保健、辅导和药物滥用治疗项目;住房和交通协助;教育、就业和工作培训服务;社会支持等。[①] 相应地,释后支持必须同时应对女犯的多种挑战,包括保护需求和情感及心理支持。最重要的是,女犯要有机会接触那些能够

---

① See J. R. Scroggins & S. Malley, *Reentry and the (unmet) needs of Women*, *Journal of Offender Rehabilitation*, Vol. 49, No. 2, 2010, p. 146 – 163.

倾听、鼓励并支持她们的监管者或服务提供者。①

一些妇女在寻找家庭或孩子下落并重新与他们建立联系方面可能需要帮助。因此，幼托服务及抚养协助对女犯从监狱过渡至社会这一过程非常有帮助。在监狱中，罪犯的日常生活都是由监狱安排和规划的，而在社会上，他们必须自己安排自己的生活。因此，学习或重新学习如何合理规划自己的生活不仅需要时间，而且需要帮助。如果女犯觉得自己有能力照顾好自己的孩子，那么她重返社会的信心可能会更大。如果连孩子都照顾不好，孩子就可能不愿意回到她身边。与此同时，如果想找份工作，她也有寻找某类幼托服务的需求。在低收入国家，幼托服务可能无法获取，但家庭支持网络有时可在作为母亲的女犯外出工作时替其照顾孩子。

在寻找适当住所和工作方面，许多获释女犯还需要特殊协助。由于监禁带来的污名及对妇女声誉造成的损害，社会支持对低收入国家女犯成功重返社会至关重要。社区领导可在冲突解决、调解和分歧调和及鼓励社区成员接纳获释妇女方面发挥重要作用。此外，为防止贫穷女犯再犯，增加低成本住房、食物和工作的供应——包括慈善渠道提供的——也非常重要。因此，诸如中途之家和过渡住所之类措施的使用有助于缓和从监狱到社区这一过渡过程，并为他们提供尽早与家庭重新建立联系的机会。

女犯应当获得职业培训和重返劳动市场方面的协助。大多数女犯的受教育程度都有限，而符合市场需求的技能也很少。但获释后，她们通常会成为自己和孩子的唯一收入来源。尽管教育和职业项目一直且

---

① See J. E. Cobbina, *Reiteraration Success and Failure*: *Factors Impacting Reintegration among Incarcerated and Formerly Incarcerated Women*, Journal of Offender Rehabilitation, Vol. 49, No. 2, 2010, p. 210 – 232.

继续是监狱改造项目的支柱,但女犯在狱中接受的培训经常因人们对女性适当角色和职业的偏见而受到了限制。

辅导项目是一种越来越受欢迎的女犯干预形式;对那些犯罪历史较短、罪行较轻且不存在非常严重问题(精神疾病、药物滥用或酒精依赖)的女犯而言,这很可能是一种最为有效的干预措施。① 但是,在支持女犯重新融入社会方面,有助于缓和社会再融入这一过程的社区过渡设施的供应要重要得多。对于这种过渡设施的开发和管理,目前有多种模式可供选择。

(三)国家实践

加拿大开展了妇女过渡住所项目。加拿大伊丽莎白·弗莱学会在全国范围内经营众多妇女过渡住所。此外,该学会还在获取长期经济住房方面为妇女提供帮助。住户可在支持性结构化环境中为其目标和社会再融入而努力。项目还提供个人和集体辅导、生活技能培训、实用帮助及资源。

阿富汗也开展了妇女过渡住所项目。在喀布尔和马扎里沙里夫,联合国毒品和犯罪问题办公室与阿富汗政府和非政府组织"为阿富汗妇女服务的妇女组织"(Women for Afghan Women)一起赞助了两个服务于获释妇女的过渡住所。这些过渡住所为获释女犯提供读写和算术方面的教育、生活技能课程、职业培训、基本卫生保健、家庭辅导和调解等服务。必要时,还会提供家庭团聚服务。项目会为获释女犯提供至少6个月的后续协助,以促进其重新融入社区。

---

① M. Brown & S. Ross, *Mentoring, Social Capital and Desistance: a Study of Women Released from Prison*, Australian and New Zealand Journal of Criminology, Vol. 43, No. 1 (2010), p. 31 – 50.

也门建立了妇女社会关爱之家。在德国政府的资助下，也门人权部在首都亚丁创建了一个面向妇女的社会关爱之家，以协助从监狱获释的妇女重新融入社会。该项目的合作伙伴包括阿拉伯妇女和青少年支持基金会和曼苏拉监狱。这个社会关爱之家旨在帮助狱中及获释女犯自食其力，而不是依赖其家庭。在也门，许多获释妇女无法重返其家庭，因为她们犯的是“道德罪”，回去后可能遭遇暴力和虐待。此外，社会关爱之家还会安置暴力犯罪的女性受害人，并为其提供受教育机会、职业培训和读写课程。在这里，妇女可寻求义工、医生、心理学家和志愿者的帮助，而这些人也会尽力提供她们需要的东西。女律师还会为这些妇女提供法律援助，助其应对法律体系。所有住宿者都学习了读写课程并获得了手工技能。有一项技能课程的毕业生甚至还在亚丁美术学院继续深造，而其他妇女也都找到了工作并获得了经济独立。

第三节　思考与建议

女性罪犯的生理、心理的特性以及她们在家庭，抚养、教育子女方面所承担的重要的、不可替代的角色，均要求对女性犯罪问题给予较多的关注，要求对女犯尤其是对有未成年子女的女犯建立特殊的法律制度，以便尽量减少由于女性犯罪而给其家庭以及未成年子女带来不必要的伤害，尽可能使她们的子女得到母爱，并尽可能避免母亲与子女的分离，造成精神上、情感上的伤害；尽可能根据女犯的心理特点，给予情感、心理和精神上的关怀，减少她们因刑罚处罚产生不必要的痛苦和伤害。这已经成了国际社会的共识，联合国及多数国家都采取了积极的行动，以便她们能够顺利回归社会、回归家庭以及保护她们未成年子女的利益。例如,尽可能采用监禁的替代措施,开发旨在应对女性特定需求和处境的干预与服务的性别特定的社会再融入项目以及女犯释放规划与释后支持项目等。我国在处理女性犯罪问题方面,也有针对性的措施和制度,形成了较为有效的管理、教育矫正措施和方法,也取得了一定成效。不过随着社会经济的发展,随着刑事政策及刑罚制度、刑罚执行制度的改革及国际化发展的趋势,我国女犯的行刑制度也有进一步完善的空间。

一、完善女犯的非监禁刑制度

尽可能采用非监禁措施,是刑罚执行的国际化趋势。联合国大会通过的《曼谷规则》强调许多女犯并不会给社会带来风险,应当为女犯开发监禁的替代措施。我国在这方面重点应当完善女犯的缓刑和假释制度。

(一)修改完善女犯缓刑制度

我国《刑法》第 72 条规定,对于被判处拘役、三年以下有期徒刑的犯罪分子,同时符合下列条件的,可以宣告缓刑,对其中怀孕的妇女应当宣告缓刑。这一规定仅仅是对怀孕的妇女应当宣告缓刑显然是不够的,还应当增加“对有八周岁以下子女的妇女应当宣告缓刑”的规定。其理由是,对于有 8 周岁以下子女的女犯如果符合缓刑的条件不对其适用缓刑,而是适用监禁刑,不管是对于女犯自身还是对于其未成年子女都是不利的。因此,对于正在抚养 8 周岁以下子女的被告应当采用能够适用缓刑就应当宣缓刑的法律制度。这对于女犯自身的回归社会、承担抚养的责任以及未成年子女的健康成长均有非常积极的意义。

之所以建议增加这一规定,是基于以下方面的考虑:一是 8 周岁以下是人生最重要的阶段，其主要的心理、性格特征基本上是在这时期形成的。中国有一句古话叫“三岁看大，八岁看老（有的说是七岁）”，说明七八岁之前的生活环境、状态对人的一生极为重要。心理学的研究表明，人长大以后出现的各种问题都可以从七八岁之前的经历中找到原因。如果在这阶段缺乏家庭的温暖特别是离开父母，缺少母爱，就会深深伤害孩子幼小的心灵，使孩子缺乏安全感，造成心理或者人格上的缺陷、不健全。因此，这一阶段的孩子能够与父母尤其是与母亲生活在一起，是培养身心健康下一代的关键。作为孩子的母亲，即使犯了罪应受刑罚处罚，但应当优先考虑使用非监禁刑罚的方法。二是我国《民法典》将 8 周岁规定为无民事行为能力人和限制民事行为能力人的年龄界限，不满 8 周岁的未成年人为无民事行为能力人，8 周岁以上 16 周岁以下为限制民事行为能力人。因此，建议增加对有 8 周岁以下子女的妇女，如果符合缓刑的条件，应当宣告缓刑的规定。

（二）修改完善女犯假释制度

我国监狱行刑过程中，一般是大量使用减刑。减刑的比例一般能够达到在押犯的 30% ~40%，而假释的比例一般占监狱押犯总数的 2% 左右，其实这种做法既不利于罪犯顺利回归社会，也不利于巩固监狱的改造成果。我国目前尚没有针对女犯假释的特别规定，建议增加相应的针对女犯假释的特别规定。总体来说，相对于成年男犯，女犯的社会危险性相对较低，有必要对女性罪犯的假释规定从宽的条件。可以考虑增加“对于符合假释条件的女犯尤其是有未成年子女的女犯应当假释”的规定。具体可以增加规定为：被判处有期徒刑的、有未成年子女的女性犯罪分子，执行原判刑期 1/2 以上，被判处无期徒刑的、有未成年子女的女性犯罪分子，实际执行 13 年以上，如果认真遵守监规，接受教育改造,确有悔改表现,没有再犯罪的危险的,应当假释。

二、完善女犯的监管制度

由于女犯的心理、情感特点以及她们所承担的抚养子女的不可替代的重要角色,要求在女犯的监管方面,应当规定与她们的需要、特点相适应的制度、方法和措施。

(一)完善女犯会见制度

保持女犯与家人、子女的会见、接触、沟通和交流是女犯最重要的情感需求,也是稳定情绪、促使她们安心改造的重要方面。因此,改革与完善女犯会见制度就显得尤为重要。

我国由于女犯数量相对较少,一般一个省只设一个女子监狱,并且多数女监设置在省城,家住偏僻、落后农村的女犯家人及子女来监探视就特别困难。有的家属来监狱要坐一天的火车,有的来一次省城需要花费三天的时间。据对某省女监的调查,仅有 29% 的在押女犯可以与子女进行正常的会见,40% 的在押犯只能通过电话和子女进行简单的交流,其余的在押女犯和子女没有联系。有探视的多数也就是一年一次。[①] 这就需要改革与完善女犯的会见制度,特别是对于有未成年子女的女犯会见制度,包括建立女犯区别于一般成年男犯的会见制度以及对有未成年子女的女犯在会见方面的特别规定。可以考虑改革女犯会见的方式、次数和时间。恢复女犯亲情会见制度,对于表现好的女犯,可以考虑使用亲情会餐、住宿等会见的方式,让女犯能够与家人一起吃

---

① 刘威、单希政:《服刑女犯未成年子女家庭支持缺失与内外整合性替代》,载《学术交流》2018 年第 10 期。

饭，一起住宿。如果有未成年子女来会见的，住宿的时间可以延长到3~5天。我国没有未成年子女随女犯在监狱生活的规定，但应当建立未成年子女与女犯短期生活在一起的制度。如果女犯与探视的家属住在一起不具备条件，对于路途遥远，来一趟非常困难的家属，可以考虑建立短期连续会见的制度，即来探视的家属可以住在监狱附近的宾馆，这期间家属可以多次、连续到监狱来探视，不受会见的次数、时间及间隔的限制。只是总体上规定可以在几天内行使这一特别探视权，例如3天或者5天内，并规定相应的条件及审批程序。

对于来监探视确实有困难的家庭，应当通过不断建立和完善视频会见的方式进行会见。目前，我国有的地方开始探索这一会见方式，效果很好，但开展的地方不多。如果建立统一的视频会见系统有困难的，还可以考虑直接通过智能手机的微信、QQ平台进行视频会见。当然这一会见方式简单易行，但如何接入、如何确保安全均需要进一步论证、研究。可以通过试点的方式逐步推进。

（二）完善离监探亲制度

《监狱法》第57条规定：被判处有期徒刑的罪犯有前款所列情形之一，执行原判刑期1/2以上，在服刑期间一贯表现好，离开监狱不致再危害社会的，监狱可以根据情况准其离监探亲。根据监狱法的规定，司法部2001年制定了《罪犯离监探亲和特许离监规定》，对离监探亲的条件、程序、监督等作出具体规定。离监探亲制度曾经得到了比较好的贯彻执行，也取得了很好的效果，但后来由于种种原因又一度终止执行。2017年12月20日，司法部下发《关于开展监狱在押罪犯离监探亲工作的通知》，决定在2018年春节期间重启罪犯离监探亲活动。这次共批准了999名罪犯离监探亲，这些罪犯全部按时安全返回监狱。这一制度对于亲情观念、家庭观念很强的女犯来说尤其重要。如果多数女犯能够在春节期间离监探亲，与家人、子女团圆，不管是对于女犯自身的改造，对于家庭关系的维系，还是对于她们子女的健康成长均是有益的。因此，对于女犯来说，离监探亲制度不但要继续依法依规执行好，还应当修改完善离监探亲的有关规定。例如，可以考虑将女犯离监探亲的“执行原判刑期二分之一以上”的规定修改为“执行原判刑期三分之一以上”。对于女犯尤其是对于有未成年子女的女犯应当采用更为宽松的离监探亲政策，原则上让改造表现好的女犯每年均能够离监探亲一次。

（三）逐步设立开放式或者半开放式女子监狱

建议在一个省的女犯居住地相对集中的区域设置多处开放式或者半开放式的女监或者女子监区，以便她们白天能够回到家里或者到家附近的地方去工作、学习或者与家人在一起，晚上回到监狱居住。

三、完善女犯心理矫治的相关制度

研究表明，监狱中女性罪犯存在的心理问题——如创伤后应激障碍、抑郁、焦虑、恐惧症、神经质和药物依赖等的比例相对较高，因此，为女犯提供有针对性的、个性化的心理疏导、咨询和健康治疗等相关教育矫正活动，显得尤为重要。女性罪犯的心理问题、心理障碍如果得不到及时疏通、解决，很可能会出现重大的安全问题。我国目前在女子监狱也开展了心理矫治的相关活动，但整体的专业化程度、针对性及成效均有待提高。一是从事心理矫治的工作人员专业化水平及程度有待提高。多数监狱是通过培训干警，在她们取得相应的心理咨询师资格后开始从事相应的心理矫治工作。由于她们没有经过系统的心理学训练,临床经验不足,再加上她们的干警身份,因此开展起来效果就要大打折扣。二是尚没有开发系统的、适合我国女犯特点的心理评估的量表和工具,也没有形成针对女犯的心理咨询、治疗的方法、手段和项目。因此,建议司法部监狱管理局牵头,与社会上专业的心理教育、研究和治疗机构合作,共同研发相应的心理咨询、治疗工具、量表和项目,可以考虑委托专业的心理咨询、治疗机构及专家来监狱开展相应的心理矫治活动。

四、完善女犯释放后的帮扶制度

从监狱刚刚释放出来的女犯,会遇到各种各样的不适和问题,特别是对于家庭不接纳的女刑释人员,她们的回归社会之路就更难了。因此,有必要为女刑释人员提供后续的帮扶服务,帮助她们度过过渡期,顺利地回归社会。目前主要应当从以下方面进行完善。

一是设置中途之家和过渡性住所。尽管我国有些地方的社区矫正机构设有中途之家,但主要是针对社区矫正人员的,有的也对刑释的"三无"人员提供临时住处,但由于法律制度不健全,对提供临时住所的条件、期限、程序等均没有明确的规定,造成实践中存在许多问题,例如应当为哪些人提供临时住所帮助,能够在过渡性住所住多长时间等均没有相应的规定和依据,以至于在实践中出现,有的人住进来后就不走了,将临时住所当作固定的家了,因此有的中途之家干脆就不接收任何人。可以考虑通过政府购买服务的方式,由社会机构运作相关事务,通过刑释人员与专门机构签订临时住所的服务合同的方式为没有住所的女刑释人员提供临时住处。

二是为她们提供生活指导、心理辅导和职业技术培训等相关的服务项目。在我国的社会工作服务的相关机构不断建立和发展的情况下,可以考虑通过政府购买服务的方式委托专门的社工机构从事相关的生活指导、心理辅导和职业技术培训工作。通过专业社工的社会工作服务,帮助她们解决所遇到的各种问题和困难,使她们尽快适应正常的社会、家庭生活,促使她们顺利回归社会。

CHAPTER 07 >>

第七章

特殊罪犯群体的重新融入社会项目

监狱押犯中有一些特定的罪犯群体面临着独特的社会再融入挑战，重新融入社会项目必须对这些挑战作出应对。具体而言，这些特定罪犯群体包括精神病罪犯、药物依赖罪犯、老年罪犯、外国罪犯、与帮派和犯罪团伙有联系的罪犯、性犯罪人、危险暴力犯、需要特殊保护的罪犯、残疾罪犯、艾滋病罪犯或其他需要特殊治疗的罪犯。当然，这里并没有穷尽所有特定罪犯群体，除上面列出的外，还有一些在释放或进行释放准备时需要采取特殊预防措施的罪犯群体。这些特殊罪犯群体面临的挑战和需求也与普通罪犯群体不同。比如，对暴力犯或性犯罪人而言，犯罪记录可成为他们再次融入社会时一个几乎不可逾越的障碍。而且，性犯罪人可能已被公共档案记录在册，因而在重返社会时不得不面对由此产生的特定困难。对外国罪犯而言，他们对犯罪记录的关心程度不及其对国籍或遣返问题的关心程度。存在学习障碍的罪犯则可能在参加现有项目和获取释后协助时面临额外困难。相对于被短期监禁后释放的罪犯而言,服刑时间特别长或被判终身监禁但正被考虑有条件释放的罪犯获释后面临的挑战非常不同。获释时,他们通常已经成了老年人,因而不得不面对老龄化相关挑战及独立、自立能力严重不足的问题。由于长期监禁,他们可能已经接受并内化了监狱社会的文化、价值观和社会生活,并已失去了与家人和社区之间的联系。因此,老年罪犯和在监狱内服刑时间较长的罪犯获释后特别需要实际帮助,以应对狱外生活并重新学习各种基本生活技能。满足特定罪犯群体的需求给监狱机构带来了一些棘手挑战,特别是在那些社区资源紧缺(且项目成本高昂)的低收入国家。而且,在社区成员通常都无法享受额外服务的情况下,为罪犯和出狱人提供这些服务显然是强人所难。①

前面的章节强调了设计再融入项目时将各类罪犯的特殊需求和特定情形纳入考量的重要性。本章则以旨在应对特定罪犯群体挑战和需求的干预项目为重点。

第一节　老残犯

本节要讨论的是老年罪犯及身体残疾罪犯行刑及回归社会的相关问题。

① 参见联合国毒品和犯罪问题办公室《特殊需求罪犯手册》。

一、老年罪犯

（一）挑战与需求

监狱人群与社会普通人群一样存在老龄化问题。社会上的老龄化群体会导致一国卫生和社会福利体系产生额外成本，而监狱中的老龄化群体也一样。而且，由于许多国家量刑方面的法律呈现出趋于严厉这一趋势，监狱中刑期非常长的罪犯包括终身监禁罪犯的比例正在上升。因此，许多国家罪犯的年龄曲线正在上扬。

监狱压力对老年罪犯健康的影响比其对普通监狱群体的影响更大。研究表明，由于监狱条件糟糕，监狱内的老龄化进程甚至比监狱外的还要快。由于年龄问题，许多老年人被监禁后通常会经历更为强烈的心理冲击，而且相对于年轻人而言，更难适应监狱内的新环境。① 因此，他们往往会觉得自己很弱势，而且可能面临被其他罪犯虐待的风险。特别是大龄女犯，往往会有被年轻罪犯威胁的感觉，而且通常会成为年轻罪犯的欺凌对象。②

还应注意的是，在许多情况下，年龄较大的罪犯获释后特别是长期服刑获释后所能指望的唯一支持就是福利机构或非政府组织提供的服务。但是，在许多社区，老年设施或养老院非常少，而出狱人进入的难度非常大。鉴于他们的多重需求和弱势特点，获释老年罪犯适当住所的缺失确实是一个非常棘手的问题。

最后，由于许多监狱系统罪犯年龄曲线的上升，老年或绝症晚期罪

---

① See M. Davies, *The Reintegration of Elderly Prisoners: an Exploration of Services Provided in England and Wales*, Internet Journal of Criminology, 2011. www.internetjournalofcriminology.com/Davies_The_Reintegration_of_Elderly_Prisoners.pdf.

② See R. H. Aday and J. J. Krabill, *Women Aging in Prison: A Neglected Population in the Correctional System*, Boulder, Colorado, Lynne Rienner Publishers, 2011.

犯可能需要去世前的医疗、护理和临终关怀服务。

(二)对策与实践

监狱应对老年罪犯的需求予以特别关注,如可能,应尽量为其安排单独监区。老年罪犯不得被强迫从事任何繁重体力劳动或工作,但应有持续参加工作或其他有意义活动的机会。作为一项原则,国家应基于同情理由考虑释放绝症晚期罪犯。

英国非政府组织 RECOOP 致力于倡导罪犯和出狱人——特别是 50 岁以上的罪犯和出狱人——的关怀、安置和改造。这个机构提供宣传倡导、财务顾问、就业培训之类的辅导、住房和健康相关指导等方面的支持服务,以协助出狱人掌控自己的生活、避免社会孤立并持续远离犯罪。

英国卫生部和犯罪减降慈善机构国家罪犯关怀和安置协会(Nacro)联合开发了一个老年罪犯工作资源包。这个资源包描述了老龄化和健康工作的所有方面,以及老年罪犯活动、保健和安置等方面的良好实践。国家罪犯关怀和安置协会免费为罪犯提供在线数据库“安置服务发现者”(Resettlement Service Finder)相关访问服务。这个数据库能为罪犯提供住房、就业及其他服务,从而帮助罪犯成功重返社会。[①]

加拿大矫正服务署启动了一个旨在为没有任何社会资源可用的老年罪犯提供过渡住房的社区住房替代计划。这个计划的成功之处包括帮助罪犯成功过渡到独立的社区生活、获得就业、健康保险、社会保险及其他在社区中生活需要的身份卡、开通银行账户、使用公共交通系

① 英国卫生部和国家罪犯关怀和安置协会,《老年罪犯工作资源包》(伦敦,国家罪犯关怀和安置协会,2009)。

统等。

加拿大矫正服务署还创建了一个强化式管理项目，专门为有条件释放的某类罪犯（包括老年罪犯）提供服务。诸如药物滥用、精神健康和行动能力差等相关服务都能在家里提供给罪犯。

美国一些监狱创建了临终关怀项目，让罪犯照顾那些处于生命晚期的其他罪犯。国家矫正研究所和国家监狱临终关怀协会均就如何创建相关培训项目提供了指导方针。比如，在安哥拉市的路易斯安那州立监狱，罪犯们正协助运作一个临终关怀项目。这个项目提供的服务包括为接受姑息治疗的罪犯修面、洗澡或打扫牢房。许多项目参与者都是被判终身监禁的罪犯，他们将自己的志愿工作视为助人，但同时也是助己——他们希望，当自己的生命在监狱中走向终点时，有人将为他们提供同样的服务。尽管这种临终关怀项目并不是为老年罪犯重返社会服务的，但对那些参与其中的罪犯而言，仍具有改造价值。

二、身体残疾罪犯

（一）挑战与需求

依靠轮椅或拐杖行动的罪犯需要斜坡和电梯才能到达建筑物高层，而视力或听力受损的罪犯则可能需要引导和陪伴才能从一个地方移动到另一个地方。一些残疾罪犯可能需要更大的牢房，以安放其轮椅或特殊床铺。残疾罪犯有时可能无法参加所有监狱项目，而这将影响他们的释放准备，同时还可能影响他们参加提前释放或有条件释放项目的资格。身体残疾通常还会给寻找适当住所或就业的努力造成额外障碍。

(二)项目与对策

针对残疾罪犯,必须发动社区机构为残疾罪犯提供适当援助,并在其重新融入社会做准备的过程中提供协助。

有些国家有旨在解决残疾人需求的建设规范,有些国家已经颁行禁止歧视残疾人的法律。[①] 这种法律框架将对建筑物包括监狱的设计产生影响,比如监狱的设计和建造不得妨碍或阻止存在暂时或终身身体残疾问题的罪犯使用有助于其改造的设施和服务。

在最低限度上,监狱警官应接受培训并对残疾罪犯的需求具备敏感性。此外,监狱应有针对这类罪犯的服务政策和规定。监狱工作人员可咨询在这类问题上经验丰富的社区组织,从而获得如何为残疾罪犯改善监狱条件及如何协助其管理日常活动方面的建议和协助。特别是在资源有限的情况下,监狱工作人员可从这类组织捐赠的设备和提供的志愿者方面受益。与专业从事物理治疗和身体康复的机构建立合作伙伴关系还有利于身体残疾罪犯的社会再融入。这种服务可提高罪犯应对其残疾问题的能力,从而使其更容易适应获释后的新工作和新环境。对于正常生活而言,他们的残疾将因此而不会成为特别严重的障碍。

第二节　病　　犯

本节研究的病犯包括精神病犯、艾滋病犯、药物依赖犯以及存在学

---

① See *The Convention on the Rights of Persons with Disabilities*, United Nations, Treaty Series.

习障碍和困难的罪犯。

一、精神病犯

(一)挑战与需求

受精神障碍困扰的罪犯获释后通常会遇到一些独特的问题。他们可能会遭遇极端的社会孤立,且通常会在寻找适当住所和寻求就业方面遇到特殊困难。他们中的大多数人都有继续获得医疗和治疗服务及实际帮助(如财务管理)的必要性。而且,许多人来自贫困社区,被捕时可能已经无家可归或失业。这些因素及不遵医嘱的情况可能会使他们成为自身及他人的一个风险因素。①

精神病犯通常是其他罪犯——有时甚至是监狱工作人员——施虐和侵害的对象。他们通常会因其无法控制的行为而被惩罚。精神病犯通常面临同步出现药物滥用障碍的风险。对精神病犯而言,如果没能成功再次融入社会或度过社区监管阶段,后果将非常严重,因为再犯或违反判决条件可能导致其治疗中断及问题症状的再次发生。

(二)国际标准

《保护精神病患者和改善精神保健的原则》规定(第 7 条第 1 款),原则上,存在精神障碍的人有权尽量在其所属社区接受治疗和救助。鉴于监禁精神病人的害处特别大,刑事司法系统应尽可能将存在精神障碍的人转出刑事司法体系。

---

① See S. W. Hartwell & K. Orr, *The Massachusetts Forensic Transition Program for Mentally Ill Offenders Reentering the Community*, Psychiatric Services, Vol. 50, No. 9.

《联合国囚犯待遇最低限度标准规则》规则 109 第 1 款还规定，被诊断存在严重精神残疾的和（或）精神健康问题的人不应被关在监狱内。因此，要有转向项目和移交机制，以保证这类罪犯在专门的精神卫生设施或社区内接受充分的治疗。但是，在许多低收入国家，罪犯根本就没有或享受不到这类设施或社区资源，因此，精神病犯通常被默认关在监狱内，而没有得到适当救治或关注。

（三）干预项目

旨在协助精神病犯成功重返社区的干预项目的核心要素包括：（1）稳定罪犯病情，这是干预措施的优先事项；（2）提高罪犯独立生活能力；（3）维持内外监管，将其暴力行为和重新犯罪的可能性降至最低；（4）确定治疗人员与司法体系之间的联络人；（5）为罪犯的日常生活提供一个架构；（6）适当使用权威；（7）管理罪犯暴力行为和冲动；（8）将治疗纳入案件管理；（9）提供治疗性生活方式；（10）与罪犯家庭合作，确定其家人是否为可靠的社会支持来源。

由此可见，精神病犯应与其他普通罪犯群体分开，并由接受过专门培训且合格的人员监管。

精神疾病的正确诊断需要由合格的精神健康专家对罪犯进行认真细致的评估。在理想状态下，监狱系统应有自己的精神病学评估，以明确并保证实施必要的治疗和干预。遗憾的是，监狱并非在任何时候都能提供精神健康专家服务。在没有合格精神健康专家的情况下，在最低限度上，监狱必须对自己的日常工作人员进行培训，以发现罪犯的心理或情绪压力表现，并识别精神疾病的征兆和症状。

对药物滥用精神病罪犯强化治疗项目进行的评估表明：（1）精神健康治疗通常能够降低精神病罪犯对非法药物的依赖性，并为其构建远离药物依赖的生活提供必要技能；(2)减害政策，即旨在减少药物使用的害处但同时仍坚持药物戒除这一长期目标的公共卫生政策，已被发现较严格的戒除模式更为现实和有效；(3)在要求严格戒除的情况下，处于强化监管状态下的罪犯往往比那些参加较宽松治疗项目的罪犯更容易违反释放附加条件。[①]

一旦获释，精神病罪犯面临的挑战将要求国家为其开发基于社区的继续治疗模式，以解决这一群体的风险、需求和弱势等问题。这包括精神病治疗和社会服务领域(如住房、食物、残疾福利和职业培训方面的帮助等)的跨学科个案管理。此外，保证在罪犯重返社会过程中必要时能够接受持续药物治疗也特别重要。

二、艾滋病犯

(一)挑战与需求

艾滋病和艾滋病毒是全球监狱的一大挑战。[②] 监狱中的艾滋病毒感染率通常远高于普通人群的感染率，监狱是艾滋病毒传播的高危环境。尽管如此，相关治疗在监狱中极少，特别是在贫穷国家。毒品注射与艾滋病毒通常是相连的，因为监狱环境中一个主要的艾滋病毒传播方式就是共用感染了艾滋病毒的肮脏针头，而文身、不安全的性行为和保健服务的缺失则造成了额外风险。许多监狱并没有足够的资金支付必要卫生服务所产生的成本，更不用说艾滋病毒抗逆转录药物的成本。即便在能够向监狱罪犯提供这种药物的国家，罪犯的治疗也经常因释

---

① See Griffiths, Dandurand & Murdoch, *The Social Reintegration of Offenders and Crime Prevention*, p. 18 – 20.

② See UNODC, *HIV and AIDS in Places of Detention*.

放而被中断，而这可导致治疗的失败，同时产生负面后果。

艾滋病毒感染者获释后必须能够参与社区治疗项目，以便其支持、辅导和治疗能够继续。女犯还应得到生殖健康和计划生育方面的服务。出生即带有艾滋病毒的儿童在狱内狱外都应得到救治。这些项目不仅可帮助罪犯以安全方式重新融入社会，而且可预防社区环境中的进一步传播。

进入慢性病或绝症晚期的罪犯，包括但不限于艾滋病人，都需要专门的临终关怀。但是，在任何地方，很少有监狱能够提供这种关怀。同情释放项目可使垂危罪犯在刑期结束之前提前获释。这种项目在世界卫生组织关于监狱艾滋病毒感染和艾滋病相关指南中也曾被推荐过。

（二）项目与对策

美国国际开发署（中亚国家）在乌兹别克斯坦成功资助了一个女子监狱艾滋病预防保护项目。这个项目提供的培训涉及监狱工作人员和罪犯双方，旨在减少艾滋病毒检测呈阳性罪犯的污名化。培训还包括抗逆转录病毒治疗、如何向艾滋病感染者提供支持及艾滋病感染者获释后如何继续健康生活等方面的信息。此外，罪犯自己也成立了艾滋病支持小组。

非洲国家斯威士兰的 Matsapha 中央监狱——斯威士兰的一个最高安全级别监狱——已成为该国首个面向罪犯的艾滋病辅导和检测中心的所在地。作为防止艾滋病毒扩散的方式之一，该监狱向出狱人提供安全套。

为防止艾滋病及其他传染性疾病的扩散，政府必须解决监狱过度拥挤及居住和卫生条件较差的问题，因为这两个问题都可影响疾病的传染率。其他预防策略则包括提供漂白剂、安全套和洁净针头及美沙酮维持项目。此外,以非判断方式提高监狱工作人员和罪犯的艾滋病和艾滋病毒相关意识也非常重要,包括提供易懂、易获信息,使罪犯了解自身疾病的严重程度及防治其进一步传播的方法。监狱还应了解更多作为艾滋病毒感染者的罪犯信息,以便更加有效地评估和监测这一问题。

三、药物依赖犯

(一)挑战与需求

从广义上看,获释后药物治疗的中断会对罪犯社会再融入前景产生非常不利的影响。监狱系统中药物依赖罪犯普遍较多,这一事实要求监狱机构在罪犯监禁期间和之后为其开发循证药物依赖治疗和康复项目,并以此作为监禁的替代手段。存在药物相关问题的罪犯通常在个人、健康、社会和经济等领域存在多重矫治需求。此外,在许多国家,监狱中的循证药物依赖治疗仅提供给已判刑罪犯。还押候审罪犯并非在所有情况下都能获得治疗,尽管其在被捕和羁押之前可能一直在接受这种治疗。

(二)项目与措施

事实上,对所有人都有效的唯一治疗方法并不存在。如果罪犯能够获得适合其需求且具备相当质量、强度和期限的治疗和康复服务,其药物依赖问题是可以有效解决的。因此,药物依赖罪犯应能接受或被移交以接受能够最大限度地满足其需求(包括减害需求),同时又考虑了性别、年龄、健康和风险行为等相关特定需求的治疗。治疗和康复服务可在减少药物滥用者面临的社会污名和歧视及支持其再次融入社会并成为健康、有益的社区成员这一过程中扮演关键角色。[①] 有效的治疗规划需要政府和非政府机构、提供商、服务使用者和社区之间的合作。

项目的完成及从监狱到社区或从社区到监狱这一过程中治疗的连续性对于项目作用于个人药物依赖程度和精神健康的效果非常关键。治疗项目的耽误或中断可能还会对个人改变其生活方式及对药物态度的动机或再次获得治疗机会时完成项目的积极性产生消极影响。

四、存在学习障碍和困难的罪犯

(一)挑战与需求

在整个刑事司法体系中,存在学习障碍和学习困难问题的罪犯遭遇歧视的问题具有人身攻击性、系统性和普遍性。学习障碍通常是隐性的。存在学习障碍的罪犯通常不愿意暴露自己的问题或不愿意向他人寻求帮助。存在学习障碍的罪犯通常会发现自己在监禁期间的处境非常困难。他们无法很好地读写这一事实,以及糟糕的口头表达和理解能力,都使他们难以在监狱中立足,且经常因此遭受嘲笑、剥削和孤立。这些罪犯经常不懂人们对他们的期望,而且无法非常有效地参与大多数项目。此外,他们向他人表达自身感受的能力有时也有限。因此,他们可能会感到极度的沮丧和焦虑。在没有协助的情况下,他们通常缺乏作出必要安排的知识或技能。尽管他们对支持的需求通常较少,但这种需求却是长期的,且可能涉及预算、缴费、生活自理和社交网络、就业申请或各种信息的查找等方面。

---

① 采用保健方法(而非惩罚方式)治疗毒品依赖症,参见 www. unodc. org/docs/treatment/Coercion_Ebook. pdf。

(二)项目与对策

当存在学习障碍的罪犯进行释放准备时,为他们制定有效的社会再融入规划非常重要。面向学习障碍者的有效干预和支持要以有适当的学习障碍筛查工具和程序为前提。因此,监狱工作人员应该有了解学习障碍技术的渠道,包括将罪犯移交给言语和语言治疗机构的机制。与存在学习障碍或困难者的识别问题相关的,是信息流和保密的问题,即罪犯历经整个刑事司法体系并从监狱过渡至社区这一过程中的适当信息共享问题。相关机构间信息共享的指导性协议通常极其有效。而且,释放时,存在学习障碍或困难的罪犯应被移交至专业服务机构,并在后续关怀期间继续得到支持。明确的移交程序有助于保证罪犯在获释后得到其需要的专业协助。

第三节　暴力型罪犯

一、暴力犯

(一)挑战与需求

暴力犯占罪犯总数的比例相对较小。但是,与其他罪犯相比,吸引他们参加矫治的难度往往更大,而他们的社会再融入过程也是一大艰巨挑战。暴力惯犯的处事或解决问题的技能往往特别差,而这又会影响他们的社会互动和社会再融入。

(二)项目

针对暴力犯罪人,人们已经开发了若干认知行为学项目,可在监狱或社区(缓刑或有条件释放)的环境下实施。① 遗憾的是,对暴力犯罪人矫治效果进行的研究却非常少。现有研究表明,矫治强度是影响这类项目相对成功的因素之一。涉及认知技能和愤怒(情绪)管理且以再犯预防为重点的干预项目对暴力犯罪人再犯率的降低作用更大。

针对高风险罪犯的矫治是以防止其不当、危险或犯罪行为的再次发生为终极目标的。这种矫治方法经常被称为“再犯预防法”。再犯可理解为矫治持续效果的缺失,即维持矫治效果失败产生的后果。于是,这就提出了一个问题,即如何在罪犯获释后及后续关怀期间强化矫治效果。为此,人们明确了三个成功的前提条件:②(1)自我效能,即罪犯对自己应对再犯风险相对较高情形的能力有信心;(2)应对技巧,即罪犯掌握了旨在应对各种风险情形的必要技能;(3)动机,即罪犯有不再犯罪的意愿或诱因。通过认知手段(使罪犯了解其行为相关原因和方式)和行为手段(使罪犯实际掌握并获得成功体验),再犯预防法可教授罪犯新的应对方式,从而使其在完全故态复萌之前打破这个循环。

二、性犯罪人

(一)挑战与需求

对性犯罪人而言,从监狱到社区的过渡尤其困难。他们通常会遭遇因污名和人们对性犯罪的恐惧导致的众多艰巨挑战,以及在寻求住

---

① See D. Joliffe & D. P. Farrington, *A Systematic Review of the National and International Evidence on the Effectiveness of Interventions with Violent offenders*, Ministry of Justice Research Series 16/07, United Kingdom, Ministry of Justice, 2007.

② V. L. Quinsey & others, *Violent Offenders: Appraising and Managing Risk*, 2nd ed., Washington, D. C., American Psychological Association, 2006.

房、就业及其他协助方面的许多并发问题。性犯罪人重返社区通常会遭遇社区的反对。性犯罪人的社会再融入干预(如支持责任圈)并不普遍。据了解,一些社区采取了非常积极的措施来阻止性犯罪人回到他们中间。在需要就其释放作出通知并对其进行登记的国家,性犯罪人再次成功融入社会的障碍可能会相当大。因此,有必要对这类罪犯的社会再融入提前进行专门规划,包括就其释后协助和监管作出特殊安排。

性犯罪人的家庭成员在亲人被监禁一段时间后与其团聚方面将面临许多挑战。可以说,他们因亲人被监禁、释放然后重返社会遭受的痛苦比其他类型罪犯的家属要痛彻得多。由于性犯罪的性质,特别是在家庭内部本身也有受害者的情况下,家庭关系可能已经不可修复地破裂了。那些选择与性犯罪人复合的家庭成员则承受着巨大压力,包括情感和精神压力、社会排斥和孤立、隐私侵犯和经济困境等问题。但是,除家庭成员外,性犯罪人通常没有其他人可以投靠。

(二)项目与对策

性犯罪行为人在社会背景、人口统计学特征、犯罪类型和模式、动机和再犯风险等方面都存在差异。他们的犯罪对象可能是成年人或儿童,也可能是男性或女性受害人,还可能是这些群体中的全部或部分。

我们有必要以综合方法管理性犯罪人。“对性犯罪行为复杂动态作出有效应对要求采用专门、周到的性犯罪人管理方法。负责管理性犯罪人的各实体之间的协作、负责治疗和监测性犯罪人的各学科的专业化及通过降低性犯罪人对社区造成的风险来促进公共安全这一共同目标都是成功性犯罪人管理努力的必要组成部分。”

根据建议,性犯罪人的管理应遵循下列原则:(1)干预措施应以罪犯风险的评估和再评估为依据;(2)干预措施针对的因素应与犯罪行为明确相关;(3)应对罪犯在社区内进行的活动进行适当监控;(4)亲属及矫治与监管工作人员之间应有有效的信息共享。在这种方法下,最危险的高风险性犯罪人应接受最为严格且最为长期的监管。

研究表明,与性犯罪再犯相关的两个最重要因素分别为性偏差(动态因素)和生活方式的不稳定和/或犯罪性(静态、历史因素)。[①] 此外,人们还发现,性犯罪人、普通犯罪人和存在精神障碍的犯罪人的暴力和一般累犯行为与犯罪性生活方式存在强烈的相关性。[②] 作为罪犯个性化监管计划的一部分,专门监管[③](有时由工作量较小且接受过特殊训练的专业监管小组与执法及其他机构协同进行)和具体的释放条款和条件通常都是必要内容。为了避免社区的排斥态度,社区教育和意识提升项目对于为这个罪犯群体设计的任何社会再融入项目而言都是至关重要的。

为管理获释后重返社区的性犯罪人,加拿大矫正服务署运作了一个"高风险罪犯项目"和一个"维持项目"。其中,前者为认知行为学项目,除针对性犯罪"4F"问题[感受(feelings)、幻想(fantasy)、未来(future)和全程跟踪(follow - through)]展开集体治疗外,还提供个人和团体辅导。这个项目是多学科项目,每月还会召开由假释监管人员、精神病医院治疗人员和来自维持项目的项目主管参与的案件讨论会。

---

① See R. K. Hanson & K. Morton - Bourgon, *Predictors of Sexual Recidivism: An Updated Meta - Analysis*, Ottawa, Public Safety Canada, 2004.

② See P. Gendreau, T. Little & C. Goggin, *A Meta - analysis of the Predictors of Adult Offender Recidivism: What Works!*, *Criminology*, Vol. 34, No. 4.

③ See Center for Sex Offender Management, *Twenty Strategies for Advancing Sex Offender Management in Your Jurisdiction*, Silver Spring, Maryland, Center for Effective Public Policy, 2009.

月度案件讨论会的目标是解决与监管相关的任何问题，如就业、不准接触令、家庭关系和罪犯对监管态度等相关问题。[①] 维持项目的实施对象是承认犯了罪且需要按周接受相对于高风险罪犯项目参与者而言强度稍低的再犯预防干预的性犯罪人。罪犯可接受以维持监狱矫治效果为重点的个人或集体治疗。只实施密集监控和监视可能并不能产生明显的犯罪减降效果，但一些证据表明，同步提供协助和矫治的监管可降低再犯风险。[②]

如果家庭支持得当，性犯罪人的家庭是可以为其提供鼓励和情感支持的，是可以鼓励其遵守监管条件、参加治疗活动并避免问题行为的，从而构成罪犯再犯预防策略的基本组成部分。[③]

三、帮派和犯罪团伙的成员

（一）挑战与需求

对作为犯罪团伙成员的罪犯而言，监狱项目和适当的重返社会监管和支持是重点，因为沉浸在消极社会团体中的个人认可自己在团体中角色的可能性更高，而改变自己释后身份和行为的可能性则更低。帮派成员及参与消极朋辈互动机会更大的其他人获释后重新犯罪的可能性比非帮派成员要大。相应地，与其他罪犯或帮派有密切联系的罪犯停止犯罪的难度则更大。帮派和犯罪团伙为其成员提供了一种强烈

---

① See A. M. McAlinden, *Managing Risk*: *from Regulation to the Reintegration of Sexual Offenders*, Criminology and Criminal Justice, Vol. 6, 2, 2006, p. 197 – 218.

② See C. T. Griffiths, Y. Dandurand & D. Murdoch,《罪犯的社会再融入与犯罪预防》(渥太华，加拿大公共安全部，国家犯罪预防中心，2007)。

③ See M. A. Farkas & G. Miller, *Reentry and Reintegration*: *Challenges Faced by the Families of Convicted Sex Offenders*, Federal Sentencing Reporter, Vol. 20, No. 2, 2007, p. 88 – 92.

的归属感,因而可对新出狱人产生强烈的吸引力。对这种团体的成员而言,摆脱团体的纠缠通常非常困难,他们往往会面临人身安全方面的威胁和进一步的社会孤立。朋辈压力及暴力和报复威胁是帮派成员宣布退出的一个严重障碍。自然,出狱人回到以前的帮派成员身边会有一种自在、舒适的感觉。加入帮派通常意味着互相保护并照顾家人。

(二)项目与对策

对这种前帮派成员而言,唯一的替代方式通常是帮助其在一个全新环境中开始新的生活,远离之前的朋友圈或关系网。旨在帮助罪犯打破帮派社会联系的项目和干预措施,包括帮助罪犯发展亲社会支持网络的干预措施,都是必要的。大多数帮派成员的受教育水平和工作技能都很低下,他们通常是在就业机会很少的边缘化社区中长大的。大多数标准化释前项目对这些帮派成员似乎都没什么效果。因此,要量身定制针对犯罪团伙成员的项目,以应对与其处境相关的特定风险。

第四节　其他类型特殊罪犯群体

一、外国籍犯

(一)挑战与需求

外国籍犯是指那些没有监禁国国籍的罪犯。在许多国家,被羁押的外国公民人数出现了相当大的增长。监狱群体中的外国人比例因国家的不同而不同,但在那些临时或移民工人较多的国家,外国罪犯数量往往较多。外国罪犯在维持家庭和社区联系方面面临着诸多困难,缺乏这些至关重要的联系和支持，往往难以降低监禁给他们带来的负面影响。

外国罪犯面临多重不利之处，其中最明显的是他们在了解实体法、程序法、监狱规则规定及其权利的过程中存在较大的语言障碍。这种障碍可能会导致他们无意中违反监狱规则，从而招致纪律惩罚。由于不懂监禁国的语言，他们参加教育、职业培训及其他项目的机会也较少。此外，许多外国罪犯没有正当的移民身份或法律许可，以致无法在监禁国滞留，而在等待是否将其遣返母国决定的过程中，他们通常又要面临羁押时间被延长的问题。而且，由于文化或宗教原因，外国罪犯还可能遭遇歧视。由于家庭和社区联系往往被切断，外国罪犯还会遭遇明显的社会孤立。

外国罪犯的释放准备通常很糟糕，且通常没有资格享受卫生、福利及其他社区服务。而且，他们通常没有资格参加提前释放项目或无法取得提前释放资格，而一旦释放，通常又没有地方可去。如果刑满释放后将被遣返，他们在回国准备方面获得的协助也很少。即便有协助，有时又会碰到遣返程序长期搁置的问题，导致罪犯在监禁国的等待过程中寸步难行。很少有国家为这些等待遣返的外国罪犯建有专门的中途之家。一旦被遣返，由于长期杳无音信，旨在帮助他们重返社会的服务通常也很少。在外国罪犯在被移交的情况下，许多问题都可通过监禁国监狱机构与罪犯母国之间的交流和合作得到缓解，但这种协作事实上很少存在。监狱机构必须为外国罪犯提供合理机制，使其能够与其所属国家的外交和领事代表进行联系。但是，许多外国罪犯并没有意识到这种权利，而领事服务也并非能够为所有外国罪犯所享受或可随时覆盖所有外国罪犯。

再者，被监禁在外国，远离家人和朋友，可能会对罪犯产生反作用，因为家人可能很难为罪犯提供必要的社会资本和支持,从而提高其成功定居并再次融入社会的可能性。①

(二)国际标准与规则

《曼谷规则》建议,“如存在相关的双边或多边协定,在非居民外国女性囚犯提出申请或经其知情同意后,应在其监禁期间尽早考虑移交她们本国,尤其是如果她们有子女在本国的话”(第 53 条第 1 款)。有孩子或配偶在监禁国的外国罪犯面临的问题更多。有孩子在身边的女犯在处理孩子的问题上几乎没有什么选择权。《曼谷规则》第 53 条第 2 款建议:“如果让与非居民外国女性囚犯一起生活的儿童离开监狱,应考虑将该儿童迁回其本国,同时应考虑到该儿童的最高利益,并与其母亲协商。”

(三)项目与对策

保加利亚慈善援助基金会(Bulgarian Charities Aid Foundation)启动了一个旨在为被该国关押外国罪犯的家属和朋友提供服务的外国罪犯项目。在罪犯收养计划中,一个志愿者团队充当了外国罪犯——特别是那些家人无法到保加利亚探监的外国罪犯——的临时寄养家庭,由他们对外国罪犯进行探视。另外,家庭招待计划则涉及另一个志愿者团队,由他们负责照顾来访罪犯家属的需求。②

欧盟委员会资助了“通过开放式远程教育技术消除欧洲监狱内的语言障碍”项目。该项目的主要目标是解决欧洲监狱工作人员与外国

① 联合国毒罪办,《关于被判刑罪犯的国际移转手册》,维也纳,2012 年。

② See www. prisonproject. bulgarianaid. org/prison_project/Welcome. html.

罪犯之间的交流问题。到目前为止，参与项目的国家包括比利时、德国和希腊。项目不仅使监狱工作人员学到了额外语言并获得了成绩认证，而且还改善了监狱工作人员与外国罪犯之间的交流，因此对外国罪犯的福祉产生了积极影响。

外国罪犯的提前遣返（通过罪犯移交项目、有条件释放项目或其他机制）通常对罪犯未来的社会再融入非常重要。移交这种罪犯以便其在母国服刑有助于公平、有效地处置罪犯。几乎所有旨在监管国际罪犯移交事务的文件都将社会改造列为其支持这种移交的理由之一。将被判刑的罪犯移交回其母国服刑是执行判决的一种替代方式。在其他所有条件都相同的情况下，在母国服刑的外国罪犯可以得到更好的改造并更好地再次融入社会。这是支持将外国罪犯移交至他们有社会联系的国家服刑的一个积极原因。

二、少数民族或种族及原住民罪犯

（一）挑战与需求

监禁会加剧少数群体成员面临的社会排斥和孤立问题，而他们可能原本就已因种族和民族背景而备受歧视。由于立法和执法策略对这些群体有着特殊影响，因此少数民族或种族在监狱系统中的人数通常过多。如果民族或种族歧视的结果是少数民族入狱人数过多，则他们获释时将面临更多歧视也是可以预见的。

由于社会经济边缘化和歧视的影响，少数群体成员可能会有多重需求。由于语言障碍和现有项目文化相关性的不足，他们参与监狱项目的机会通常有限。与此同时，由于处于劣势社会经济地位，他们通常需要更多的协助。但是，主流社会的释后支持——如果存在的话——

通常很少考虑他们的特殊文化需求,特别是少数民族或种族及原住民族成员的特殊状况。民族或种族歧视是少数民族或种族罪犯社会再融入面临的一大严重障碍,可导致监禁再监禁这样的恶性循环,从而使其边缘化现象永久化。

(二)国际标准与规则

《曼谷规则》确认,来自不同宗教和文化背景的女犯有着不同的需要,她们在寻求与性别和文化相关项目和服务时可能面临多种形式的歧视。因此,监狱管理部门应与女犯本人及相关群体协商,提供满足这些需要的综合项目和服务(第 54 条)。《曼谷规则》还进一步建议,监狱机构应与相关群体协商,审查释前和释后服务,以确保它们适合土著民族女犯及来自不同民族和种族群体的女犯,并确保她们可以获得这些服务(第 55 条)。实际上,矫正服务机构、地方社区和社区机构同心协力将这些原则和目标付诸实践的例子有很多。

(三)项目与对策

澳大利亚维多利亚州罪犯关怀与安置协会(Victorian Association for the Care and Resettlement of Offenders)支持该州实施了土著家庭探视项目。该项目旨在为古利族罪犯家属提供交通和住宿协助,以便其到监狱探视被羁押的家庭成员。该项目认识到了古利人(Koori)维持其家庭关系及社区联系的重要性。在昆士兰州,许多羁押中心与土著机构包括社区司法团体进行了密切合作,为土著罪犯提供支持和协助。羁押中心负责协调老年人、受尊重人士和灵魂治疗师服务于土著罪犯的各种项目。在 Lower Gulf 和约克角地区,通过高级警官走访社区司法团体的方式,许多矫正中心还与土著社区建立了联系。

种族歧视问题的解决是一项集体责任,但监狱系统仍可主动采取措施减少种族歧视现象,并协助罪犯克服恐惧和孤立感。在解决种族歧视问题方面,监狱可采用的方法之一是雇用具有不同背景的人充当工作人员。除来自所有民族背景外,监狱工作人员还应接受文化敏感性和理解方面的培训。这些专业人员必须明白,对罪犯和犯罪行为采取不同的文化应对措施可对罪犯的社会再融入进程及其接受服务的意愿和能力产生影响。而且,在监狱服务的获取方面,监狱管理者还应对少数群体面临的不平等或障碍进行评估。最后,监狱辅导人员及其他社区志愿者还可在帮助罪犯培养适应能力、自信及面对歧视的能力方面扮演重要角色。

为保证面向明显少数群体成员的再融入支持服务的相关性和可获性方面,下列三条一般原则提供了有关指导:(1)服务必须纠正影响向明显少数群体提供服务且对其再融入前景有消极影响的刑事司法实践中现存的种族不平等;(2)服务必须认识并应对刑事司法体系和广大社会歧视和成见观念的影响,包括对罪犯获取现有服务的意愿和积极性的影响;(3)服务必须体现对安置期望和体验方面文化差异的理解和敏感性。①

三、长期审前羁押后获释的罪犯

(一)问题与挑战

在全球许多监狱体系中,审前羁押罪犯占监狱人数的比重非常高,

① See J. Jacobson, C. Philips & K. Edgar, *Double Trouble?: Black, Asian and Minority Ethnic Offenders' Experiences of Resettlement*, London, Clinks and Prison Reform Trust, 2010, p. 4.

在一些情形下,甚至超过了被定罪罪犯数。刑事司法体系效率和效果的低下及将指控或案件提交法院行动的延误是这种情形的根源之一。此外,审前羁押替代方式使用较少也是还押候审罪犯数量较高的原因之一。

一些审前羁押罪犯被关押的时间可能长达数年。但是,由于尚未被定罪,他们参与项目或培训的机会通常比被定罪罪犯更少。实际上,他们陷入了一种不幸的情形,即一方面被推定为无罪,另一方面却又遭受着比被判有罪情形下更为糟糕的待遇。那些还押候审很长一段时间后获释的人通常不得不面对被长期孤立和隔离于社区所产生的后果,而这种后果可能包括失业、联系中断和社交网络的丧失等。

在许多情况下,未被定罪或指控即获释(甚至被宣告无罪后获释的)审前羁押罪犯仍然面临着相同的污名化和社会孤立问题,如同他们已被定罪一样。仅仅是被指控这一事实已足以给人带来耻辱、恐惧及其他消极社会后果。在一些情况下,那些已被控告但尚未被正指控或定罪的人实际上已经接受了所在社区作出的判决和定罪。他们可能再也不会被接受为社区的完整成员了。

(二)项目与对策

为保证获释后能够再次成功融入社会,审前羁押罪犯在任何情形下都应与被定罪罪犯分开关押,并允许其家人和朋友定期探视。审前羁押罪犯,特别是少年犯,应有机会参加适当的教育和娱乐项目。

在这种情况下,至少应为他们提供临时的过渡住所和收容所。为重新融入社会,他们可能不得不迁徙到其他社区,以保证其安全和防卫。非政府组织在提供这种服务方面至关重要。与此同时,执法部门必须了解这种支持体系,并构成这种支持体系的一部分。

第五节　思考与建议

本章讨论的特定罪犯群体的种类比较多，很难一一对应地进行思考和探索，而且有些罪犯类型的情况及问题在我国不是太重要和或者特点不明显。故本节仅对我国需要重点研究的一些特定罪犯的行刑制度及回归社会问题进行思考，并参照国际上先进的做法提出修改完善的建议。

一、修改完善我国老年犯行刑制度

关于老年犯问题，首先遇到的是何为老年犯，根据什么年龄标准来划分老年犯。我国目前在法律上出现了60周岁、65周岁和75周岁等多个年龄段标准。《老年人权益保障法》规定，“本法所称老年人是指六十周岁以上的公民”。也就是说，“六十周岁”以上的人就是老年人。最高人民法院、最高人民检察院、公安部、司法部、国家卫生计生委《暂予监外执行规定》（司发通〔2014〕112号）第7条第2款规定：“对未成年罪犯、六十五周岁以上的罪犯、残疾人罪犯，适用前款规定可以适度从宽。”也就是说，65周岁以上的罪犯在办理暂予监外执行时可以从宽。《刑法》第72条规定，“对于被判处拘役、三年以下有期徒刑的犯罪分子，同时符合下列条件的，可以宣告缓刑，对其中不满十八周岁的人、怀孕的妇女和已满七十五周岁的人，应当宣告缓刑”，这一规定意味着，在其他缓刑条件具备的情况下，已满75周岁是老年罪犯应当适用缓刑的必要条件。应当如何看待这三个不同的年龄标准？是否科学？该如何修改完善？尤其是在刑罚执行中如何设置老年人从宽的标准？

（一）修改完善老年罪犯缓刑的规定

我国《刑法》在缓刑的其他条件相同的情况，将已满75周岁规定为应当宣告缓刑的年龄条件，应当说有失之过严的嫌疑。随着社会经济、医疗技术的发展，人的寿命有增长的趋势。据统计，2010年我国人均寿命是74.9周岁，2015年人均寿命是77.7周岁，其中男性74.2周岁，女性79.3周岁。同时人均寿命呈现出较大的地区差异性。但75周岁以上的老年人活在世上的时间毕竟有限，如果能够活到90周岁也只有15年的时间，更何况2015年男性的平均寿命只有74.2周岁。老年人的社会危险随着年龄的老化还会进一步减轻，这是自然的规律。再考虑到人道精神以及对这些老年罪犯的临终关怀等因素，应当在法律上适当放宽对于老年罪犯缓刑的条件。建议在现有基本缓刑条件下，将应当宣告缓刑的年龄条件放宽到已满70周岁。对于已满75周岁的罪犯可以考虑被判刑罚提高到5年以下有期徒刑，即增加规定对于被判处拘役、5年以下有期徒刑的已满75周岁的犯罪分子，同时符合缓刑其他条件的，应当宣告缓刑。

（二）修改完善老年犯假释的规定

我国《刑法》中没有关于老年犯假释从宽的规定。《最高人民法院关于办理减刑、假释案件具体应用法律的规定》（法释〔2016〕23号）第26条规定："对下列罪犯适用假释时可以依法从宽掌握：……（四）基本丧失劳动能力、生活难以自理，假释后生活确有着落的老年罪犯、……"这里只规定了基本丧失劳动能力、生活难以自理的老年罪犯假释时可以依法从宽。这就意味着如果生活能够自理，不管年龄多大在假释时也不能从宽。这其实没有体现出对老年人假释从宽的精神。建议增加"已满七十周岁，同时符合假释的其他法定条件，假释后生活确实有着落的老年罪犯,应当依法假释”的规定。

（三）修改完善老年犯处遇规定

监狱对于老年犯的监管、教育改造应当有适合老年人特点的特殊制度,不能与年轻的成年罪犯一样对待。因此,应当从以下方面逐步建立与完善:在劳动方面,老年犯尤其是70周岁以上的老年犯应当建立自愿参加劳动的制度,不适用“凡有劳动能力一律参加劳动”的规定,如果老年罪犯愿意参加劳动也只能安排轻松的劳动项目,如打扫卫生、管理花草等。在会见方面,应当规定老年罪犯特别会见制度,如面对面会见、亲情会见、亲情会餐等。在社会保障方面,应当为老年罪犯建立养老保险制度,当然其他罪犯也应当有养老保险,但对老年罪犯来说尤为迫切。如果没有养老保险,老年犯释放以后就会出现一系列的社会问题,尤其是对那些“三无”老年犯释放人员,其生活可能就会没有任何保障。他们不可能像年轻罪犯一样去找工作、就业,自食其力。

二、修改完善身体残疾犯行刑制度

（一）修改完善身体残疾犯暂予监外执行制度

《刑事诉讼法》第265条规定:对被判处有期徒刑或者拘役的罪犯,有生活不能自理情形的,适用暂予监外执行不致危害社会,可以暂予监外执行。《暂予监外执行规定》(司发通〔2014〕112号)第7条规定:对属于生活不能自理的累犯以及故意杀人、强奸、抢劫、绑架、放火、爆炸、投放危险物质或者有组织的暴力性犯罪的罪犯,原被判处死刑缓期二年执行或者无期徒刑的,应当在减为有期徒刑后执行有期徒刑7年以上方可适用暂予监外执行;原被判处10年以上有期徒刑的,应当执行原判刑期1/3以上方可适用暂予监外执行。残疾人罪犯,适用前款规定可以适度从宽。这些规定其实不尽合理,如果一个的生活都不能自理了,那么其社会危害性很小或者可以说几乎没有。对于这些人还非要要求在监狱服刑7年以上或者执行原判刑期1/3以上方可适用暂予监外执行。一方面没有这个必要,另一方面也不能体现人道主义精神。更何况随着我国社区矫正制度的建立和完善,这些人在暂予监外执行期间仍然会受到社区矫正机构的监管。因此,建议取消这些限定性的规定,对于生活不能自理的残疾罪犯,适用暂予监外执行不致危害社会,应当适用暂予监外执行。

(二)修改完善身体残疾罪犯的假释制度

《最高人民法院关于办理减刑、假释案件具体应用法律的规定》(法释〔2016〕23号)第26条规定,对基本丧失劳动能力、生活难以自理,假释后生活确有着落的身体残疾罪犯适用假释时可以依法从宽掌握。怎么从宽没有具体规定。建议修改如下:将现行的"累犯以及故意杀人、强奸、抢劫、绑架、放火、爆炸、投放危险物质或者有组织的暴力性犯罪被判处十年以上有期徒刑、无期徒刑的罪犯,不得假释"的规定,补充增加"基本丧失劳动能力、生活难以自理,假释后生活确有着落的身体残疾罪犯除外"的规定。将刑法中"被判处有期徒刑的犯罪分子,执行原判刑期二分之一以上,被判处无期徒刑的犯罪分子,实际执行十三年以上,如果认真遵守监规,接受教育改造,确有悔改表现,没有再犯罪的危险的,可以假释。"修改为:"对于基本丧失劳动能力、生活难以自理的被判处有期徒刑的身体残疾的犯罪分子,执行原判刑期三分之一以上,被判处无期徒刑身体残疾的犯罪分子,实际执行七年以上,如果认真遵守监规,接受教育改造,确有悔改表现,没有再犯罪的危险的,可以假释。"

三、修改完善病犯行刑制度

如何对待有疾病尤其是有严重疾病的罪犯,成为衡量一国刑罚执行制度先进性的尺度之一。给患有严重疾病的罪犯以人道待遇,是一国行刑文明进步的标志。研究表明,监狱押犯中患有各种疾病尤其患有精神方面疾病的人数比例较大,且有上升的趋势。据统计,全世界大约有 900 万人被囚禁在各类监管机构中,其中至少一半有人格障碍,超过 100 万人患有精神病、抑郁症等严重精神疾病。几乎所有的囚犯都出现过情绪低落或应激症状。囚犯群体中,大约 4%(包括男性、女性)患有精神病; 10%(男性)~12%(女性)患有严重抑郁症;42%(女性)~65%(男性)患有人格障碍,其中包括 21%(女性)~47%(男性)有反社会型人格障碍(Fazel 与 Danesh,2002 年)。还有“研究(Blaauw 等,1998 年)表明,89%的囚犯有抑郁症状,74%有与应激相关的躯体症状”。[①] 我国监狱病犯数也较多且有增加的趋势,尤其是精神病犯的数量在逐年增加。根据上海市的统计,2011 年上海市监狱押犯中有精神病罪犯为 150 人,到 2016 年精神病罪犯数量增加至 234 人,占上海押犯的 1%。[②] 因此,各国都采取相应的措施来应对有疾病的罪犯。总的措施是,尽量减少羁押、尽量采用监禁的替代措施,给这些罪犯提供治疗的条件和便利。我国也有针对这些人的相应的特殊的制度和措施,体现了行刑的人道主义精神。当然,随着经济社会的发展,我国关于病犯的行刑制度及措施需要进一步修改与完善。

---

① [丹麦]拉尔斯·莫勒尔等:《监狱卫生——世界卫生组织关于监狱卫生的基础指导手册》,郑振玉、李顺平主译,山东大学出版社 2009 年版,第 114 页。

② 上海市监狱局生活卫生处、提篮桥监狱联合课题组:《上海监狱精神病罪犯管理问题研究》,载《犯罪与改造研究》2017 年第 7 期。

（一）修改完善保外就医制度

我国《刑事诉讼法》第 265 条规定：对被判处有期徒刑或者拘役的罪犯，有严重疾病需要保外就医的，可以暂予监外执行。对适用保外就医可能有社会危险性的罪犯，或者自伤自残的罪犯，不得保外就医。《暂予监外执行规定》第 7 条第 1 款规定："对需要保外就医……的累犯以及故意杀人、强奸、抢劫、绑架、放火、爆炸、投放危险物质或者有组织的暴力性犯罪的罪犯，原被判处死刑缓期二年执行或者无期徒刑的，应当在减为有期徒刑后执行有期徒刑七年以上方可适用暂予监外执行；原被判处十年以上有期徒刑的，应当执行原判刑期三分之一以上方可适用暂予监外执行。"这就意味着被判处无期徒刑、死刑缓期二年执行的罪犯，不管患了多么严重的疾病，即使有生命危险也不能保外就医。这里涉及对待有严重疾病的罪犯的价值取向的问题，当罪犯的生命、健康受到严重威胁的时候，我们是优先考虑社会安全、优先考虑公正还是优先考虑人道的问题。保外就医制度的本质是基于人道精神，是基于罪犯的生命健康优先的精神。如果我们对所犯罪行严重的罪犯（其实这些罪犯不一定就有很大的人身危险性）排除在保外就医之外，对人道主义的实施就会大打折扣。特别是对原被判处死刑缓期二年执行或者无期徒刑的，应当在减为有期徒刑后执行有期徒刑 7 年以上方可适用保外就医。如果监狱对他们的严重疾病无力及时抢救、医治的情况下，岂不是会出现严重的生命健康问题。因此，建议取消这些限制性规定，对于原被判处死刑缓期二年执行或者无期徒刑的罪犯，确实有严重疾病，有生命危险的，也可以保外就医，不受原判刑罚及实际这些年限的限制。只要有完善的疾病诊断标准、程序，严格依法审批办理就应当可以适用保外就医。

（二）修改完善病犯的假释制度

对于患有严重疾病尤其是基本丧失劳动能力、生活难以自理的患严重疾病罪犯的假释应当从宽。我国现行的有关法律没有对这一情况作出特别规定，只是规定“对基本丧失劳动能力、生活难以自理，假释后生活确有着落的患严重疾病罪犯适用假释时可以依法从宽掌握”。法律规定：对累犯以及因故意杀人、强奸、抢劫、绑架、放火、爆炸、投放危险物质或者有组织的暴力性犯罪被判处10年以上有期徒刑、无期徒刑的罪犯，不得假释。因前款情形和犯罪后被判处死刑缓期执行的罪犯，被减为无期徒刑、有期徒刑后，也不得假释。也就是说，这些罪犯不管患多么严重的疾病均不得假释。此外，患有严重疾病的罪犯假释的其他条件与一般罪犯相同。现行的这些规定的合理性同样值得商榷。建议作出适当的修改：对基本丧失劳动能力、生活难以自理，假释后生活确有着落的患严重疾病罪犯的假释不应受原所犯罪行、所判刑罚的限制。经过严格程序和严格诊断也可以适用假释。同时，适当降低这些罪犯的实际执行年限的规定。可以考虑修改为：“被判处有期徒刑的犯罪分子，执行原判刑期三分之一以上，被判处无期徒刑的犯罪分子，实际执行十年以上，如果认真遵守监规，接受教育改造，确有悔改表现，没有再犯罪的危险的，应当假释。”

（三）修改完善病犯的监管制度

有严重疾病的罪犯如果既不能通过保外就医也不能假释出去，仍然要在监狱中服刑，那么对于这些罪犯的监督管理就应当有别于其他罪犯，应当以治病及维护安全为主要内容。尤其是对于有精神疾病的罪犯，通常的监管及教育改造方法达不到相应的效果。为此，设置相应的监狱医院就显得尤为重要。我国多数省（市、区）都设置了相应的病犯监狱,如北京市的延庆监狱、上海市的南汇监狱等。但这些病犯监狱仍然是监狱的建制,仍然是按照监狱的模式进行管理和运作的,缺少医院的建制和运作机制。北京市延庆监狱是北京市专门关押病犯的监狱,其共关押了200名精神病罪犯,但仅有4名精神科医生,仅有一些简单的设备药品。[①] 有的地方的监狱即使关押了精神病罪犯也没有相应的专科医生。由不具备相应医学专业能力的民警来监管教育,其结果是可想而知的。因此,对于严重疾病的罪犯,主要是治疗,应当设置相应的病犯医院而不是病犯监狱。主要应当按照医院的运作方式进行管理,而不是按照监狱的模式进行管理。工作人员主要是配置医生和护士,而不是监狱干警。当然,监狱罪犯所患病的种类也很多,监狱管理机关也不可能设置种类齐全的病犯医院,经费也难以承受。因此,最好的解决之道就是通过保外就医或者假释让这些罪犯回到社会上去治疗,通过社区矫正等方式对他们进行监管与矫正。

---

① 陈立平、高海平、曹广建、张颖:《监狱精神病犯的监管与矫治状况——以北京市延庆监狱为研究对象》,载《河北司法警官学院学报》2015年第9期。

CHAPTER 08 >>

第八章

再犯预防的相关思考

以上几章对刑事司法各阶段的罪犯重新融入社会措施进行了论述,并且在横向上考察了不同罪犯群体的重新融入社会措施。上述所有的论述,最终都是为了探索罪犯成功融入社会的方法,以达到预防再犯和保护社会的目的。因此,本章作为全书的结论,将论述再犯预防的具体问题,包括再犯预防战略的制定、重新犯罪调查的开展以及重新融入社会项目的成功实施。

第一节　制定再犯预防战略

再犯预防战略包含两个方面:一方面是制定重新犯罪调查规划,通过掌握重新犯罪的具体情况制定相应的预防对策;另一方面是根据预防犯罪对策制定罪犯重新融入社会项目规划,开发和实施重新融入社会项目,促进罪犯成功地重新融入社会。

一、重新犯罪调查战略规划

(一)开展重新犯罪问题调查研究的必要性

重新犯罪是犯罪的一种重要类型。相对于初次犯罪,重新犯罪的社会危害更加严重。重新犯罪率是衡量罪犯改造质量和反映预防犯罪政策成效的重要基础性指标。开展重新犯罪问题调查研究,摸清重新犯罪的底数,把握导致重新犯罪的原因和规律,是科学有效预防和减少重新犯罪的基础性工作,具有非常重要的理论价值和实践意义。具体来说,开展重新犯罪问题调查研究,一是有助于提高罪犯改造质量,增强教育改造工作的针对性和有效性。二是有助于及时调整完善刑事政策和社会政策,促进国家治理体系和治理能力现代化。三是有助于提高社会安全预测预警能力,增强维护国家安全和社会稳定的主动性、精准性。四是有助于丰富犯罪学研究资料,促进犯罪学学科建设和发展。

(二)我国重新犯罪问题调查情况

中华人民共和国成立以来,我国仅有的一次较大规模的重新犯罪问题调查,是 1986 ~ 1990 年由司法部预防犯罪研究所和监狱局联合组织的对刑满释放人员重新犯罪问题的调查研究。该调查组织全国 27 个省、市和自治区,1 万余名工作人员,对 1982 ~ 1986 年刑满释放的 16 万多名人员回归社会后三年内的表现,进行了抽样调查和普查。据此次调查,回归社会后三年内有重新犯罪行为被再次处以刑罚的占 5. 19% ,有违法行为或轻微犯罪行为被处以劳动教养的占 1. 4% ,重新违法和犯罪率合计 6. 59% 。1992 年 8 月,国务院新闻办发布的《中国改造罪犯的状况》白皮书以此调查结果为依据指出，中国重新犯罪率保持在6% ~8%的水平。此后，中国再未进行过相对系统、全面的重新犯罪问题调查。相比较而言，西方不少国家和地区已将犯罪和重新犯罪调查统计分析工作制度化，并赋予其基础性、战略性的地位。根据重新犯罪率来评估有关犯罪防治工作，已经成为西方许多国家的通行做法。[①]

（三）制定我国重新犯罪调查规划的思考

目前我国对于开展重新犯罪调查有一定的计划和行动，但是本书认为，在制定完善我国的重新犯罪调查规划时，应当考虑和把握以下几个方面：一是调查方法，采用官方行政记录调查方法还是采取人口调查的方法。这个方面需要思考的问题是，在全国范围内组织开展重新犯罪问题调查，哪种调查方法能够获取比较全面、准确的现阶段重新犯罪率统计数字，揭示重新犯罪的原因与规律。二是如何选取调查对象，调查方法不同样本的选取也会有所差异。采取官方行政记录的调查方法，则意味着收集全国刑事司法系统各个环节的相关记录（主要包括逮捕记录、判决记录、监禁记录和刑满释放记录），通过有关重新犯罪情况资料的比对，计算出重新犯罪率指标。如果采取人口调查的方法，那么就需要运用统计学原理设计抽样方案，按照抽样方案在全国确定相关人群，组织开展深入的访谈调查，收集可能导致个体重新犯罪的主客观多方面的信息资料，进而研究分析重新犯罪的原因特点、风险因素与发展规律，考察评估重新犯罪与监管改造、安置帮教工作以及就业、医疗、低保等社会政策之间的因果关系，研究提出改革完善相关政策措施的

① 在2018年5月司法部预防犯罪研究所与联合国毒罪办和奥地利专家举行的重新犯罪调查会谈期间，周勇副所长介绍中国重新犯罪调查情况的发言。

意见建议。三是如何确定重新犯罪的定义，将重新犯罪定义为重新逮捕、重新定罪还是重新监禁，这是直接影响重新犯罪率的因素。四是如何确定重新犯罪的调查跟踪期限，要确定具体的跟踪期限还是长期跟踪，也就是说，确定多长的调查期限才是最有意义的。五是如何分析运用重新犯罪数据以及数据的保存和发布问题。所有上述问题都是我们在确定重新犯罪规划司需要考量的因素，它们共同决定了我们的重新犯罪调查是否能够提供有关重新犯罪的真实状况、影响原因与趋势规律。

二、重新融入社会项目的战略规划

（一）重新融入社会项目规划的必要性

我们在之前的几章中曾经论述过，监狱和社区都应当开展重新融入社会项目，并且监狱、政府和社区应当密切协作实施相关项目并且共同应对各种罪犯群体多重、各异的需求。但是现实中，这样的项目及其成功实施还是不充分的，有些方面甚至还是比较薄弱的。很明显，当前的形势呼吁我们确定一种战略方法。因此，我们需要制定重新融入社会项目规划并且促进其有效实施，以便为罪犯提供充分协助并为社区提供充分保护。

（二）制定重新融入社会项目规划的思考

在构思重新融入社会项目的战略规划时，需要考量以下几个方面：

一是有必要对现有法律政策、实践做法进行详细了解，以便制定规划过程中对法律政策的规定充分利用并发与国际标准对照，也发现实践的不足,促进法律政策的完善。① 这些法律政策和实践主要包括判决相关法律和政策、转向(diversion)相关法律规定、缓刑相关法律、刑期管理相关法律、监狱相关法律、有条件释放相关法律、提前释放项目的法律和政策、服务享受资格法律、毒品相关法律以及相关实践等。如对照国际标准上述法律不存在,则其制定应为优先事项。如不符合或者不完全符合国际标准,则将对其的修改完善应当纳入议程。

二是要明确战略规划的关键利益相关方及其具体情况。这包括出狱人、社区、服务提供者等方面。比如,出狱人在释放后面临哪些挑战,为防止其再犯,有哪些促使其犯罪的既往因素必须得到纠正。特别是要考虑到许多出狱人都有多重需以全面方式予以解决的需求,如技能不足、药物滥用、家庭和社区支持的缺乏等。许多交织在一起的长期问题需要长期解决方案和重大干预措施;再如,出狱人即将回归的社区有哪些可用资源,是否能够承受罪犯的回归,等等。需要深入了解当地重返社会问题的性质和范围、相关资源和罪犯重返社会的社会环境。确定每个社区的犯罪预防重点,以便将有限的资源集中利用。

三是要确保战略规划实施的保障。全面战略通常涉及多层次的政府机构、政府机构(卫生、教育、监狱管理、执法等)之间的协调和社区资源的动员,具体包括以下几个要点:第一,鼓励关键利益相关方之间的协作并将其注意力集中在罪犯的社会再融入上。第二,将社会再融入工作纳入各机构的职责、使命和工作计划,并且制定机构间协议和规程,推动系统一体化并保证关怀的连续性。第三,识别和动员可为战略实施提供资金的资源,必要时寻求额外资源。此外,还需要就相关风险

---

① 比如越南,在实施少年犯社会再融入国家战略之前,该国就在联合国儿童基金会的协助下对五个省份面临的问题及现有地方惯例进行了相当广泛的调查和研究。

和罪犯需求教育公众,使其明白罪犯再融入必须得到支持。

四是认真做好项目的实施管理和监测评估。这就需要有稳健的个案管理方法和充分的信息管理体系支持,罪犯在享受服务时要有唯一的联系和支持点,还需要有强有力的评估工具,允许干预措施不断演变、自我改进并就减少犯罪这一结果向社区负责。[①]

第二节 开展重新犯罪调查

在国际犯罪与刑事司法领域,开展长期重新犯罪调查研究已经得到很多国家决策者的持续关注和支持。此类调查研究的重点是对刑事政策和实践进行评估,尤其侧重于如何进一步减少再犯率,这对于弥补传统的犯罪统计工具的不足具有重要作用。总体来看,对于任何重新犯罪调查研究而言,基本都是围绕调查样本、衡量标准以及样本的跟踪期这三个影响调查的主要因素进行设计。[②] 目前,不同的研究已经使用了不同的设计或者多样性的设计组合。本节将讨论国外开展重新犯罪调查的整体情况和国外调查研究关于这些设计组合的特征,以及相关研究结果的当前趋势,并为我国正在开展的重新犯罪调查提出一些设计思路。

---

① See Griffiths, Dandurand & Murdoch, *The Social Reintegration of Offenders and Crime Prevention*, p. 41.

② 在2018年5月司法部预防犯罪研究所与联合国毒罪办和奥地利专家举行的重新犯罪调查会谈期间,联合国毒罪办行动司司法处预防犯罪和刑事司法官 Philipp Meissner 先生的发言。

一、国外重新犯罪调查研究的特点和趋势

国外对于重新犯罪调查研究的关注已在过去二十年逐渐增加，这类关注已促使很多国家定期收集全国的重新犯罪数据。从国际各区域来看，欧洲重新犯罪调查在英格兰和威尔士、苏格兰、北爱尔兰、德国、荷兰、法国、北欧国家（挪威、丹麦、芬兰、瑞典、冰岛）、奥地利、瑞士、爱沙尼亚和爱尔兰15个国家和地区开展了单独的数据统计工作。欧洲理事会根据其刑事政策战略已经成立了一个研究小组来进一步推广数据的一致性，以便更好地比较各国的再犯统计情况，为其所关注的康复式刑事制裁和实践提供数据支持。[①] 北美已制定了良好的定期数据收集政策并设立了国家再犯登记局。南美、亚洲和非洲已经对系统收集本国再犯数据进行关注。澳大利亚已经认可了欧洲在再犯调查统计收集领域的先行者地位，并且认为要执行以实证为基础的刑事政策，此类数据收集是必不可少的。[②] 尽管关于再犯的高质量调查研究主要局限于少数高度工业化的西方国家，但是国际社会已经认识到，开展全国性的重新犯罪调查研究是制定理性刑事政策和分析的前提。而且，除国家需求以外，国际比较也被视为支持再犯统计数据收集的因素。

从研究对象的样本的选取来看，国外重新犯罪调查一般是根据各国的国情选取不同的研究对象，大致采取三种模式或其组合。一是某一年度被逮捕的人员，二是某一年度被定罪的人员，三是某一年度被监狱释放的人员。总的来看，很少有研究能够包含足够多的样本。但是在这三类群体中，第三种即监狱释放人员是最普遍的选择，其次是被定

---

① See Bouke Sjoerd Julius Wartna / Ian Knowles / Ian Morton / Susan Mariko Alma / Nikolaj Tollenaar, Comparison of reoffending rates across countries, Göttingen Studies in Criminal Law and Justice, Volume 25, Universitätsverlag Göttingen 2014, s. 101 – 103.

② See Hans – Jö rg Albrechtt, Concepts and Potentials of Recidivism, Göttingen Studies in Criminal Law and Justice, Volume 25, Universitätsverlag Göttingen 2014, s. 14.

罪的人员,最少应用的是被逮捕的人员。这可能是因为监狱数据具备可用性、严重犯罪和罪犯具备研究重要性以及社会对他们具备关注性等原因造成的。比如美国,重新犯罪统计主要针对出狱人的再犯罪情况,这是因为其刑事制裁系统将监禁作为重要制裁措施,每年平均有68万人获释,庞大的获释人群是其预防再犯和消耗警力的主要对象,因此也成为其再犯调查的研究对象。研究表明,样本的种类很重要,不同样本的区别在于,样本所包含的研究对象的犯罪指数或其制裁越严重,重新犯罪人员的比例越高。比如,当使用被监禁罪犯而非被定罪罪犯作为样本时,再犯比例从24%增加到40%。也就是说,"后端"样本可能比"前端"样本具备更显著的犯罪特征和更高的重新犯罪风险。①

从重新犯罪的衡量指标来看,实践中存在重新逮捕率、重新定罪率、重新监禁率三种标准,最为常见的是重新定罪率指标,也有些国家采用多重指标衡量重新犯罪模式。具体来说,英国、德国、荷兰、瑞士、奥地利针对不同样本均采用重新定罪率标准,法国则采用重新定罪率和重新监禁率两种衡量标准,美国的情况有所不同,美国司法部的重新犯罪调查根据数据获取情况采用重新逮捕率标准衡量再犯模式,而美国量刑委员会的调查则同时采用上述三种标准。② 事实上,重新犯罪的衡量指标决定了什么行为构成新罪,也是重新犯罪的定义问题,该指标会直接影响重新犯罪率的调查结果。一般来说,基于给定样本,对于重新逮捕率、重新定罪率、重新监禁率的调查结果的数值是依次降低的。

---

① 这里将不同的再犯样本和衡量标准称为"前端"和"后端",前者指个人和刑事司法系统之间的早期接触点(例如,被捕),后者指随后的接触点(例如,监禁)。定罪这个接触点,相对于被捕来说,属于后端,但是相对于监禁来说,又属于前端。

② See Kim Steven Hunt / Robert Dumville, Recidivism Among Federal Offenders: A Comprehensive Overview, United States Sentencing Commission, March 2016, www. USSC. GOV, s. 7 – 8.

从各国的调查情况来看,不同的衡量标准所显示的研究结果的典型范围如下:重新被捕率在40% ~70%之间,重新定罪率在40% ~60%之间,重新监禁率在30% ~50%之间。[①] 由此也证实了"前端"的衡量标准总会产生比"后端"衡量标准更高的再犯率,因为研究过程排除了不太严重的犯罪。除了这三种衡量指标之外,调查中往往还采用更为细化的衡量指标,比如人口统计学的指标,把调查样本按照性别、年龄、再犯类型等进行分类分析。

从调查样本的跟踪期来看,在具备相应资源的条件下,逐渐延长跟踪期,甚至持续跟踪调查对象和重新犯罪指标,更有助于把握重新犯罪的模式和规律。跟踪期决定了对研究对象样本跟踪多长时间,实践中,多数调查的跟踪期是1~3年,最为常见的是2年,也有更长的4~5年,最长达到8年和9年。比如,英国多数研究的跟踪期已经从2年调整为1年,法国的跟踪期为5年、[②]瑞士的跟踪期从5年调整为3年,德国的跟踪期针对不同的情况分别为3年、6年和9年,奥地利也维持较长的跟踪期,[③]美国司法部2019年则公布了一项跟踪期为9年的重新犯罪调查。[④]

跟踪期对重新犯罪调查结果的影响主要体现在两个方面:一是样

---

① See SynΦve Nygaard Andersen and TorbjΦrn Skardhamar, Pick a number: Mapping Recidivism Measures and Their Consequences, No. 772, March 2014, Research department, Statistics Norway.

② See Annie Kensey, The Risks of Reoffending among Prison – leavers, Göttingen Studies in Criminal Law and Justice, Volume 25, Universitätsverlag Göttingen 2014, s. 76.

③ Daniel Fink / Steve Ducommun – Vaucher, Statistical Recidivism Analyses in Switzerland, Göttingen Studies in Criminal Law and Justice, Volume 25, Universitätsverlag Göttingen 2014, s. 44 – 60.

④ See Mariel Alper / Matthew R. Durose, 2018 update on Prisoner Recidivism: : A 9 – Year Foolow – up Period(2005 – 2014), May 2018, Office of Justice Programs, Bureau of Justice Statistics, U. S. Department of Justice.

本人员的再犯率随时间推移而逐渐增加,较长的随访期会带来更高的重新犯罪人员比例,并获取更多的犯罪历史性质的数据。例如,在荷兰样本中,1 年后再犯比例为 43%,2 年后为 56%,3 年后为 62%。8 年后,74% 的人员因新的罪行被重新定罪。二是随访期刚开始时,重新犯罪的强度达到最高。这是再犯研究中的一个常见结果。多数重新犯罪都发生在 2 年内。在获释两年内被重新定罪的人员中,75% 的重新定罪发生在前 12 个月。①

更长的跟踪期有可能使研究人员和决策者更好地探索重新犯罪模式和"停止再犯"的规律。美国司法部 2018 年发布的一项重新犯罪调查发现,32% 的出狱人在 3 年跟踪期内并未被捕(似乎已经停止了犯罪活动),但其中近一半(15%)在随后 6 年内被捕,剩下 17% 在 9 年跟踪期内并未被捕。此外,研究发现,24% 的出狱人仍然积极参与犯罪活动,并在第 9 年被捕。而在获释后第 1 年被捕的 44% 的出狱人中,1/9(占所有出狱人的 5%)在 9 年随访期间并未再次被捕。这组数据显示,研究人员可能需要更长的跟踪期以便理解和掌握更为复杂的再犯和停止再犯模式。②

尽管更长的跟踪期具备一定的优势,但是具体的跟踪期的确定还是要由数据的可用性和研究的特定的需要而决定,应当针对不同的研究工作和政策应用来选择适当的跟踪期长度。与较短的跟踪期相比,在多数情况下,我们需要具备相应的资源才能延长跟踪期。此外,还有

---

① SynΦve Nygaard Andersen and TorbjΦrn Skardhamar, Pick a number: Mapping Recidivism Measures and Their Consequences, No. 772, March 2014, Research department, Statistics Norway.

② Mariel Alper / Matthew R. Durose, 2018 update on Prisoner Recidivism:: A 9 – Year Foolow – up Period(2005 – 2014), May 2018, Office of Justice Programs, Bureau of Justice Statistics, U. S. Department of Justice.

一个重要问题是，国外一般认为，考虑罪犯在上次犯罪后的整个时间长度，监狱时间应该完全排除在跟踪期之外，尽管某些类型的犯罪（例如，与暴力和毒品有关的犯罪）可能确实发生在监狱中。

关于重新犯罪的调查方法和数据来源，目前多数研究是以官方行政记录为基础的，很少采取人口调查的方法获取数据。各国获取官方记录均有各自的途径和程序，但是基本来说都是大同小异。一般来说，所有数据都是源于警方、检方、法院和监狱记录中有关个人情况的行政记录，但是这些数据的获取途径不同。比如，德国通过中央联邦登记册获取，瑞士通过联邦统计局获取，奥地利通过联邦刑事记录登记局，法国由司法部通过全国罪犯注册局获取数据。所有国家居民都有一个唯一个人识别编码，统计系统会使用该编码进行数据统计，因此可以轻易在登记册以及跟踪时间内识别同一个人，从而为研究设计提供了极大的灵活性。研究信息一般只包括重罪，不太严重的轻罪被排除在外，由此提高本国研究和其他国家的研究之间的可比性。研究对象仅限于本国出生的人或者持有本国永久居留证的移民，确保样本能够在不同登记册之间被充分识别，并避免了外国人因犯罪而被驱逐出境的问题。

从国外重新犯罪调查统计数据的分析和运用来看，一是用于评估再犯率和再犯模式，二是用于检验刑事制裁措施及其改革的有效性，确定其是否能减低再犯和增强社会预防效果。关于重新犯罪率的评估，各国对于数据均采取了多维度的分析方法。一般来说，各国都有基于犯罪类型、罪犯年龄和性别来估计和对比的再犯率（及其变化），在此基础上还根据各国监测需求使用多样化的细分变量来衡量再犯模式。比如，荷兰在监测犯罪趋势时特别强调再犯的严重程度并且使用不同的再犯衡量标准根据不同的量刑选择评估再犯率，结果发现，被量刑 4 年或以上时间的罪行有严重的再犯率，被量刑8年或以上时间的罪行有非常严重的再犯率。英国再犯统计分析使用回归模型，将再犯数据用于评估研究再犯风险，以及识别和解释不同地区（或不同监狱）之间的地区性再犯率差异并将该差异用来确定各种量刑模式的解释性差异是否存在。苏格兰、英格兰和威尔士、北爱尔兰、爱尔兰，以及挪威和新西兰等国家和地区按制裁类型对罪犯进行分组并发现，与被判社区服刑的人员相比，再罪在被判监禁的人群中占比更高。当然，很多重新犯罪因素无法通过基于再犯统计的研究发现，进而会影响到基于统计数据作出的研究结论的内部有效性，但是这种情况不仅在犯罪学中存在，其他学科也是如此。

关于检验制裁措施的有效性，各国一致认为需要对各项制裁的有效性进行调查，并且普遍认同应当采用有针对性的应对措施的重要性。在美国和英格兰/威尔士，相关项目在过去十年实现了长足发展，更好地引导罪犯回归社会，以尽量减少再犯可能，并应对国际上常见的重复犯罪现象（“旋转门”现象）。瑞士的研究结果表明对部分罪行采用较为宽松的制裁模式并未导致再犯率升高。荷兰已经计划利用再犯统计研究结果来创建“最佳实践”目录。但总体来看，目前刑事制裁有效性方面的研究仍不发达，尚欠缺以重新犯罪数据为基础进行的针对罪犯重返社会的系统性实证研究，现有的研究几乎都集中在监狱系统和其中的局部措施上，很少有研究关注缓刑或罚金对再犯的影响。

二、国家实践

本部分选取了三个具有典型做法的国家进行介绍。

（一）奥地利重新定罪数据库及调查结果

奥地利重新定罪统计数据库和调查结果是基于奥地利联邦犯罪记录登记局（警方部门）的数据做出的，后者对每次法院定罪信息及释放信息均有存档，并且最终将数据传输至奥地利国家统计局。该数据自从2007年报告以来每年发布一次。该数据库有两大目标：一是帮助识别再犯的风险群体，二是帮助评估司法干预的有效性。

调查对象包括两类：一类是参考年度的所有被定罪人员，包括被判处罚金、有条件监禁、青少年犯和精神病犯的特殊规定；另一类是所有的被释放人员，包括监禁释放和从法医机构释放的人员，即精神病犯。

调查对象的观察期为4年。观察期的开始日期，两类群体中，分别是定罪的日期和释放的日期。奥地利有犯罪记录消除制度，如果5年内没有新的定罪，以前的犯罪记录就会被消除。[①]

调查结果表明，按照犯罪特点、年龄、性别、国籍等进行分类的不同犯罪群体之间的重新定罪率明显不同。在观察期内，以往的定罪次数越多，重新定罪率就越高。最低的重新定罪率的人群是在被判处监狱服刑的时候没有过往定罪记录的人。少年犯被重新定罪的比率接近60%，远高于成年人的30%。女性被重新定罪的比率总体低于男性。如果结合犯罪群体和犯罪类型两项指标来看，性犯罪人再犯性犯罪的重新定罪率为3.5%，财产犯罪的犯罪人再犯财产犯罪的比率为22.9%。从再犯发生的高峰期来看，大概2年内是再犯发生的高风险期。

奥地利国家统计局每年都会在其公布的《司法犯罪统计数据报告》

---

① 在2018年5月司法部预防犯罪研究所与联合国毒罪办和奥地利专家举行的重新犯罪调查会谈期间，奥地利法社会学和犯罪学研究所科学事务部主任、教授 Veronika Hofinger 女士介绍了奥地利重新定罪数据库及调查结果。

中列明相应的数据表。如果有学术研究需求,可以向奥地利统计局定制表格。这些表格受到某些标准的监管,统计局不会披露个人数据,数据之间会转换为相应的代码,较好地解决了隐私保护、数据保护政策与数据需求之间的矛盾。①

(二)挪威重新犯罪衡量标准及其对应结果

挪威的研究特色在于着重探讨了针对不同的样本标准、再犯衡量标准和随访期的变化对再犯率产生的影响。挪威的样本选取和再犯衡量指标均采取三重标准,这在当前重新犯罪调查的国家中是较为全面的。具体来说,其研究以三个罪犯样本(2005 年因重罪被捕、定罪或从无条件监禁中获释的罪犯)为基础,通过个人和刑事司法系统之间的三个联系点(因新的重罪重新被捕、重新定罪或重新监禁)定义了“再犯”,并记录了在 4 年时间内发生的重新犯罪情况(按犯罪日期衡量)。

挪威调查的所有数据都来源于警方、法院和检察机关记录中有关个人情况的挪威行政记录。这些数据用于编制官方犯罪统计数据,也可以基于研究目的从挪威统计局获得。所有居住在挪威的人都有一个唯一个人识别编码。统计系统会使用该编码进行数据统计。它还允许将个人层面的信息与人口登记和挪威统计局提供的其他登记信息联系起来。挪威的研究只包括重罪,因此排除了交通违规者这样一个低风险罪犯群体。

---

① See Veronika Hofinger / Arno Pilgram: The New Austrian Reconviction Statistics Database and Findings, 在 2018 年 5 月司法部预防犯罪研究所与联合国毒罪办和奥地利专家举行的重新犯罪调查会谈期间,奥地利法社会学和犯罪学研究所科学事务部主任、教授 Veronika Hofinger 女士提供的相关研究成果。

调查结果表明，根据分析设计的不同，再罪的比例在9%～53%之间。在随访期开始时，重新犯罪的强度最高更严格/后端样本标准与更高比例的重新犯罪人员之间存在正向关系，并且几乎适用于所有的样本和衡量标准。随着时间的推移，样本之间的发展有所不同。与其他两个样本相比，“监禁样本”的严重犯罪复发得更早。另外，“定罪样本”和“监狱样本”的绝对水平随着时间的推移而趋于一致。

在给定样本中，随着从前端衡量标准向后端推移，重新犯罪人员的比例在下降，被判入狱的人员具备最高的重新犯罪风险。但是这种关系不一定适用于所有样本，因此不具有绝对性。此外，很明显，与两个最前端的衡量标准（重新被捕和重新定罪）相比，两个最后端的衡量标准（重新定罪和重新监禁）产生的结果更为相似。

根据样本和衡量标准的不同，重新犯罪的时间发展也不同。多数新的犯罪行为都是在初始犯罪被判决后不久发生的。在4年随访期内的复发人员中，有72%～81%是在头两年内复发的，但是在随访后期也能看到一些复发迹象。与其他两个样本相比，“获释样本”的复发情况（尤其是导致重新监禁的更严重的犯罪）会更早出现。由于“监禁样本”的一年重新犯罪率相对较高，不同样本之间的初始差距明显。然后，随着时间的推移，其他两个样本（尤其是“定罪样本”）的发展更为平稳，此类差距也逐渐缩小。总体而言，“定罪样本”和“监禁样本”以及重新定罪和重新监禁的衡量标准能产生最相似的结果。挪威的分析结果显示，跟踪期至少应该为2年，而且在前端样本中应用后端衡量标准时，应该使用更长的跟踪期。①

① See SynΦve Nygaard Andersen & TorbjΦrn Skardhamar, Pick a Number: Mapping Recidivism Measures and Their Consequences, No. 772, March 2014, Research department, Statistics Norway.

(三)美国重新犯罪的调查及其结果

近年来,美国司法部司法统计局和美国量刑委员会分别开展了重新犯罪调查。美国司法部调查研究的样本数量远远超过量刑委员会的样本数量,另外也考虑到美国司法部的官方性和权威性,因此本书重点介绍美国司法部的最新调查研究。

美国司法部于2018年5月发布了司法统计局开展的《2005年各州出狱人2005－2014年的再犯数据统计报告》。至此,美国司法部完成了21世纪以来的两项再犯调查研究。具体做法是,司法统计局首先收集了30个州出狱人的犯罪历史记录,以分析他们获释后5年内的再犯模式。2015年,司法统计局又重新收集了同一批罪犯的犯罪历史记录,将最初的5年跟踪期延长至9年,这也是目前西方发达国家的再犯研究中能够见到的几乎最长的跟踪期限。这次调查的衡量标准为重新被捕率。使用被捕数据的原因是,本研究能按照衡量要求收集到所有30个州的出狱人所需的犯罪详细数据。

调查结果显示,在2005年从各州获释的401288名罪犯中,在为期9年的随访期内,估计有1994000次被捕次数,即每个出狱人平均被捕5次,这些被捕次数的60%发生在第4～9年。将随访期延长至9年后,被捕人数是3年随访期的两倍之多,比5年随访期增加了38%。大约23%的出狱人构成9年随访期间发生的近1994000次被捕中的一半。在3年随访期间中,一半的被捕是由类似百分比的罪犯(也是23%)构成的。

考察再犯的时间在,全部研究对象中,44%的罪犯在获释后第1年再次被捕,16%的罪犯在获释后第2年再次被捕,8%的罪犯在获释后第3年再次被捕。也就是说,在9年跟踪期内因新罪行被捕的出狱人中,大多数罪犯(68%)的首次获释后被捕发生在随访期的前3年。如果继续追踪的话,79% 的罪犯在获释后 6 年内被捕。在 9 年跟踪期结束时,获释后再次被捕的罪犯百分比增加至 83% 。由此可见,当跟踪期从 3 年延长到 9 年时,出狱人的累计被捕百分比增加了 15 个百分点,再细致考察发现,11 % 在第 4 ~6 年期间再次被捕,4% 在第 7 ~9 年期间再次被捕。

考察再犯年份与再犯次数,有 5% 的罪犯在获释后的第 1 年内被捕并且在 9 年的随访期内未再次被捕。在获释后 3 年内没有被捕的罪犯,几乎一半(47%)在获释后第 4 ~9 年被捕。获释后第 1 年被捕的罪犯中,有 8% 在获释所在州以外的地区被捕,而在第 9 年被捕的罪犯中,该比例为 14% 。

考察罪犯特点和犯罪类型发现,在每年随访期和整个 9 年随访期内,获释的财产犯罪罪犯比获释的暴力犯罪罪犯更有可能被被捕。超过 3/4(77%)的获释毒品罪犯在 9 年内因非毒品犯罪被捕。

美国的研究还考察了衡量停止再犯的情况。再犯是衡量随访期内任何时间点的被捕情况,停止再犯则指随访期内某一时间点和期限结束之间并未再次被捕的情况。本次调查中的停止再犯指在某一特定年份后,在剩余 9 年随访期内并未再次被捕的罪犯的百分比。例如,当一名罪犯在第 3 年被捕,但在第 4 ~9 年并未再次被捕,则该罪犯属于在第 3 年停止再犯的罪犯类别。调查显示,随着随访期的增加,停止再犯的比例也大幅下降。对停止再犯的衡量同样重要,治疗者想了解相关计划的有效性时,则可以查阅停止再犯模式。对再犯和停止再犯的衡量数据共同为更深入了解犯罪行为和广泛政策领域内的司法管理提供了相关的信息。①

① See Mariel Alper / Matthew R. Durose, 2018 Update on Prisoner Recidivism: A 9 – Year Foolow – up Period(2005 – 2014), May 2018, Office of Justice Programs, Bureau of Justice Statistics, U. S. Department of Justice.

三、国外重新犯罪调查研究对开展我国重新犯罪调查的借鉴和启示

重新犯罪调查不仅逐渐被国外犯罪领域和矫正领域所重视，而且也受到联合国毒品和犯罪问题办公室（以下简称联合国毒品办）的关注，因为重新犯罪率是衡量刑事司法干预措施的效果和反映预防犯罪政策成效的重要指标，而预防再犯也是联合国的一个持续性政策目标。笔者认为，上述国外关于重新犯罪的调查研究在某些方面为我国正在设计实施的全国性重新犯罪调查至少具有以下几个方面的启发。

第一，通过对国外相关情况的研究，我们大致掌握了全球层面开展重新犯罪调查的情况，以及我国在重新犯罪调查方面的设计水平，为我国开展重新犯罪调查研究奠定了良好的基础，做好了充分的准备。具体来说，全球层面并未开展统一的重新犯罪调查，除了少数发达国家和地区外，很多国家还没有关于重新犯罪的调查研究。在开展重新犯罪调查的现有国家中，对重新犯罪的定义、衡量指标、调查跟踪期也没有统一的标准。各国基于各自国家的相关定义、研究对象和调查方法进行的重新犯罪调查得出的结论也就很难有可比性。联合国毒罪办也表示在全球层面很难制定关于重新犯罪调查的统一的技术和规范标准并且统一组织开展重新犯罪调查。相比较而言，我国关于重新犯罪的研究并不滞后，而且我国的调查计划中关于重新犯罪的定义、衡量指标、计算结果以及即将建立的重新犯罪动态监测数据库都将达到世界领先水平。尽管如此，欧洲以及全球在重新犯罪调查领域的先进技术、良好做法和成功经验，不影响在方法上对我国的启发与借鉴，尤其是关于重新犯罪的概念类型、调查统计方法和分析方法等方面。毕竟，对于各国来说，开展重新犯罪调查的目标就是通过获取重新犯罪率，预测未来犯罪水平，以便促进刑事司法系统的发展和改进，提高刑事司法干预措施

包括监狱执行的质量和效果，帮助罪犯成功地重新融入社会及预防和减少犯罪，这是各国重新犯罪调查的共通之处。[①] 而且，西方国家正在努力克服各自调查之间的差异，联合国层面也表示会加强关注会员国开展重新犯罪调查研究的情况，鼓励良好实践的推广，积极发挥重新犯罪统计和调查研究对于完善各国刑事司法和社会政策、改进刑罚执行和罪犯改造工作的促进作用。

第二，国外对于影响重新犯罪率调查结果的三项主要标准基本达成共识，对我国开展调查研究并确立我国的重新犯罪的调查对象、衡量标准和跟踪期具有重要启发。笔者认为，关于上述三项标准，在资源许可的情况下，为了更加宏观和细致地掌握重新犯罪的规律和模式，我们在重新犯罪调查中应当尽量选取更广泛的样本、采取多重衡量标准以及确定较长的跟踪期。具体来说，一是我们的调查对象可以从监禁释放人员逐渐扩大到其他刑罚执行完毕的人员，以便评估其他刑罚的执行效果。二是在确定重新犯罪的概念即衡量标准时，同时使用重新逮捕率、重新定罪率和重新监禁率三项指标。三是确定选择罪犯从监狱释放或刑罚执行完毕后直到再次犯罪的整个时期作为跟踪期。这样不设置固定的跟踪期，而采取全程跟踪的方式便可以根据调查情况获取任何时期的重新犯罪率。之所以提出上述建议，是因为犯罪模式可能会由于样本差异、衡量标准的不同以及随着时间的推移而改变，尤其是较长跟踪期的再犯研究可以为决策者和从业人员提供他们所需要的最新数据，以评估出狱人矫正计划的价值或影响量刑的政策变化。因此，建立全国范围内持续的重新犯罪统计并确保获取充分的基本信息，有

① 在2018年5月司法部预防犯罪研究所与联合国毒罪办和奥地利专家举行的重新犯罪调查会谈期间，联合国毒罪办行动司司法处预防犯罪和刑事司法官 Philipp Meissner 先生的发言。

利于我们研究各项刑事制裁对再犯的影响以及测试有关制裁和再犯关系的假设。

第三,借鉴国外建立专门的数据机构(犯罪记录登记局)、数据系统和数据发布制度的做法,我国可以利用人工智能和大数据技术,并通过重新犯罪数据的统计来不断改善我国的刑事司法数据库。国际社会已经认识到,一个综合性的再犯数据库是理性刑事政策和分析的前提,再犯统计目前已经实现了低成本高效率的运作,新技术的发展提升了数据收集的效率。① 数据库一般针对每个案件都提供判决法院、罪犯(性别、年龄、国籍)、所有罪行的法律描述、量刑信息(制裁类型、刑期)等信息,涉及缓刑的提供获释和监控信息。每个案件按照具体情况逐条记录后再纳入设定的较大族群或类别,以便进行统计评估。② 数据库应当创建一种固定的设置,以便根据需要调整样本、衡量标准和跟踪期的长短,并观察相应的再犯率的变化。如此坚持,长期的重新犯罪统计记录可能会改变警方统计、检方统计、司法统计中当前可用的信息情况,并更新系统性的监禁和缓刑信息,从而为犯罪学研究人员和更广泛的刑事司法系统发挥重要作用。刑事法庭、执法机关和监狱管理层可以利用新的相关信息来预测和评估其决定所能带来的结果。国际上先进的再犯统计和基于此类数据进行的研究证明,这些数据机构和系统的建立在犯罪学和刑事政策方面有重要意义。然而,隐私和数据保护问题仍然存在,问题程度因国家而异,但主要在德国盛行。因此,我们在调查过程中需要通过一定的技术达到保护个人数据隐私的目的。

---

① See Hans – Jörg Albrechtt: Concepts and Potentials of Recidivism, Göttingen Studies in Criminal Law and Justice, Volume 25, Universitätsverlag Göttingen 2014, s. 18 – 20.

② See Jörg – Martin Jehle: Approach, Structures and Outcome of the German Reconviction Study, Göttingen Studies in Criminal Law and Justice, Volume 25, Universitätsverlag Göttingen 2014, s. 28 – 29.

第四，关于重新犯罪调查数据的分析，我们需要从分类的观点获取各种细分的统计数据，以获得关于特定罪罪犯群的重新犯罪率和重新犯罪模式，以此应对刑事司法逐渐向更加精算和以风险为基础的形式转换的趋势，并为制定有针对性的预防再犯对策提供大数据支撑。具体来说，借鉴国外的数据分析视角，从以下几个方面进行分析。

一是从犯罪分类的角度观察再犯。这就需要获取各类犯罪的罪犯再犯情况以及哪一类罪犯在重新犯罪中排名靠前，比如，是严重危害人身安全的暴力犯罪居多，还是财产犯罪居多？危害公共安全的犯罪、妨害社会管理秩序的犯罪等，在再犯者所犯的具体罪名中，各自占有怎样的比例？经济犯罪的再犯者是多还是少？职务犯罪是不是由于其先前的犯罪经历被剥夺了职务而很少有再犯的？等等，这些都需要具体的统计，来确认我们先前的某些预断，也可能会修正我们先入为主的某种偏见，在对于重新犯罪者的具体罪名（罪种）的分类比较和辨析之后，我们的重新犯罪的预防对策会更有针对性，从而也就更为科学。

二是从刑罚分类的角度分析再犯。在再犯者之中，其原判刑罚（或者前几次所判刑罚）的种类也值得统计。比如，死缓犯的重新犯罪率有多大？无期徒刑的重新犯罪率有多大？罚金刑的重新犯罪率有多大？缓刑犯、拘役犯、管制犯等的再犯率又何如？对于这些数字的统计分析，将使我们对于死缓、无期徒刑这些重刑，或者对于缓刑、拘役、管制等轻刑，或者罚金等财产刑的效果有更明确的认识从而在针对重新犯罪者选择刑罚时能够做到心中有数，这对于针对重新犯罪人量定刑罚时，在特殊预防和一般预防上收到功效将具有重要的参照作用。

三是除了再犯期间、再犯次数、再犯类型、刑罚适用状况等指标之外，从犯罪主体的视角（尤其是年龄的视角）观察再犯，对于研究重新犯罪率及再犯的预防具有根本性的意义。各国的研究形象地表明，从不同年龄层所看到的犯罪倾向是不相同的。比如,20～24岁的人5年之内的再犯率与其他年龄层相比相当之高,25～29岁的人则次之。也就是说,就成人而言,二十多岁的年轻人的犯罪倾向是最高的。因此,在探讨、制定对于这些年轻人特殊的犯罪预防对策时,将教育放在重要的位置,是非常重要的。同时,日本的研究表明,65岁以上的高龄者成为再犯者的比率本身虽然比较低,但就其中的再犯者来说,其再犯期间极短,对于这些高龄者,在这个有很高再犯危险性的期间之内,有必要进行重点的处遇。与日本类似,中国也逐渐步入老龄社会,高龄者犯罪的现象也颇为引人注目,其中当然也存在高龄再犯者。探讨这些人的犯罪规律,为这些人制定相应的再犯预防对策,对于整个社会的和谐稳定,都具有直接的重要意义。此外,中国的未成年人犯罪问题到了相当突出的程度,探讨未成年人的犯罪类型、再犯状况,针对未成年人制定相应的犯罪对策,具有长远的意义。从犯罪主体的角度展开预防重新犯罪研究,除了可以从年龄角度对犯罪者进行剖析之外,还有其他的视角,比如性别、文化程度、财产状况、家庭状况、有无职业等,这些指标对于全面掌握犯罪者的属性,从而把握再次犯罪原因、有针对性地制定预防再犯的对策,都具有重要的意义。在中国,这样的研究虽然业已逐步受到重视,但总体来说还是失于粗疏的。可以说,这也都是中国的犯罪学、刑事政策学关于预防重新犯罪研究的重要的关键点。

四是按照不同的问题分析重新犯罪模式,探讨不同的犯罪对策。这一点虽也不言自明,但在具体研究中却往往被忽视。日本的研究表明,针对不同的对象(如针对很容易再犯的年轻人、针对再犯期间极短的年龄层、针对10次以上的多次再犯者),探讨不同的再犯防治对策,避免蜻蜓点水式的"大概齐""一勺烩",是非常重要的,这将使犯罪对策更具针对性,从而也就可能更有实际效果。不过,针对某一种具体类型的犯罪人来说，也不能指望通过一种具体的犯罪对策就达到预防犯罪的效果，对于犯罪的预防，只能是各种不同犯罪对策综合作用的结果，其中，“最好的社会政策就是最好的刑事政策”，德国刑事政策学家李斯特的这句名言对于重新犯罪者的犯罪预防来说，同样是至理名言。

第三节　开发实施重新融入社会项目

本章第一节已经论述了重新融入社会项目战略规划的思路和要点，那么本节的重点是根据规划思路讨论项目的开发和实施。重新融入社会项目设计的关键和最困难的任务之一，就是确定项目的目标、范围和方法。这项工作的全部内容，就是作出选择，然后在可能的情况下将这些选择与社区犯罪预防重点结合起来。目标罪犯群体的确定必须相当明确，而对目标群体风险因素、需求和特殊情形的了解也必须充分。下面就讨论成功开发实施重新融入社会项目的主要步骤。

一、确定项目的实施对象：谁将刑满释放

为了开发既能满足重返社会罪犯的需求，又能响应社区公共安全关切的社会再融入项目，我们必须明确我们的项目将针对哪些对象群体开发和实施，明确社区的关切及每一罪犯的特点和再融入挑战。一些项目最终可能将重点放在了少年犯身上，而其他项目则将重点放在了存在药物滥用问题的罪犯身上。比如，对即将再融入某一特定社区罪犯与犯罪团伙联系及其参与犯罪团伙特征的了解可能有助于识别那些再犯罪风险较高的罪犯，同时创造一种完全不同的再融入干预措施。

而且,这种与犯罪群体有关的规划信息可能早就可从矫正机构那里获得了。

二、了解社区的能力

了解社区能力的目的,是开发能够响应社区关注、打造社区能力并允许社区管理其可能面临的风险的适当项目。因此,获取罪犯所在社区或计划返回社区的数据非常重要。这些社区接收出狱人的能力取决于它们提供服务和实施监管的能力。目前,国外已经开发了利用地理信息系统和城市规划数据的方法,以协助确定罪犯重返社会的相关数据。将出狱人在本国各地的聚集情况用地图绘制出来,为罪犯重返社会规划活动提供了依据。这种绘图能够对罪犯重返社会将如何影响地方社区,以及现有资源和服务能够在多大程度上解决重返社会群体的需求等问题提供宝贵信息,特别是使我们认识那些罪犯返回数量大到不成比例的社区,从而使我们作出将服务和资源集中在这些罪犯遣返地区的决定。这将有助于扩大服务覆盖面,并提高服务提供者了解罪犯所在社区的能力。①

三、项目设计

为确保重新融入社会项目的成功实施,项目设计需要考虑以下几个方面:一是设置现实、可实现的目标和预期;二是拥有明确的理论模型并清晰阐述项目逻辑;三是设定精确的项目目标;四是关注实施和交付困难;五是保证有必要的人力和财力资源;六是鼓励社区参与;七是

① See D. Brazzell, *Informing and engaging communities through reentry mapping*, Reentry Mapping Brief, Washington, D. C., Urban Institute, 2007.

保持实务人员、警方、法官和当地社区的信心；八是做好项目的监测与评估；九是咨询受益者的感受并及时总结经验教训。

四、项目资助保障

保证再融入项目的持续资金供应通常具有挑战性，特别是在不同机构需要为项目的不同方面提供资源的情况下。再融入项目不一定需要很大的资金，但因为必须依赖各机构通过不同机制提供的资金，因此他们通常要解决项目开发初期的资金来源问题，并保证每一机构都了解其必须具备哪些条件（包括出资承诺）才能为项目出资——这些都非常重要。监狱内部项目的资金供应必须在制定预算时就予以考虑，并至少被认为与监狱管理的其他任何方面同等重要。

五、促进机构间合作

旨在提供从监狱到社区全程关怀的新型服务提供模式需要一体化、多机构的合作伙伴关系将其付诸实施。这种合作伙伴关系通常涉及矫正机构及负责提供矫治和福利服务的政府和非政府机构，而这种模式的实施则需要稳健的案件管理惯例，并通常将案件管理人置于矫治、支持甚至监管服务的提供或协调过程的中心位置。在合作中可以由单一机构出任合作伙伴关系中的主要角色，并负责干预措施的协调。在一定程度上，主要角色还要帮助各合作伙伴及其他利益相关方确定其应实现哪些目标。在理想状态下，通过正式化并伴以明确的资源共享、信息共享和问题解决协议，机构间合作可以非常顺利地进行。在合作中，必须对每个机构的角色和职责作出明确规定和理解，而由于合作，每个机构的人员还可从其他机构通常各不相同的政策和实践中受益。协作式服务可通过适当的机构间合作协议和信息共享协议得到改进。如可能,相关组织可考虑将各自的信息系统连接起来,从而实现刑事司法、卫生、劳动和社会服务等数据的共享和适时、有效的分析。[①]

六、项目评估

(一)评估的定义和内容

《联合国系统评估规范》[②]对评估作出专门定义,这一定义已经被国际上的主要发展机构所采纳。根据该规范,“评估就是以尽可能系统和公正的方式对活动、项目、计划、战略、政策、话题、主题、部门、行动领域或机构表现等进行评价。评估的重点为已实现预期成就,同时对结果链、程序、情境因素和因果关系等进行考察,以了解成就或不足。评估应以联合国系统中各组织干预和贡献的相关性、影响、效果、效率和问责的确定为目标。评估应提供可信、可靠和可用的循证信息,以便联合国系统组织及其成员及时将评估结论、建议和教训纳入决策程序。”由此可见,项目评估的本质是对项目成果(预期和非预期成果)进行衡量,并将其与项目的目标联系起来。项目评估通常涉及项目目标是否合适、项目活动是否得到了高效实施和项目目标是否实现了等内容的明确。上述联合国关于项目评估的权威定义和内容均适用于重新融入社会项目。

(二)评估的重要作用和可行性

评估有以下几个方面的作用:一是有助于了解特定项目预期成果实现的原因。二是有助于了解特定项目预期成果实现的程度。三是告

---

① See A. Haggel,《有效实践的关键要素:重新安置》(伦敦,青少年司法委员会,2014)。

② See United Nations Evaluation Group, Norms for evaluation in the UN system (2005), www. escwa. Un. org/divisions/pptcd/upload/uneg. pdf.

诉我们特定项目采取的干预措施对利益相关方和组织机构的更广泛影响。四是评估为我们提供了一个重要的经验教训习得工具,有助于我们掌握项目的最佳实践方面的知识。特别是对目标相同项目的评估结论进行比较和对比,我们就可从中发现良好惯例,学到经验教训,并将其广泛传播,以改善本部门项目的总体质量。[①]

基于证据的项目(即循证项目)通常假定项目成果可监测和评估,以确定项目的目标是否可以实现。这类项目还假定,项目将识别既往项目和良好实践得出的教训,并将其体现在未来的干预设计中。当然,这些都要以可用于项目成果评估的明确标准和稳健评估技术和程序的使用为基础。

(三)评估的困难和挑战

许多机构仅满足于评估项目的产出,而没有充分关注成果可在多大程度上以逻辑、合理的方式明确归因于项目自身,后者是评估过程中一个复杂问题和巨大挑战。“归因”经常会由于项目内部效度较差而难以进行。归因还会因多重项目效应及各种社会和制度变革的存在而复杂化——因为这些社会和制度变革本身很难从被评估项目的成果中分离出来。如果项目成果在多大程度上可合理归因于项目自身这个问题的逻辑依据较为薄弱,那么项目效果的评价很明显将非常棘手。此外,如果项目预期成果并没有明确表述、项目目标不现实或没有明确规定等都会给评估带来困难。再融入项目良好实践难以识别的原因之一源于以上情况,这些都是在评估过程中需要给予充分考虑的因素。

---

① See Inter – agency Panel on Juvenile Justice, Criteria for the Design and Evaluation of Juvenile Justice Reform Programmes, United Nations Office on Drugs and Crime, 2010. www. unodc. org/documents/justice – and – prison – reform/crimeprevention/Creteria_E_book. pdf.

参考文献

1. Griffiths, C. T., Y. Dandurand and D. Murdoch, *The Social Reintegration of Offenders and Crime Prevention. Ottawa: Public Safety Canada, National Crime Prevention Centre*, 2007, Available from www. publicsafety. gc. ca/res/cp/res/_fl/soc – reint – eng. pdf.
2. Harrington, R., and S. Bailey. Mental Health Needs and Effectiveness of Provision for Young Offenders in Custody and in the Community. London: Youth Justice Board for England and Wales, http://yjbpublications. justice. gov. uk/en – gb/Resources/Downloads/MentalHealthNeedsfull. pdf.
3. Jacobson, J., C. Phillips and K. Edgar. i° Double Troublei: Black, Asian and Minority Ethnic Offendersi – Experiences of Resettlement. London: Clinks and Prison Reform Trust, 2010. www. prisonreformtrust. org. uk/Publications/vw/1/ItemID/92.
4. La Vigne, N. G., J. Cowan and D. Brazzell. Mapping Prisoner Reentry: An Action Research Guidebook. 2nd ed. Washington, D. C.: Urban Institute, Justice Policy Center, 2006. www. urban. org/UploadedPDF/411383 _reentry _

guidebook. pdf.

5. La Vigne, N. G., and others. Prisoner Reentry and Community Policing: Strategies for Enhancing Public Safety. Washington, D. C.: Urban Institute, Justice Policy Center, and United States Department of Justice, 2006. www. urban. org/UploadedPDF/411061_COPS_reentry_monograph. pdf.

6. Talbot, J. Prisonersi – Voices: Experiences of the Criminal Justice System by Prisoners with Learning.

7. Disabilities and Difficulties. London: Prison Reform Trust, 2008. www. wwda. org. au/talbot1. pdf.

8. United Nations Office on Drugs and Crime. Afghanistan: Female Prisoners and their Social Reintegration. Vienna: 2007. www. unodc. org/pdf/criminal_justice/Afghan_women_ prison_web. pdf.

9. Compendium of United Nations Standards and Norms in Crime Prevention and Criminal Justice. Vienna: 2006. www. unodc. org/pdf/compendium/compendium_2006. pdf.

10. Custodial and Non – Custodial Measures: Social Reintegration. Criminal Justice Assessment Toolkit. Vienna: 2006. www. unodc. org/documents/justice – and – prison – reform/cjat_eng/4_Social_Reintegration. pdf.

11. Handbook for Prison Leaders: A Basic Training Tool and Curriculum for Prison Man? agers Based on International Standards and Norms. Criminal Justice Handbook Series. Sales No. E. 10. Ⅳ. 4.

12. Handbook for Prison Managers and Policymakers on Women and Imprisonment. Criminal Justice Handbook Series. Sales No. E. 08. Ⅳ. 4.

13. Handbook of Basic Principles and Promising Practices on Alternatives to Imprisonment. Criminal Justice Handbook Series. Sales No. E. 07. Ⅺ. 2.

14. Handbook on Prisoners with Special Needs. Criminal Justice Handbook Series.

Sales No. E. 09. IV. 4.

15. Introductory Handbook on Prison Overcrowding (forthcoming).

16. United Nations Office on Drugs and Crime, World Health Organization and Joint United Nations Programme on HIV/AIDS. HIV and AIDS in Places of Detention: A Toolkit for Policy? makers, Programme Managers, Prison Officers and Health – care Providers in Prison Settings. Vienna: 2008. www. unodc. org/documents/hiv – aids/V0855768. pdf.

17. HIV/AIDS Prevention, Care, Treatment and Support in Prison Settings: A Framework for an Effective National Response. Vienna: 2006. www. unodc. org/pdf/criminal_justice/HIV – AIDS_Prevention_Care_Treatment_and_Support_in_Prison_Settings. pdf.

18. Willis, M. , and J. – P. Moore. Reintegration of Indigenous Prisoners. Research and Public Policy Series, No. 90. Canberra: Australian Institute of Criminology, 2008. Available from www. aic. gov. au/documents/4/1/E/%7B41EFB68A – 8B0A – 43F8 – A747 – E71315F88751%7Drpp90. pdf.

19. Youth Justice Board for England and Wales. Assessment, Planning Interventions and Supervision.

20. M. Borzycki, Interventions for Prisoners Returning to the Community, Canberra, Australian Government Attorney – General's Department, 2010.

21. A. Fox, Aftercare for Drug – Using Prisoners: Lessons From an International Study, *Probation Journal*, Vol. 49, No. 2 (2012).

22. J. Travis, A. L. Solomon and M. Waul, From Prison to Home: The Dimensions and Consequences of Prisoner Reentry, Washington, D. C. , Urban Institute, Justice Policy Center, 2001.

23. Y. Dandurand and others, Conditional Release Violations, Suspensions and Revocations: A Comparative Analysis, Vancouver, International Centre for

Criminal Law Reform and Criminal Justice Policy, 2008.

24. W. Willis and J. – P Moore, Reintegration of Indigenous Prisoners, Research and Public Policy Series, Canberra, Australian Institute of Criminology, 2008.

25. R. Ruddell and L. T. Winfree, Setting Aside Criminal Convictions in Canada: A Successful Approach to Offender Reintegration, *The Prison Journal*, col. 86, No. 4 (2006).

26. G. Harper and C. Chitty, eds., The Impact of Corrections on Re – offending: A Review of "What Works", 3rd ed., Home Office Research Study 291, London, Home Office, Research, Development and Statistics Directorate, 2005.

27. C. T. Griffiths, Y. Dandurand and D. Murdoch, The Social Reintegration of Offenders and Crime Prevention. Ottawa, Public Safety Canada, National Crime Prevention Centre, 2007.

28. S. Maruna and T. LeBel, Revisiting Ex – Prisoner Re – entry: A Buzzword in Search of a Narrative, in Reform and Punishment: The Future of Sentencing, S. Rex and M. Tonry, eds., Cullompton, Devon, Willan Publishing, 2002.

29. F. Loesel, Counterblast: The Prison Overcrowding Crisis and Some Constructive Perspectives for Crime policy, *Howard Journal of Criminal Justice*, Vol. 46, No. 5 (2007).

30. M. Borzycki and T. Makkai, Prisoner Reintegration Post – release, Canberra, Australian Institute of Criminology, 2013.

31. P. Dawson and L. Cuppleditch, An Impact Assessment of the Prolific and other Priority Offender Programme, Home Office Online Report 08/07, London, Home Office, 2007.

32. 日本,联合国亚洲和远东预防犯罪和罪犯待遇研究所,第 145 届国际培训成果,资料集(No. 82)"通过加强社区重新融入因素进行有效的罪犯重新安置"。

33. 周勇:《联合国囚犯待遇最低限度标准规则(修订对照版)》,载司法部预防犯罪研究所主办:《国际预防犯罪与刑事司法热点问题专题研究动态》2016年第4期。

34. 联合国大会决议 65/229,附件。

35. 联合国条约系列,Vol. 1577, No. 27531。

36. 联合国大会决议 40/33,附件。

37. 联合国经社理事会 2002/13,附件。

38. 联合国大会决议 45/112,附件。

39. Inter – agency Panel on Juvenile Justice, Criteria for the Design and Evaluation of Juvenile Justice Reform Programmes, United Nations Office on Drugs and Crime, 2010. www. unodc. org/documents/justice – and – prison – reform/crimeprevention/Creteria_E_book. pdf.

40. A. Haggel,《有效实践的关键要素:重新安置》(伦敦,青少年司法委员会,2014) United Nations Evaluation Group, Norms for Evaluation in the UN System(2005), www. escwa. Un. org/divisions/pptcd/upload/uneg. pdf.

41. D. Brazzell, Informing and Engaging Communities Through Reentry Mapping, Reentry Mapping Brief, Washington, D. C., Urban Institute, 2007.

42. Hans – Jö rg Albrechtt: Concepts and Potentials of Recidivism, Göttingen Studies in Criminal Law and Justice, Volume 25 Universitätsverlag Göttingen 2014.

43. Jörg – Martin Jehle: Approach, Structures and Outcome of the German Reconviction Study, Göttingen Studies in Criminal Law and Justice, Volume 25, Universitätsverlag Göttingen 2014.

44. Mariel Alper / Matthew R. Durose, 2018 Update on Prisoner Recidivism: A 9 – Year Foolow – up Period(2005 – 2014), May 2018, Office of Justice Programs, Bureau of Justice Statistics, U. S. Department of Justice.

45. SynΦve Nygaard Andersen and TorbjΦrn Skardhamar, Pick a Number: Mapping Recidivism Measures and Their Consequences, No. 772, March 2014, Research department, Statistics Norway.

46. Veronika Hofinger / Arno Pilgram: The New Austrian Reconviction Statistics Database and Findings,在 2018 年 5 月司法部预防犯罪研究所与联合国毒罪办和奥地利专家举行的重新犯罪调查会谈期间,奥地利法社会学和犯罪学研究所科学事务部主任、教授 Veronika Hofinger 女士提供的相关研究成果。

47. 陈立平、高海平、曹广建、张颖:《监狱精神病犯的监管与矫治状况——以北京市延庆监狱为研究对象》,载《河北司法警官学院学报》2015 年第 9 期。

48. Griffiths, Dandurand and Murdoch, The Social Reintegration of Offenders and Crime Prevention.

49. Bouke Sjoerd Julius Wartna, Ian Knowles, Ian Morton, Susan Mariko Alma, Nikolaj Tollenaar, Comparison of Reoffending Rates Across countries, Göttingen Studies in Criminal Law and Justice, Volume 25, Universitätsverlag Göttingen 2014.

50. Kim Steven Hunt, Robert Dumville, Recidivism Among Federal Offenders: A Comprehensive Overview, United States Sentencing Commission, March 2016, www. USSC. GOV.

51. Annie Kensey, The Risks of Reoffending among Prison – leavers, Göttingen Studies in Criminal Law and Justice, Volume 25, Universitätsverlag Göttingen 2014.

52. Daniel Fink, Steve Ducommun – Vaucher, Statistical Recidivism Analyses in Switzerland, Göttingen Studies in Criminal Law and Justice, Volume 25, Universitätsverlag Göttingen 2014.

53. 联合国大会决议 45/113, 附件。

54. 欧洲理事会部长委员会于 2008 年 11 月 5 日通过的《欧洲青少年犯接受制

裁或措施的规则》。[recommendation CM/Rec(2008)11]

55. Economic and Social Council resolution 1997/36, annex.

56. General Assembly resolution 45/111, annex.

57. E. Mulder and others, Risk factors for overall recidivism in serious juvenile offenders, *International Fournal of Offender Therapy and Comparative Criminology*, Vol. 55, No. 1(2011).

58. 欧洲理事会部长委员会于 2010 年 2 月 20 日通过的《欧洲理事会缓刑规则》。[recommendation CM/Rec(2010)1]

59. United Nations Office on Drugs and Crime, HIV and AIDS in Places of Detention: A Toolkit for Policymakers, Programme Managers, Prison Officers and Health – care Providers in Prison Settings(2008); HIV in Prisons: Situation and Needs Assessment Toolkit(2010).

60. General Assembly resolution 46/119, annex.

61. M. W. Lipsey, N. A. Landenberger and S. J. Wilson, Effects of Cognitive – Behavioral Programs for Criminal Offenders, *Campbell Systematic Reviews*, vol. 3, No. 6 (2007).

62. 鲁兰:《中日矫正理念与实务比较研究》,北京大学出版社 2005 年版。

63. V. Lopez Viets, D. Walker and W. R. Miller, What is Motivation to Change? A Scientific Analysis, in Motivating Offenders to Change: A Guide to Enhancing Engagement in Therapy, M. McMurran, ed., Chichester, West Sussex, and New York, Wiley, 2002.

64. L. Jones, An individual Case Formulation Approach to the Assessment of motivation, in Motivating Offenders to Change: A Guide to Enhancing Engagement in Therapy, M. McMurran.

65. M. McMurran, Motivation to Change: Selection Criterion or Treatment Need?, in Motivating Offenders to Change: A Guide to Enhancing Engagement in Thera-

py, M. McMurran, ed.

66. K. Edgar, J. Jacobson and K. Biggar, Time Well Spent: A Practical Guide to Active Citizenship and Volunteering in Prisons, London, Prison Reform Trust, 2014.

67. G. A. Furst, Animal Programs in Prison: A Comprehensive Assessment, Boulder, Colorado, First Forum Press, 2011.

68. M. W. Lipsey, Landenberger and Wilson, Effects of Cognitive – Behavioral Programs for Criminal Offenders, *Campbell Systematic Reviews*, Vol. 3, No. 6 (2007).

69. Norwegian Ministry of Justice and Public Security, Correctional Services Department, February 2012.

70. S. Metraux and D. P. Culhane, Homeless Shelter Use and Reincarceration Following Prison Release, *Criminology and Public Policy*, Vol. 3, No. 2(2014).

71. E. Baldry and others, Ex – Prisoners and Accommodation: What Bearing do Different Forms of housing have on Social Reintegration of Ex – Prisoners?, paper presented at the Housing, Crime and Stronger Communities Conference, Melbourne, NSW, Australia, 6 – 7 May 2008.

72. Griffiths, C. T., Y. Dandurand and D. Murdoch. The Social Reintegration of Offenders and Crime Prevention. Ottawa: Public Safety Canada, National Crime Prevention Centre, 2007. www. publicsafety. gc. ca/res/cp/res/_fl/soc – reint – eng. pdf.

73. 《中国监狱罪犯教育改造模式研究》(上、下),载《中国监狱学刊》2014 年第 3 期、第 4 期。

74. 狄小华:《社会转型期的中国罪犯矫正模式研究》,载《中国监狱学刊》2006 年第 3 期。

75. 《四川省锦江监狱罪犯分类分级管理办法》。

76. 周勇:《内省矫正的理论基础与实践价值》,载《犯罪与改造研究》2018 年第 8 期。
77. 北京市监狱管理局编著:《改造项目操作手册》,法律出版社 2014 年版。
78.《北京监狱引进新型心理矫治法回顾人生体验濒死促安心改造》,载 http://www.chinapeace.org.cn/2013-07/18/content_8316727.htm。
79. 2016 年第三十六届亚太矫正管理者会议资料。参见 http://www.apcca.org。
80. 葛向伟:《监狱工作人员与囚犯比例研究与借鉴》,载《犯罪与改造研究》2017 年第 12 期。
81. 司法部预防犯罪研究所《循证矫正研究与实践》项目组:《循证矫正研究与实践》资料汇编,2013 年 5 月编写。
82. 葛向伟:《亚太地区罪犯矫正现状、改革及其思考》,载《云南大学学报》2013 年第 3 期。
83. R. E. Brown and Y. Dandurand, Successful Strategies that Contribute to Safer Communities, paper prepared for the workshop entitled "Successful Vrime Reduction and Prevention Strategies in the Urban Context", held at the sixteenth session of the Commission on Crime Prevention and Criminal Justice, Vienna, 23-27 April 2007.
84. Economic and Social Council resolution 1995/9, annex, para. 3 (d) (ii).
85.《监禁替代措施的基本原则与良好实践》,联合国出版物 NO. E. 07. XI. 2。
86. N. Padfield, and S. Maruna, The Revolving Door at the Prison Gate: Exploring the Dramatic Increase in Recalls to Prison, *Criminology and Criminal Justice*, Vol. 6, No. 3 (2006).
87. P. Burke, A. Gelb and J. Horowitz, When Offenders Break the Rules: Smart Responses to Parole and Probation Violations, Public Safety Policy Brief, No. 3, November 2007, Washington, D. C., Pew Center on the States, 2007.

88. N. Padfield, ed. , Who to Release? Parole, Fairness and Criminal Justice, Portland, Oregon, Willan Publishing, 2007.

89. J. W. Stickels, A Study of Probation Revocations for Technical Violations in Hays County, Texas, USA, *Probation Journal*, Vol. 54, No. 1 (2007).

90. R. P. Seiter, Prisoner Reentry and the Role of Parole officers, *Federal Probation*, Vol. 66, No. 3 (2002)

91. J. F. Quinn and L. A. Gould, The Prioritization of Treatment Among Texas Parole Officers, *The Prison Journal*, Vol. 83, No. 3(2003).

92. M. Renzema and E. Mayo – Wilson, Can Electronic Monitoring Reduce Crime for Moderate to High – Risk Offenders?, *Journal of Experimental Criminology*, Vol. 1, No. 2 (2005).

93. P. Gendreau, A Review of the Learning Resources Program, John Howard Society of Newfoundland, Ottawa, Solicitor General of Canada, 1996.

94. D. A. Andrews and J. Bonta, The Psychology of Criminal Conduct, 3rd ed. , Cincinnati, Ohio, Anderson, 2003.

95. R. Serin, B. Voung and S. Briggs, Intensive Supervision Practices: a Preliminary Examination, Research Brief No. B – 31, Ottawa, Correctional Service of Canada, 2003.

96. J. Graffam and others, Attitudes of Employers, Corrective Services Workers, Employment Support Workers, and Prisoners and Offenders towards Employing Ex – Prisoners and Ex – Offenders, Burwood, Victoria, Deakin University, School of Health and Social Development, 2004.

97. J. Graffam and others, Variables Affecting Reintegration as Perceived by Offenders and Professionals, *Journal of Offender Rehabilitation*, Vol. 40, Nos. 1 and 2 (2005), J. Graffam 等:《影响社会再融入的变量:罪犯和专业人员的视角》,载《罪犯改造期刊》第 40 卷。

98. C. A. Visher, L. Winterfield and M. B. Coggeshall, Ex – Offender Employment Programs and Recidivism: A Meta – analysis, *Journal of Experimental Criminology*, Vol. 1, No. 3 (2005).

99. L. Hannson and R. DeFina, The State of the Economy and the Relationship Between Prisoner Reentry and Crime, *Social Problems*, Vol. 57, No. 4 (2010). Visher, Winterfield and Coggeshall, "Ex – offender employment programs and recidivism: a meta – analysis".

100. R. Webster and others, Building Bridges to Employment for Prisoners, Home Office Research Study No. 226, London, Home Office, Research, Development and Statistics Directorate, 2001.

101. Ibid. C. Uggen, Ex – Offenders and the Conformist Alternative: A Job Quality Model of Work and Crime, Social Problems, Vol. 46, No. 1 (1999).

102. S. Niven and J. Olagundoye, Jobs and Homes: A Survey of Prisoners nearing release, Findings, No. 173, London, Home Office, Research, Development and Statistics Directorate, 2002.

103. A. Nilsson, Living Conditions, Social Exclusion and Recidivism Among Prison Inmates, *Journal of Scandinavian Studies in Criminology and Crime Prevention*, Vol. 4, No. 1 (2013).

104. M. Bobbitt and M. Nelson, The Front Line: Building Programs that Recognize Families' Role in reentry, Issues in Brief, New York, Vera Institute of Justice, September 2011.

105. Canadian Families and Corrections Network, Time's up: A Reintegration Toolkit for Families (2008).

106. Harper and Chitty, The Impact of Corrections on Re – offending.

107. J. Burrows and others, Research into the Nature and Effectiveness of Drugs Throughcare, RDS Occasional paper, No. 68, London, Home Office, Re-

search, Development and Statistics Directorate, 2001.

108. H. K. Wexler and others, Three – year Reincarceration out Comes for Amity in – Prison Therapeutic Community and Aftercare in California, The Prison Journal, Vol. 79, No. 3 (2012).

109. M. Shaw, Communities in Action for Crime Prevention, background paper prepared for the Sixth Annual Colloquium of the International Centre for the Prevention of Crime, Canberra, 14 – 15 September 2006.

110. I. Naivalurua, Community Social Reintegration: the Fiji Approach, in Survey of United Nations and Other Best Practices in the Treatment of Prisoners in the Criminal Justice System, K. 121. R. E. Brown and Y. Dandurand Successful Strategies that Contribute to Safer Communities, in Selected Papers on Successful Reduction and Prevention Strategies in the Urban Context, S. Maio, ed., Riyadh, Naif Arab University for Security Sciences, 2007.

111. G. Bazemore and C. Erbe, Operationalizing the Community Variable in Offender Reintegration: Theory and Practice for Developing Intervention Social Capital, Youth Violence and Juvenile Justice, Vol. 1, No. 3 (2013).

112. D. Brazzell,《通过重返罪犯映射对社区进行宣传和发动》,重返罪犯映射方法简介(华盛顿特区,城市研究所,司法政策中心,2006);N. G. La Vigne, J. Cowan 和 D. Brazzell:《重返罪犯映射:行动研究指南》(第二版)(华盛顿特区,城市研究所,司法政策中心,2006)。

113. 司法部《社区矫正信息管理系统技术规范》和《社区矫正人员定位技术规范》。

114. 司法部社区矫正管理局:《2012 – 2017 全国社区矫正工作统计分析报告》,法律出版社 2018 年版。

115. S. A. Kinner, The Post – Release Experience of Prisoners in Queensland, Brisbane, University of Queensland, Queensland Alcohol and Drug Research and

Education Centre, March 2006.

116. A. Hochstetler, M. Delisi and T. C. Pratt, Social Support and Feelings of Hostility Among Released Inmates, Crime and Delinquency, Vol. 56, No. 4 (2010).

117. A. J. Shinkfield and J. Graffam, Community Reintegration of Ex – prisoners: Type and Degree of Change in Variables Influencing Successful Reintegration, International Journal of Offender Therapy and Comparative Criminology, Vol. 53, No. 1 (2009).

118. 2010 年在温哥华举办的亚太矫正管理者会议材料。

119. 陈雄飞:《当前安置帮教工作中存在的主要问题与建议》,载《犯罪与改造研究》2010 年第 1 期。

120.《监禁替代措施的基本原则与良好实践》,联合国出版物 NO. E. 07. XI. 2。

121. D. L. MacKenzie, Probation: an Uptapped Resource in U. S. Corrections, in Rethinking Corrections: Rehabilitation, Reentry, and Reintegration, L. Gideon and H. – E. Sung, eds., Thousand Oaks, California, Sage, 2010.

122. 州政府委员会(Council of State Governments)司法中心,《以降低再犯率为目标的缓刑部门十步骤转型指南(纽约,2011)》,http://knowledgecenter.csg.org/drupal/system/files/A_Ten – Step_guide_to_Transforming_probation_Departments_to_Reduce_Recidivism.pdf。

123. R. Allen, Alternatives to imprisonment in East Africa: trends and challenges, London, Penal Reform International, 2012.

124. R. Moore and others, Managing Persistent and Serious Offenders in the Community: Intensive Community Programmes in Theory and Practice, Cullompton, Devon, Willan Publishing, 2014.

125. 联合国毒品和犯罪问题办公室:《持续挑战与新兴优势:结论与建议——联合国毒品和犯罪问题办公室驻乌干达监狱评估代表团的报告》,2009 年。

126. H. – E. Sung, Form Diversion to Reentry: Recidivism Risks Among Graduates of an Alternative to Incarceration Program, *Criminal Justice Policy Review*, Vol. 22, No. 2(2015).

127. 联合国毒罪办:《从强迫到凝聚：通过医疗保健而不是通过惩罚来治疗毒品依赖》,2009 年 10 月 28 ~ 30 日,研讨会论文。www. unodc. org/documents/hiv – aids/publications/Coercion_Ebook. pdf.

128.《恢复性司法方案手册》,联合国毒罪办刑事司法手册系列 No. E. 06. V. 15。

129. 经社理事会决议 2002/12,附件。

130. 美国司法部司法项目办公室下属少年司法与犯罪预防办公室,《均衡与恢复性司法模式实施指南》(华盛顿特区,1998),www. ojjdp. gov/pubs/implementing/accountability. html。

131. L. Kurki, Restorative and Community Justice in the United States, *Crime and Justice: A Review of Research*, Vol. 27, 2000.

132. K. J. Fox, Second Chances: a Comparison of Civic Engagement in Offender reentry programs, *Criminal Justice Review*, Vol. 35, No. 3 (2010).

133. 王平:《恢复性司法在中国的发展》,载《北京联合大学学报》(人文社会科学版)2016 年第 6 期。

134. 谢全发:《恢复性司法中的警察权》,载《中国人民公安大学学报》(社会科学版)2017 年第 5 期。

135. 李超、支岚:《实证探析侦查阶段刑事和解现状》,载《湖南警察学院学报》2014 年第 3 期。

136. 殷英华:《侦查阶段的刑事和解一些问题的分析》,载《政法学刊》2014 年第 2 期。

137. 胡钰:《关于缓刑适用情况的调查报告——以 2007 ~ 2011 年三门峡市渑池县缓刑适用情况为调查样本》,西南政法大学 2012 年硕士学位论文。

138. 李珍:《浅议检察机关刑事和解工作》,载《法制与社会》2013 年第 35 期。

139. 吴圆琴:《国际上恢复性司法的新发展及对我国的启示》,载《研究生法学》2016 年第 2 期。

140. 经社理事会决议 1997/30,附件。

141. 联合国儿童权利委员会《关于少年司法体系中儿童权利的一般性意见 2007/10》。

142. D. P. Mears and J. Travis, Youth Development and Reentry, Youth Violence and Juvenile Justice, Vol. 2, No. 1 (2014).

143. International Juvenile Justice Observatory, Mental Health Resources for Young Offenders: European Comparative Analysis and Transfer of Knowledge—MHYO Manual for Improving Professional Knowledge, Skills and Developing Advocacy Programme, Vol. Ⅱ(Brussels, 2011).

144. D. M. Altschuler and R. Brash, Adolescent and Teenage Offenders Confronting the Challenges and Opportunities of Reentry, Youth Violence and Juvenile Justice, Vol. 2, No. 1 (2014).

145. M. L. Sullivan, Youth Perspectives on the Experience of Reentry, Youth Violence and Juvenile Justice, Vol. 2, No. 1 (2014).

146. D. M. Altschuler and T. L. Armstrong, Intensive Aftercare for High – Risk Juveniles: Policies and Procedures, Washington, D. C., United States Department of Justice, Office of Juvenile Justice and Delinquency Prevention, 1994.

147. H. L. Chung, M. Little and L. Steinberg, The Transition to Adulthood for Adolescents in the Juvenile Justice System: A Developmental Perspective, in On Your Own Without a Net: The Transition to Adulthood for Vulnerable Populations, D. W. Osgood and others, eds., Chicago, University of Chicago Press, 2005.

148. P. Tolan and others, Mentoring Interventions to Affect Juvenile Delinquency and

Associated Problems, Campbell Systematic Reviews, No. 16, Campbell Collaboration, 2008; J. A Bouffard and 161. K. J. Bergseth, The Impact of Reentry Services on Juvenile Offenders' Recidivism, Youth Violence and Juvenile Justice, Vol. 6, No. 3 (2016).

149. R. L. Mullis and others, Young Chronic Offenders: A Case Study of Contextual and Intervention Characteristics, Youth Violence and Juvenile Justice, Vol. 3, No. 2 (2016).

150. A. Braga, A. M. Piehl and D. Hureau, Controlling Violent Offenders Released to the Community: An Evaluation of the Boston Reentry Initiative, Journal of Research in Crime and Delinquency, Vol. 46, No. 4 (2009); J. W. Caudill, Back on the Swagger: Institutional Release and Recidivism Timing Among Gang Affiliates, Youth Violence and Juvenile Justice, Vol. 8, No. 1 (2017).

151. S. Decker, Strategies to Address Gang Crime: A Guidebook for Local Law Enforcement, Washington, D. C., United States Department of Justice, Office of Community Oriented Policing Services, 2008.

152. 戴佳:《少捕慎诉少监禁教育感化挽救失足青少年》,载《检察日报》2016 年 5 月 28 日。

153. 郭烁:《徘徊中前行:新刑诉法背景下的高羁押率分析》,载《法学家》2014 年第 4 期。

154. 俞国女:《未成年犯矫正对策与再犯罪预防实证研究——兼未成年犯个案矫正模式的构建》,载《法治研究》2012 年第 5 期。

155. P. Van Voorhis and others, Women's Risk Factors and Their Contributions to Existing Risk/needs Assessment: The Current Status of a Gender – Responsive Supplement, www. uc. edu/womenoffenders and www. nicic. gov/womenoffenders.

156. S. S. Vovington, A Woman's Journey Home: Challenges for Female Offenders

and their Children, paper presented to the National Policy Conference "From Prison to Home: The Effect of Incarceration and Reentry on Children, Families, and Communities", Washington, D. C., 2002.

157. S. Spjeldnes and S. Goodkind, Gender Differences and Offender Reentry: a Review of the Literature, *Journal of Offender Rehabilitation*, Vol. 48, No. 4 (2009).

158. L. Bartels and A. Gaffney, Good Practice in Women's Prisons: A Literature Review, Canberra, Australian Institute of Criminology, 2011.

159. O. Robertson, Collateral Convicts: Children of Incarcerated Parents—Recommendations and Good Practice from the UN Committee on the Rights of the Child Day of General Discussion 2011, 172. Human Rights and Refugees Publications, Geneva, Quaker United Nations Office, 2012. J. R. Scroggins and S. Malley, "Reentry and the (unmet) Needs of Women", Journal of Offender Rehabilitation, Vol. 49, No. 2 (2010).

160. J. E. Cobbina, Reiteraration Success and Failure: Factors Impacting Reintegration Among Incarcerated and Formerly Incarcerated Women, *Journal of Offender Rehabilitation*, Vol. 49, No. 2 (2010).

161. M. Brown and S. Ross, "Mentoring, social capital and desistance: a study of women released from prison", *Australian and New Zealand Journal of Criminology*, Vol. 43, No. 1 (2010).

162. 刘威、单希政:《服刑女犯未成年子女家庭支持缺失与内外整合性替代》,载《学术交流》2018 年第 10 期。

163. 联合国毒品和犯罪问题办公室,《特殊需求罪犯手册》。

164. M. Davies, The reintegration of elderly prisoners: an exploration of services provided in England and Wales, *Internet Journal of Criminology*, 2011.

165. R. H. Aday and J. J. Krabill, *Women Aging in Prison: A Neglected Popula-*

tion in the Correctional System, Boulder, Colorado, Lynne Rienner Publishers, 2011.

166. 英国卫生部和国家罪犯关怀和安置协会,《老年罪犯工作资源包》(伦敦,国家罪犯关怀和安置协会,2009)。

167. The Convention on the Rights of Persons with Disabilities, United Nations, Treaty Series.

168. S. W. Hartwell and K. Orr, The Massachusetts Forensic Transition Program for Mentally ill Offenders Reentering the Community, Psychiatric Services, Vol. 50, No. 9.

169. UNODC, HIV and AIDS in Places of Detention. “采用保健方法(而非惩罚方式)治疗毒品依赖症”。

170. J. Talbot,《罪犯的声音:存在学习障碍和困难问题罪犯在刑事司法体系中的体验》(伦敦,监狱改革信托,2008),www. wwda. org. au/talbot1. pdf。

171. D. Joliffe and D. P. Farrington, A Systematic Review of the National and International Evidence on the Effectiveness of Interventions With Violent Offenders, Ministry of Justice Research Series 16/07, United Kingdom, Ministry of Justice, 2007.

172. V. L. Quinsey and others, Violent Offenders: Appraising and Managing Risk, 2nd ed., Washington, D. C., Amercian Psychological Association, 2006.

173. M. L. Thigpen 等,《假释的基本要素:假释负责人实践指南》, No. 4, 假释面临的特殊挑战(华盛顿特区,美国司法部,国家矫正研究所,2011)。

174. R. K. Hanson and K. Morton – Bourgon, Predictors of Sexual Recidivism: An Updated Meta – Analysis, Ottawa, Public Safety Canada, 2004.

175. P. Gendreau, T. Little and C. Goggin, A Meta – analysis of the Predictors of Adult Offender Recidivism: What works!, Criminology, Vol. 34, No. 4.

176. Center for Sex Offender Management, Twenty Strategies for Advancing Sex

Offender Management in Your Jurisdiction, Silver Spring, Maryland, Center for Effective Public Policy, 2009.

177. A. M. McAlinden, Managing Risk: From Regulation to the Reintegration of sexual offenders, Criminology and Criminal Justice, Vol. 6, 2 (2006).

178. C. T. Griffiths, Y. Dandurand 和 D. Murdoch,《罪犯的社会再融入与犯罪预防》(渥太华,加拿大公共安全部,国家犯罪预防中心,2007)。

179. 联合国毒罪办,《关于被判刑罪犯的国际移转手册》,维也纳,2012 年。

180. M. Willis 和 J. – P. Moore,《土著罪犯的社会再融入》,研究与公共政策系列(No. 90)(堪培拉,澳大利亚犯罪学研究所,2008), www. aic. gov. au/documents/4/1/E/%7B41EfB68A – 8B0A – 43f8 – A747 – E71315f88751%7Drpp90. pdf。

181. J. Jacobson, C. Philips and K. Edgar, Double Trouble?: Black, Asian and Minority Ethnic Offenders' Experiences of Resettlement, London, Clinks and Prison Reform Trust, 2010.

182. [丹麦]拉尔斯·莫勒尔等:《监狱卫生——世界卫生组织关于监狱卫生的基础指导手册》,郑振玉、李顺平主译,山东大学出版社 2009 年版。

183. 上海市监狱局生活卫生处、提篮桥监狱联合课题组:《上海监狱精神病罪犯管理问题研究》,载《犯罪与改造研究》2017 年第 7 期。

184. 陈立平、高海平、曹广建、张颖:《监狱精神病犯的监管与矫治状况——以北京市延庆监狱为研究对象》,载《河北司法警官学院学报》2015 年第 9 期。

185. 于爱荣主编:《最新监狱概览》,载《江苏警视增刊》2006 年。

186. 刘柳:《女性服刑者的环境适应与在社会化研究》,中国社会科学出版社 2015 年版。

187. 翟中东:《中国社区矫正制度建构与立法问题》,中国人民公安大学出版社 2017 年版。

代后记

怀念爷爷

爷爷葛成俊，曾用名得胜。生于1904年，故于1992年，离开我们至今已整整29年了。回想起小时候和爷爷在一起的日子里，常听他讲起自己在旧社会受苦受难，特别是革命战争年代，在山东老家费县石井与枣庄边联的抱犊崮山区一带打鬼子，闹革命，出生入死的动人故事，仿佛就在昨天，就在眼前。

爷爷是个苦命人，本不姓葛，是大灾之年，一潘姓人家因孩子多吃不饱，为找生路，便将刚满8个月的第三个孩子，也就是我的爷爷送给了当时还没有孩子的葛姓人家抚养。爷爷的养父母也是穷人，没有地种，没有屋住，全靠给地主扛活维持生计。爷爷刚满6岁时，其母亲突患重病因无钱医治，又遇灾年，不幸身亡。其父亲在外扛活，爷爷孤苦伶仃。先是去了本乡信行庄其姑母家，在山上看蚕。姑母家经营着大片山场，放养土蚕为生。春天大群的“布谷鸟”最爱吃蚕，幼小的爷爷看不过来，常挨姑父打骂。他的父亲听说了便把爷爷领回家又送到邻村沟北峪一财主绰号“干巴”家放牲口。“干巴”家有一牛一驴，牛驴又不合槽，8岁的爷爷只得赶着牛去追驴，一天下来牛吃不饱，爷爷也累得筋疲力尽。“干巴”还凶狠地对爷爷说：“牛吃不饱，你就别吃饭”。爷爷无奈，只能仰天长叹，以泪洗面。幸好，“干巴”有个晚娘也是穷人出身，有同情心，偷着给爷爷饭吃，爷爷很知足，第二天又去放牛放驴。

秋天，山里人早起耕夜地，庄稼人都住在“秫秸攒”里。“干巴”是小地主，心眼很坏，有时也下地干活。他起得早也不喊别人，背起犁耙梭头就走，爷爷就得赶紧牵着牛送过去。一次，爷爷睡过了头，一觉醒来见“干巴”走了，便急忙送牛。只见“干巴”铺好牛具，正手拿使牛鞭吹胡子瞪眼，爷爷害怕极了。果然，“干巴”不由分说，扬起使牛鞭猛地抽到爷爷背上，顿时裂开了一道两寸多长的血口子，鲜血直流，疼的爷爷在地上翻滚号叫。那真是叫天天不应，叫地地不灵。没人包扎，还得强忍伤痛继续干活。一个秋天，爷爷就住在地头搭建的“秫秸攒”里，铺了一件蓑衣，伤口刚要结疤，一到晚上睡觉时就被蓑衣毛刺给磨了去，反复感染，流脓淌血，久不愈合。

狠心的“干巴”还欺负爷爷年少无知，原讲好的干到年底给工钱两吊五，结果只给了一吊五，还都是铜钱。爷爷愤愤不平，可也无处讲理。第二年爷爷离开了“干巴”家去了村南高岩庄给一外号叫“大砍皮”的地主魏之田家放牛。魏家答应的条件是“放牛管饭，干一年秋后给一斗二升高粱”。爷爷在“大砍皮”家一干就是五六年。

高岩庄地处抱犊崮山麓，东有马山、阴阳寨，西有高山、泉崮山，奇峰幽谷，历来为兵家屯居之地。爷爷在那里赶着牛群，光背赤脚，走遍每个山头，足迹遍及每个角落。苦难的经历磨练了爷爷的意志，为爷爷日后打鬼子奠定了良好的基础。

爷爷长到十二三岁时就开始学种田，到十七八岁已是耕三耙四、摇耧晃耩，常给高桥村荆家“二掌柜”扛活。他身材敦实，两眼炯炯有神，自小练得骨如钢筋，走路快如风。虽然整日里给地主扛活，仍觉得有使不完的劲儿。一有空闲还常帮助四邻干活，深受村里人尊重。

城前村梁家也是穷人，常得爷爷帮活。梁家看爷爷心眼好，能吃苦耐劳，长相又英俊，经人说合，将家中长女嫁给爷爷为妻，日子开始有了转机。谁料，1927 年，费县大旱无收，穷苦人纷纷外逃要饭。刚刚成家的爷爷便挑起生活的重担，带着奶奶和其岳父母一家共 5 口逃荒江南，在一个山野处搭个草棚定居。白天，岳父母和他们的两个女儿出门讨饭，爷爷到山上打柴，挑下山来卖了再买米下锅，常常是有上顿没下顿。在逃荒江南的艰难日子里，爷爷喜得爱女，取名建华，也就是我的大姑母。不久，奶奶梁氏因月子里风餐露宿留下病根，又无钱医治，无奈爷爷又拖老带小，举家返回山东老家。其岳父母回了自家城前村，爷爷一家 3 口在高桥村西一棵大核桃树下支起一个窝棚暂住，他仍给荆家“二掌柜”扛活。奶奶病情加重，又搬到岳父村租屋居住。不久奶奶病死，爷爷含泪将奶奶埋葬在村南乱石堆中，用高粱秸在坟旁搭个窝棚，白日里在坟堆周边开荒拓地，夜里在窝棚里搂着不到两岁的大姑母为奶奶守灵整整 3 个月。

恰在这个时候，一个名叫沈廷信的远房亲戚常来走动。沈是高桥信行庄人，时任中共高桥区委员会书记，参加过临沂八区农民运动，是人们私下议论的“穷人党”。他和爷爷自小熟悉，于是白天地头拉，晚上屋里说，都是些闹翻身，求解放，让穷人早早过上好日子的话，行动很神秘，爷爷动了心。立志走出穷窝窝，跟定“穷人党”，打鬼子，闹革命，从此走上了抗日的道路。

1935 年 4 月，爷爷因表现突出，经沈廷信介绍加入了中国共产党。1936 年 6 月，苏鲁边区特委机关由枣庄转移到费县南部石井高桥街，以经营天德堂药店作掩护,在抱犊崮山区一带发展地方武装势力,郭子化任特委书记,并组建了高桥镇党支部,爷爷任书记兼郭子化的秘密联络员。每天到各村秘密传达郭子化的指示,有时将信件藏在衣角,棉絮里,有时藏在油条里,佯装提着油条走亲戚,一次次躲过敌寇哨所的疯狂盘查。郭子化对爷爷的工作十分满意,还曾以化名葛幼如与爷爷兄弟相称,挡人耳目。

1938 年春,国民党庞炳勋部在临沂阻击日军,武器装备储存在抱犊崮山西黄连洞内。爷爷受于化琪委派,以自卫名义独自向大北庄庞军部要枪未成,便连夜赶回高桥,带领十几个人马复返大北庄,一下领取了 57 支枪,组成一支小武装。不久,驻枣庄日军扫荡抱犊崮,爷爷随队转移苍山大炉村,编为义勇军直辖六团,参加了燕柱山伏击战,后改编为苏鲁支队。

爷爷终日为抗日奔波,引起地方劣绅和反动势力的仇恨,他们到处抓捕跟随八路军的人,并扬言要“活埋当八路的孩子!”当时姑母还小,在家和太爷爷相依为命,年迈多病的太爷爷整日里担惊受怕,7 月的一天趁姑母不备,一念之差,悬梁自尽。反动派闻讯大喜,认定爷爷要回家尽孝发丧,正好拿下送官,并将宅院派人围住,其父尸体在家摆放数日。料敌如神的爷爷强忍悲痛,躲在离家不远的一个小山洞里,茶饭不思。幸有好心邻居相助,备一棺木,趁敌人离开之机,将尸体装入棺木偷偷运出掩埋。姑母暂由邻居收留,后进了抗日小学读书。

失去了妻子,又没有了父亲,爷爷好心痛。恰在此时,一个知情达理、心胸宽阔且又十分同情抗日的农家女子,不顾世俗的偏见和家人的反对,毅然出现在爷爷身边。她,就是爷爷的第二位妻子,并和爷爷同甘共苦,共同生育 6 个子女(三儿三女,我爸最小,我是爷爷最小的孙女)的伟大母亲,我亲爱的奶奶刘锦兰女士(已故)。从此爷爷心无牵挂,更加不遗余力铁了心地跟党走、干革命。

1940 年,四县边联组织地方武装势力,准备扩大 6 个中队。春节刚过,正月初五一大早,边联支队政委于化琪召开会议,要求恢复"扫荡"后被破坏的各村党组织,扩大武装。会上于化琪操一口苏南腔拍着爷爷的肩膀诙谐地说,"葛成俊同志,你原先的人马都调走了,你这个光杆司令还得再努力哟!"此时,早已担任高桥区公所区长的爷爷,立马表态:"嗨,不就是筹款筹枪,再拉起人马大干一场吗!"说得于化琪满意地笑了,说"好样的,葛成俊,党是相信你的"。

爷爷不负重托,当天召集骨干动员会议,并于次日带头把自家多年扛活攒钱买的一头牛,牵到集市上卖了钱买回 90 排子弹。随后他去一姓焦(焦,名前喜,后参加革命成为一名南下干部)的家里说"我的牛卖了,你卖点什么?"焦说,"我卖地!"遂说服家人,卖了 13 亩地,买了两把汉阳造步枪。后来爷爷又通过熟人关系连要带借,至当年三月初十,成立了一个有 28 人、17 支枪的小武装队伍,时称"四县边联(即临、郯、费、峄)第六中队"。

拉起了队伍,没有饭吃。爷爷说那年头,幸亏他人缘好,朋友多,走到哪里吃到哪里。穷苦百姓无不同情支持他,都争着为爷爷和他的手下送水、送饭。遇到险情,也有人配合掩护,动人事迹数不胜数。

一次,爷爷被敌人围在一个小山村里,情急之下,他钻进一农户粮食囤里躲藏。囤是空的,在一棵桑树下搭着高粱秸,两个汉奸追到院里,大喊几声不见人影,抬头见桑葚熟得发紫,便踩着粮囤去采摘,边摘边吃,还不住声地说"好吃,好吃,真好吃!"直到外面集合哨响才悻悻离去。爷爷蹲在空囤里大气不敢喘,惊险躲过一劫。

一次,他被日军追赶,跑到村边打麦场里,和主人小声耳语几句,摸起木锨就给扬麦子,主人会意忙拿着口袋装上小麦,爷爷扛着就走。鬼子对面迎来,问爷爷:“刚才那个八路哪里去了?”爷爷不慌不忙,一边用毛巾擦着脸上的汗水,一边向村中指去,说:“那里去了一个人。”鬼子信以为真,叽里呱啦顺着爷爷指的方向奔去,爷爷趁机放下麦袋,快速离去。

又一次,爷爷被汉奸追到水城子村,逼近开染坊的刘某家,刘某认出爷爷,赶紧递给爷爷一个布(成卷的布称“个”),叫他夹在腋下快走,正和追他的汉奸撞个正着。汉奸问:“你是干什么的?”爷爷扬起腋下的布说:“我是来取布的!”汉奸继续往里屋走,爷爷走出刘家大门,扔下布向西一拐,飞也似的跑走了,敌人扑了个空。

1943 年 4 月,国民党九十二军入鲁,进入抱犊崮山区一带的先头部队,被爷爷的区中队消灭了一个排,打死了一个连长,敌人恼羞成怒,贴出告示,明码标价“谁逮着活的葛成俊,赏大洋 500 块,死的同赏”,并还编成歌谣:“抓住葛成俊,一两肉换一两银,一两骨头换一两金。”敌人在石井一带挨村拉网式搜捕。

一次夜间,爷爷到石井卞庄执行任务,不幸落入敌手,四个鬼子把他抬起硬塞进一农户家萝卜窖里,上面盖了一块几百斤重的青石板,然后放心地睡觉去了。实指望第二天一早到司令部报功领赏。哪想到力大无比的爷爷,趁夜深人静时,试探着用头顶石板,因菜窖狭低,站立不起,他弯腰弓背,两手扶膝,咬紧牙关,慢慢用力,终于将石板撑开,逃出敌手。

爷爷又惊又累,跑到野外,一阵头晕目眩,猛地吐出一口鲜血,只觉口内凉风嗖嗖,用舌一舔,原来两个门牙不见了。次日,敌兵惊呼,八路神力!

敌人抓不着爷爷,又生一计,借高岩庄地主“大砍皮”魏之田家娶儿媳之际,密令设下“鸿门宴”,请爷爷去喝喜酒,一旦赴约,前去捉拿。赴宴这天,爷爷手提两包点心作见面礼,带着一个战士如期来到魏家。"大砍皮"见爷爷一惊,忙扣手点头,把爷爷让进正堂屋里,遂摆上酒菜,然后皮笑肉不笑地对爷爷说:"大兄弟,您和众位先慢慢地喝,我有点小事去去就来。"爷爷双目圆睁,用手将"大砍皮"一拦,一手搂住,一手从怀里掏出一支20响的匣子枪,"啪"的一声砸在酒席桌上说:"大伙别惊慌,咱该怎么喝就怎么喝!"因客人大都是十里八乡的亲戚,都认识爷爷,于是你一言我一语地数落开了魏之田的不是。爷爷把"大砍皮"狠狠教训了一顿,喝下两盅,端起枪来,扬长而去。"大砍皮"胆小,怕喜事搅黄了没面子,待爷爷走远,赶紧到高桥敌指挥部汇报,被长官大骂了一通。爷爷深入虎穴,毫发未损,返回驻所,领导和战士们无不佩服地称他是"孤胆英雄"!

1947年3月,国民党发动内战,鲁南全部伪化,对革命党人进行疯狂屠杀。地方干部大部分北撤渤海区,爷爷随大部队去了渤海区。当年6月下旬,新四军攻打费县县城,接到上级命令,爷爷第一批返回费县石井,准备狠狠地给还乡团一次打击。

一天夜里,爷爷听说还乡团的保公所就在石井边家庄,便把区中队埋伏在村西边,派人进村侦查,却不见一个还乡团。爷爷纳闷,直等到天快亮时,露宿村东山上的还乡团以为平安无事,便回村杀鸡做饭,正准备要吃,忽闻爷爷率部冲进村里,机枪嗒嗒直响,这些还乡团吓得魂不附体,纷纷逃离驻所,并装扮成百姓模样跑到农户家躲藏,谁料爷爷和区中队员都是附近村人,谁是好人谁是坏人了如指掌。爷爷指挥区中队员进门入户,一口气抓出19个坏蛋,除一人侥幸逃命,3人有立功表现被宽大处理外,其余全部被击毙,给还乡团以沉重打击。

1948年10月,费县全面解放后,爷爷随部队南下,任江苏省铜山县武装部长,1950年调回费县,先后任新庄区、梁邱区长,后因身体原因调县人民委员会工作。到了退休年龄,组织上按红军长征时期参加革命的经历给爷爷办理了离休手续。从此,爷爷在沂蒙老区八百万英雄儿女中,便有了“老红军”的光荣称谓。

历数爷爷在抱犊崮山区,从1935年参加革命投身抗日战争和解放战争,到1948年历经13个春秋,出生入死,名震一方,让我由衷敬佩,感慨万千。

“雄关漫道真如铁,而今迈步从头越。”在两个一百年奋斗目标的历史交汇点,抚今追昔,缅怀先辈,不忘初心。谨以此文,献给我敬爱的爷爷。

葛向伟

2021年3月1日